rowohlt
BERLIN

Die Tagesschau erklärt die Welt

Das Wissensbuch

Sylke Tempel in
Zusammenarbeit mit
der Redaktion der
Tagesschau

Mit Bildern von
Aljoscha Blau

Rowohlt · Berlin

1. Auflage Juli 2006

Einbandgestaltung any.way, Hamburg
Lektorat Bernd Klöckener
Register Christoph Schmans
Buchgestaltung Joachim Düster
Lithographie Susanne Kreher, Hamburg
Satz aus der Thesis PostScript InDesign CS2
Gesamtherstellung Clausen und Bosse, Leck
Printed in Germany
ISBN 13: 978 3 87134 549 4
ISBN 10: 3 87134 549 0

Inhalt

Vorwort

Man kennt die Parabel von den Menschen, die einen Elefanten im Dunkeln ertasten müssen. Einer bekommt die Ohren zu fassen und vermutet ein Zelt. Ein anderer schließt aus der von festen Stoppeln überzogenen Haut, dass er es mit einer frisch gemähten Wiese zu tun habe. Ein Dritter wiederum hangelt sich an einem der mächtigen Beine entlang und ist sich sicher, dass es sich nur um die Säule eines Gebäudes handeln könne.

Dem Weltgeschehen Sinn zu verleihen gleicht einem solchen Versuch, einen Elefanten im Dunkeln zu ertasten. Denn genauso schwierig ist es, aus den immerfort auf uns einströmenden Informationen das Nützliche herauszufiltern und wenigstens eine Ahnung von den Umrissen und den Zusammenhängen zu gewinnen, die die Welt prägen.

Nie zuvor hat sie sich so rasant gewandelt wie zu Beginn des 21. Jahrhunderts. Und nie zuvor war sie so eng verknüpft wie heute. Das Internet enthält knapp zwanzigmal so viel Informationsvolumen wie die größte Drucksammlung der Welt, die Library of Congress. Der wirtschaftliche Aufschwung Chinas bleibt nicht ohne Folgen für die globalen Arbeitsmärkte. Karikaturen, die in einer dänischen Zeitung erscheinen, rufen Aufstände in der halben Welt hervor. Wissenschaften wie Gen- und Biotechnologie stellen die Menschheit vor ungeheure ethische Herausforderungen. Und Tag für Tag treffen Politiker in Deutschland, in Europa und der ganzen Welt Entscheidungen, die Auswirkungen auf unser aller Leben haben.

Eine Nachrichtensendung wie die Tagesschau hilft dabei, all diese Entwicklungen im Blick zu behalten. Sie berichtet über Bundestags- und Landtagswahlen, neue Gesetze der Europäischen Union, die Terroranschläge vom 11. September 2001 und Selbstmordattentate in Israel. Sie informiert über die Arbeitslosenzahlen und die Kursentwicklung an den Börsen, die Oscar-Verleihung oder Naturkatastrophen wie den Tsunami, der im Dezember 2004 ganze Küstengebiete verwüstete, oder den Hurrikan «Katrina», dem die Stadt New Orleans im September 2005 zum Opfer fiel.

Aber welche Aufgabe hat eigentlich der Bundestag? Warum besteht Deutschland überhaupt aus Bundesländern? Was ist Terrorismus? Und wieso zieht sich der Nahostkonflikt bereits über Jahrzehnte hin? Weshalb ist es so schwer, die Arbeitslosigkeit zu bekämpfen? Und trägt der Mensch dazu bei, dass sich das Klima wandelt und sich Wirbelstürme, Überschwemmungen und dergleichen Katastrophen häufen?

Dieses Buch gibt Antworten auf all solche Fragen, die in den Sendungen der Tagesschau gar nicht beantwortet werden können. Es ist der Versuch, ein Gerüst um den imaginären Elefanten zu errichten, das es vor allem Jugendlichen, aber auch Erwachsenen erlaubt, die Nachrichten in einen größeren Zusammenhang zu stellen und die Gegenwart besser zu verstehen. Geordnet nach den Sparten der Tagesschau – Inland, Ausland, Wirtschaft – und ergänzt durch Kapitel zu Kultur und Religion beziehungsweise Umwelt, Wissenschaft und Technik, bietet es eine Orientierung, um sich in der Fülle der Ereignisse besser zurechtzufinden. Eine Einführung bildet jeweils den Grundpfeiler, und in den Stichwortteilen werden dann ausgewählte Bereiche näher erklärt.

Eine kurze Geschichte Deutschlands seit 1945 leitet das Kapitel «Inland» ein. Darin werden die Grundzüge des Wiederaufbaus nach dem Krieg, der Teilung und der Wiedervereinigung sowie die Veränderungen der politischen Kultur Deutschlands skizziert. Denn nur wenn man diese Vorgeschichte kennt, kann man die Gegenwart verstehen.

Was folgte auf das System des Kalten Krieges, in dem zwei Supermächte mit ihren unterschiedlichen Ideologien die Welt beherrschten? Welche Auswirkungen hat der Aufstieg der USA zur einzigen Weltmacht? Kann es so etwas wie eine «Weltregierung» geben? Und wie lässt sich das «globale Dorf» beschreiben, in dem wir heute leben? Ist es nicht eher eine «globale Großstadt» mit all den damit verbundenen Problemen – der Kluft zwischen Arm und Reich und den Konflikten zwischen unterschiedlichen Kulturen und Interessengruppen? Das sind die Fragen, mit denen sich das Auslands-Kapitel beschäftigt.

Das dritte Kapitel widmet sich der Wirtschaft. Stärker als je zuvor bestimmt sie unseren Alltag. Geld und Waren wandern heute in einem nie gekannten Ausmaß um die Erde. Alle Staaten sind in den globalen Wirtschaftskreislauf eingebunden. Lässt sich diese Entwicklung überhaupt noch steuern? Und welche Auswirkungen hat sie auf den deutschen Arbeitsmarkt?

Der Kultur räumt die Tagesschau üblicherweise weniger Raum ein – zumindest auf den ersten Blick. Aber Kultur ist weit mehr als die Verleihung der Oscars oder des Nobelpreises für Literatur, die Eröffnung der Bayreuther Festspiele oder eine besonders gelungene (oder umstrittene) Theaterinszenierung. Sie entsteht aus einer ständigen Auseinandersetzung mit vielfältigen Traditionen, die vor allem von Geschichte und Religion geprägt sind. In jeder Debatte über Terrorismus, den Umgang mit religiösem Fundamentalismus oder die Integration von Minderheiten spiegelt sich diese Auseinandersetzung wider.

Das letzte Kapitel schließlich schlägt einen Bogen von der globalen Erwärmung über die Erschließung alternativer Energiequellen bis hin zu den Herausforderungen von Gen- und Biotechnologie. Wissenschaft und Forschung mögen in abgeschiedenen Labors stattfinden, und für Laien ist es meist nicht leicht, ihre Ergebnisse zu begreifen. Doch gerade die Fragen der Energieversorgung, des Klimawandels und der Genforschung betreffen uns alle.

Dienen die Einführungen als Gerüst, so sollen die Stichwortteile zu den einzelnen Kapiteln helfen, wichtige Aspekte des jeweiligen Themas genauer zu beleuchten. Einträge zu «Bundestag» oder «Föderalismus» etwa erklären das politische System in Deutschland. Warum es so schwierig ist, die Spannungen zwischen Israelis und Palästinensern beizulegen, ist ohne einen kurzen historischen Abriss zum «Nahostkonflikt» nicht zu verstehen. Wie entstand die «Börse»? Wie funktioniert die «Marktwirtschaft», und wie entwickelte sie sich? Dass nur demokratische Staaten die Sicherheit und Freiheit der Menschen garantieren können, die in ihnen leben, wird kaum jemand bezweifeln – doch was ist eigentlich mit «Demokratie» gemeint? Und wodurch zeichnet sie sich aus? Welchen Einfluss hat der «Golfstrom» auf unser Klima, und worin bestehen Chancen und Risiken der «Nanotechnologie»?

«Die Tagesschau erklärt die Welt» versteht sich als Abenteuerspielplatz des Wissens, der es vor allem jungen Lesern ermöglichen soll, das Gerüst um den imaginären Elefanten je nach Laune, Interesse und vor allem mit viel Freude zu erklettern; sich ein Bild von der Welt zu machen, in die sie hineinwachsen, die sie schon jetzt prägt und die sie in den nächsten Jahrzehnten maßgeblich mitgestalten werden. Nirgendwo aber steht geschrieben, dass sich nicht auch ältere Leser auf Abenteuerspielplätzen tummeln und die Welt aus einer neuen Perspektive entdecken dürfen.

Man muss dieses Buch nicht von Anfang bis Ende lesen, sondern kann es ebenfalls zur Hand nehmen, um im Register einzelne Begriffe nachzuschlagen oder um in den Stichwortteilen zu stöbern. Welche Art der Lektüre auch immer man bevorzugt: Wir hoffen, dass sich «Die Tagesschau erklärt die Welt» als hilfreicher Wegweiser durch unsere Gegenwart erweist. Und dass es dem Leser bei aller Ernsthaftigkeit der behandelten Themen einige vergnügliche Stunden bereitet.

1. Inland

Eine kurze Geschichte Deutschlands seit 1945

Darf ein Kanzler seinen Job quittieren?

Darauf hatte die Republik sechs Wochen lang gewartet. Am 30. Juli 2005, pünktlich um 20.15 Uhr, gleich nach der Tagesschau, würde *Bundespräsident* Horst Köhler die Öffentlichkeit über eine Entscheidung unterrichten, die ihm, so hieß es aus dem Bundespräsidialamt, nicht leicht gefallen war.

Die Spannung löste sich schon nach dem ersten Satz. «Ich habe heute den 15. Deutschen Bundestag aufgelöst und Neuwahlen für den 18. September angesetzt.» Dann sollten die Wähler über die künftige Politik des Landes entscheiden.

Ehrgeiz und Zielstrebigkeit sagte man dem Juristen und langjährigen Vorsitzenden der Jungsozialisten (Jusos) Gerhard Schröder nach. Gern erzählten Journalisten, wie der aufsteigende Star der SPD in den siebziger Jahren an den Toren des Bundeskanzleramtes gerüttelt und dabei gerufen habe: «Ich will hier rein!» 1998 hatte er es schließlich geschafft. Nach sieben Regierungsjahren und einer Reihe schwerer Wahlniederlagen in einigen Bundesländern allerdings, die der Oppositionspartei CDU eine Mehrheit im *Bundesrat* verschafft und dem Kanzler das Regieren erschwert hatten, schien Gerhard Schröder im Sommer 2005 an den Toren seines Amtssitzes zu rütteln und zu rufen: «Ich will hier raus!» Aber darf ein *Bundeskanzler* einfach seinen Job quittieren?

«Unsere Verfassung sieht aus guten Gründen nur ausnahmsweise vorgezogene Wahlen vor», hatte auch der Bundespräsident in seiner Ansprache betont. Der *Bundeskanzler* darf dem *Bundestag* nämlich nur dann die «Vertrauensfrage» stellen (und damit überprüfen lassen, ob seine Regierung noch über eine Mehrheit im Parlament verfügt), wenn eine echte Regierungskrise vorliegt. Und der Bundestag kann ihm seinerseits nicht einfach das Misstrauen aussprechen; es muss vielmehr ein «konstruktiver Misstrauensantrag» gestellt werden, und dazu muss sich die Mehrheit der Abgeordneten bereits auf einen Nachfolger geeinigt haben. Sonst könnten sich ja Abgeordnete unterschiedlichster politischer Gruppierungen nur zu dem Zweck zusammenfinden, den Regierungschef zu stürzen. In der Weimarer Republik war das möglich, doch anders als sie sollte die Bundesrepublik nicht daran scheitern, dass deren Feinde die Freiheit, die eine *Demokratie* (siehe Kapitel 4) bietet, gegen sie verwenden und das Parlament lähmen, wie das vor allem die Nationalsozialisten in den frühen dreißiger Jahren taten. Damals kamen nur instabile *Koalitionen* mit kleinen und kleinsten Parteien zustande, und eine Regierung nach der anderen stürzte, weil das Parlament ihr die Unterstützung versagte.

Die zweite deutsche *Demokratie*, ihre Institutionen und ihr System sollten robuster werden und sich gegen ihre Feinde wehren können. Deshalb muss das Instrument der Vertrauensfrage oder des Misstrauensvotums so vorsichtig gehandhabt werden. Deshalb dürfen keine kleinen und kleinsten *Parteien* in den Bundestag einziehen, sondern nur solche, die mindestens fünf Prozent der Stimmen auf sich vereinigen. Und deshalb taucht im *Grundgesetz* sogar ein Begriff wie «Verfassungsfeindlichkeit» auf. Noch einmal wollte man nicht das Scheitern einer Republik und den Aufstieg einer Diktatur wie des «Dritten Reichs» erleben.

Zwei Verfassungen und eine Grenze

In den Jahren nach dem Ende des Zweiten Weltkriegs waren die meisten Deutschen hauptsächlich damit beschäftigt, vermisste Angehörige zu finden, Lebensmittel und Heizmaterial zu besorgen und die zerstörten Dörfer und Städte wiederaufzubauen. Angesichts eines verheerenden Krieges, der viele Millionen Menschen das Leben gekostet hatte (über zwanzig Millionen allein in der Sowjetunion, die die größten Verluste hinnehmen musste), in dem sechs Millionen Juden ermordet wurden, der Vertriebene, Waisen und Invaliden hinterlassen und Deutschland in ein Trümmerfeld verwandelt hatte, wollten viele Deutsche sich nicht mit der Frage auseinander setzen, ob und welche Mitverantwortung sie für den Nationalsozialismus trugen. Schuldig waren für sie die Spitzen des NS-Regimes, die ja von den Siegermächten in Nürnberg vor Gericht gestellt worden waren. Oder man machte ganz allgemein «die Politik» verantwortlich. Mit ihr wollten die wenigsten etwas zu tun haben. Und hielten nicht ohnehin die Alliierten, USA, Sowjetunion, Großbritannien und Frankreich, das Schicksal Deutschlands in den Händen? Der sowjetische «Generalissimus» Joseph Stalin, US-Präsident Harry Truman und Großbritanniens Premierminister Winston Churchill hatten sich im Juli 1945 in Potsdam darauf geeinigt, Deutschland von «Militarismus und Nazismus» zu befreien, das Land und die Hauptstadt Berlin in vier Besatzungszonen aufzuteilen und unter alliierte Kontrolle zu stellen. Die Siegermächte bestimmten, wer in den unmittelbaren Nachkriegsmonaten als Bürgermeister eingesetzt wurde, wer eine Lizenz zum Druck von Büchern oder Zeitungen erhielt und welche *Parteien* gegründet werden durften.

Dass die neuen *Parteien* demokratisch sein sollten, darüber waren sich die Alliierten ja noch einig. Nur hatten die westlichen Siegermächte eine ganz andere Vorstellung von Demokratie als die Sowjetunion. In den «Westzonen», auf dem Gebiet der späteren Bundesrepublik, gründeten Politiker, die schon in der Weimarer Republik aktiv waren, mit dem Segen der Alliierten neue Parteien wie die CDU (Christlich-Demokratische Union) und deren Schwesterpartei CSU (Christlich-Soziale Union). Die SPD (Sozialdemokratische Partei Deutschlands), deren Mitglieder im «Dritten Reich» genau wie Kommunisten und andere Regimegegner verfolgt und in Konzentrationslager gesteckt worden waren, konnte sich wieder etablieren, und die FDP (Freie Demokratische Partei) berief sich auf die liberalen Parteien der Weimarer Republik.

Für die «SBZ» (die «Sowjetische Besatzungszone») galt, was Stalin bereits im Frühjahr 1945 klargestellt hatte: «Dieser Krieg ist nicht wie die Kriege der Vergangenheit. Wer immer ein Gebiet besitzt, erlegt ihm auch sein eigenes gesellschaftliches System auf. Jeder führt sein eigenes System ein, so weit seine Armee vordringen kann. Es kann gar nicht anders sein.» Und das «eigene System» war sozialistisch. Großgrundbesitzer (die so genannten Junker) und die meisten Großindustriellen wurden enteignet. Die SPD hatte sich 1946 in der SBZ unter dem Druck der Sowjetunion mit der Kommunistischen Partei (KPD) zur «Sozialistischen Einheitspartei» (SED) zu vereinigen.

Bald wurden die Spannungen zwischen den Westalliierten und der Sowjetunion immer größer. Die USA bestanden auf einer gemeinsamen wirtschaftlichen Verwaltung der Besatzungszonen, um die Bevölkerung besser versorgen zu können. Die Sowjetunion lehnte ab. Also schlossen die USA und Großbritannien ihre Besatzungszonen zunächst zur «Bizone» zusammen. Die Versorgungsprobleme waren damit allerdings noch nicht gelöst. Was zum Überleben gebraucht wurde, besorgten sich die meisten Deutschen auf dem Schwarzmarkt – Zigaretten, vor allem die von den «Amis» verteilten «Lucky Strikes», galten als Währung. Wer ein paar Familienerbstücke, Schmuck oder sonstige Wertgegenstände hatte retten können, tauschte sie nach und nach gegen Brot, Kartoffeln oder ab und an ein Stückchen Butter.

Millionen Menschen hatten ihr Leben geopfert, um ihr eigenes Land, um Europa vom Nationalsozialismus zu befreien. Wenn Europa frei bleiben und nicht «in die Hände der Kommunisten fallen» sollte, beschloss der neue US-Außenminister George C. Marshall, müsste man dem Kontinent, auch und vor allem den Deutschen, wieder auf die Beine helfen. Er entwickelte ein Programm, den «Marshallplan», der Westeuropas Ökonomien mit Krediten, Nahrungsmitteln und Rohmaterial wieder in Gang bringen sollte. Deutschlands Wirtschaft und somit auch das Finanzsystem war vollständig zerstört. Damit die Aufbauhilfe wirken konnte, musste eine neue Währung her. Im Juni 1948 wurde sie eingeführt. Vierzig Deutsche Mark erhielt jeder Bürger als «Startkapital». Im Nu verschwanden die Schwarzmärkte, und die Schaufenster füllten sich mit Gütern, die zuvor gehortet worden waren.

Dass die neue «Westwährung» auch in Berlin galt, empfanden die Sowjets, die ihrerseits eine Währungsreform durchsetzten, als Provokation. Im Juni 1948 verhängten sie eine Blockade über die Westsektoren der Stadt. Sämtliche Zufahrtswege wurden gesperrt. Sollten die Westalliierten diese städtische Insel einfach aufgeben? «Die Preisgabe Berlins würde den Verlust Westeuropas bedeuten», stellte der britische Außenminister Ernest Bevin fest. So entschloss man sich zu einer der spektakulärsten und verwegensten friedlichen Militäraktionen der Geschichte.

Ältere Berliner erinnern sich noch an die «Rosinenbomber» der britischen und amerikanischen Luftwaffe, die im

Minutentakt Lebensmittel, Heiz- und Baumaterial in die belagerte Stadt flogen. Insgesamt rund 1,5 Millionen Tonnen wurden auf diese Weise transportiert. Wie ein Patient in der Intensivstation wurden die Westsektoren Berlins elf Monate lang «künstlich ernährt». Der Patient überlebte – aber nicht unbeschadet. Im Herbst 1948 hatten die Kommunisten die von allen Berlinern frei gewählte Stadtverwaltung unter dem SPD-Bürgermeister Ernst Reuter aus dem «Roten Rathaus» vertrieben. Sie nahm Zuflucht im Schöneberger Rathaus, das bis zur Wiedervereinigung Sitz des West-Berliner Senats bleiben sollte.

Als die Blockade im Mai 1949 endlich aufgehoben wurde, war die Stadt in zwei Verwaltungsbereiche geteilt. Und auch die Teilung Deutschlands war vorerst besiegelt: Am 23. Mai wurde das *Grundgesetz* verkündet, das bis zu einer Wiedervereinigung das politische System der Bundesrepublik regeln sollte. Bereits im Oktober 1948 hatte der «Deutsche Volksrat» in Ostberlin eine Verfassung gebilligt. Wie das Grundgesetz sollte sie für ganz Deutschland gültig sein. Am 7. Oktober 1949 wurde die Deutsche Demokratische Republik (DDR) offiziell gegründet.

Der «Eiserne Vorhang», von dem der weitsichtige britische Premierminister Winston Churchill schon 1946 gesprochen hatte, trennte Europa. Zwei verfeindete ideologische Blöcke hatten sich gebildet. Wie Duellanten standen sich die neuen Supermächte USA und Sowjetunion gegenüber. Nur nicht zucken, um keinen neuen Krieg zu verursachen. Schon gar nicht an der «Frontlinie» des Konfliktes, der Grenze, die zwischen Lübeck im Norden und Plauen in Südthüringen, zwischen den Berliner Bezirken Kreuzberg und Treptow, Reinickendorf und Pankow, Mitte und Tiergarten verlief. Stabilität und Erhaltung des «Status quo» wurden zur Devise.

«Keine Experimente», lautete denn auch einer der ersten erfolgreichen Wahlslogans der CDU unter Konrad Adenauer, dem «Alten von Rhöndorf», der die Bundesrepublik als deren erster Kanzler vierzehn Jahre lang regieren sollte.

Zwei Blöcke, zwei Staaten

In der Weimarer Republik hatte es gewiss nicht an einer liberalen Verfassung gefehlt. Trotzdem blieb sie eine ungeliebte Republik, geschmäht von vielen Beamten, die ihre Stütze hätten sein sollen, verspottet von linken wie rechten Gegnern, verachtet, weil sie aus der Niederlage des Ersten Weltkrieges und damit in «Schande» geboren war. Die zweite Demokratie auf deutschem Boden aber, die Bundesrepublik, genoss von Beginn an die Unterstützung vor allem der westlichen Großmacht USA. «Demokrat zu sein hieß das erste

Mal in der deutschen Geschichte, Erfolg zu haben», stellt der Historiker Hagen Schulze fest – wirtschaftlichen Erfolg, denn die vom «Vater des Wirtschaftswunders», Ludwig Erhard, eingeführte soziale *Marktwirtschaft* (siehe Kapitel 3) brachte bald Wohlstand und Sicherheit; und politischen Erfolg, der mit der von Konrad Adenauer zügig vorangetriebenen «Westintegration» einherging.

1951 legten Frankreich, Italien, die Niederlande, Belgien, Luxemburg und die Bundesrepublik mit der «Montanunion», dem «gemeinsamen Markt für Kohle und Stahl», und wenig später der Gründung der Europäischen Wirtschaftsgemeinschaft (EWG) das Fundament für die *Europäische Union* (siehe Kapitel 2). Ab jetzt würde Deutschland keinen «Sonderweg» mehr gehen, sondern Wirtschaft und Politik mit den Westmächten abstimmen.

+++ «Nach 50 Jahren ist die europäische Montanunion zu Ende. Der Vertrag zur Europäischen Gemeinschaft für Kohle und Stahl (EGKS), der 1952 in Kraft trat, läuft mit dem heutigen Tag aus. Bundeswirtschaftminister Müller sagte, mit diesem ersten Vertrag sei der Weg zur Gründung der Europäischen Wirtschaftsgemeinschaft und zur Einigung Europas geebnet worden.» (Tagesschau-Meldung vom 23. Juli 2002) +++

Die DDR hatte mit wesentlich schlechteren Startbedingungen zurechtzukommen. Anstatt Aufbaugelder zu erhalten, musste sie zunächst hohe Reparationen an die Sowjetunion leisten. Was an Industrie noch vorhanden war, wurde zum Ausgleich dafür, dass die deutschen Truppen in der Sowjetunion «verbrannte Erde» hinterlassen hatten, demontiert. Aber hier, in der DDR, so glaubten anfangs viele, würde mit dem «ersten sozialistischen Staat auf deutschem Boden» das bessere Deutschland entstehen. Ein Staat, der für soziale Gerechtigkeit sorgen und radikal mit den Eliten brechen würde, die man allein für den Aufstieg des Nationalsozialismus beziehungsweise des «Faschismus» verantwortlich machte – den Großgrundbesitzern und Großindustriellen. Und dass an der Spitze des Staates «Antifaschisten» standen, von denen die meisten das «Dritte Reich» in Moskau überlebt hatten, machte die DDR für eine ganze Reihe von Emigranten attraktiv. Der Dichter Bertolt Brecht kehrte aus den USA nach

Ostberlin zurück, der Philosoph Ernst Bloch und der Literaturwissenschaftler Hans Mayer gingen nach Leipzig.

Doch entstand in der DDR keine echte Demokratie, sondern eine neue Ein-Parteien-Diktatur. Die SED kontrollierte Staat, Gesellschaft und Wirtschaft und hatte überhaupt «immer Recht» – so jedenfalls lautete ihre Parole. Andere Parteien durften existieren, aber nur von Gnaden der SED und als «Blockflöten», die alle das gleiche ideologische Lied zu spielen hatten. Freie Wahlen gab es nicht: Bis zu ihrem Ende erzielte die «Partei der Werktätigen» stets «sensationelle» Ergebnisse von bis zu 98 Prozent – denn es gab nur eine unter Führung der SED von allen Parteien gemeinsam aufgestellte Kandidatenliste. Zeitungen, Rundfunk und später Fernsehen unterstanden staatlicher Zensur. Der Geheimdienst – das schon 1950 gegründete «Ministerium für Staatssicherheit», kurz «Stasi» genannt – überzog das Land mit einem dichten Spitzelnetz. Stück für Stück erstickten der Staatsratsvorsitzende und erste Mann im Staat, Walter Ulbricht, und seine SED jedes «Abweichlertum» von der offiziellen Lehre im Keim. Notfalls mit Gewalt.

«Berliner, reiht euch ein, wir wollen freie Menschen sein!», riefen die Bauarbeiter, die an einem warmen Sommertag, dem 16. Juni 1953, durch die Straßen Ostberlins zogen. Sie alle arbeiteten an einem neuen Vorzeigeprojekt, der «Stalinallee». Dort sollte die «erste sozialistische Straße Deutschlands» entstehen, mit «Palästen für die Arbeiter», die endlich nicht mehr in Mietskasernen, sondern in großen und mit allem Komfort ausgestatteten Wohnungen leben sollten. Noch Monate zuvor hatten viele Ostberliner freiwillig den Schutt weggeräumt, um Platz für das neue Projekt zu schaffen. Aber die «Lohndrückerei» der Staatsführung wollten sich die Arbeiter nicht mehr gefallen lassen. Sie sollten auf

+++ «50 Jahre nach dem 17. Juni 1953 haben heute führende Politiker den Volksaufstand in der DDR als Einsatz für Freiheit, Demokratie und Einheit gewürdigt. In einer gemeinsamen Feierstunde von Bundestag und Bundesrat sprach Bundespräsident Rau von einer der großen Stationen in der deutschen und europäischen Freiheitsgeschichte.» (Tagesschau-Meldung vom 17. Juni 2003) +++

einen Teil des Lohns verzichten, was die SED-Funktionäre hinter ihren Schreibtischen beschönigend als «Leistungssteigerung» bezeichneten. Schon am Tag vor dem 17. Juni war der spontane Protestzug von gerade achtzig Männern, die ihre Maurerkellen niedergelegt hatten und durch die Straßen zogen, auf etwa 1500 Menschen angeschwollen. Am nächsten Morgen folgten noch mehr dem Aufruf der Arbeiter. Statt sich in die Warteschlangen vor den Lebensmittelläden einzureihen, schlossen sich viele Ostberliner dem Protestmarsch an. Hier machte sich mehr als der Unmut über die «Leistungssteigerung» Luft. Bessere Versorgung wollten die meisten Menschen, Preissenkungen und freie Wahlen. In Ostberlin und im Umland streikten bald die Arbeiter großer Betriebe. Das Präsidium der «Volkspolizei» am Potsdamer Platz wurde gestürmt, ein Bauarbeiter holte die rote Fahne vom Brandenburger Tor und riss sie in Stücke.

Die Regierung der Bundesrepublik, die von den Demonstranten über den Westsender RIAS aufgefordert wurde, den Aufständischen zu helfen, verhielt sich still. Man fürchtete, die empfindliche Balance zwischen den Machtblöcken könnte ins Wanken geraten. Gegen Mittag wurde der Ausnahmezustand über Ostberlin verhängt. Am Abend walzten sowjetische Panzer den Aufstand nieder. Wie viele Menschen erschossen, zum Tode verurteilt, für Jahre in Gefängnisse gesteckt wurden, ist nicht bekannt.

Noch am Abend sprang die Propagandamaschinerie an. Von «faschistischen Agenten aus dem Westen», hieß es, sei die Revolte angezettelt worden, die doch ein echter Volksaufstand war. Jetzt müssten die Bauarbeiter «viel mauern, um diese Schmach vergessen zu machen», schrieb der Parteidichter Kurt Barthel, der sich «Kuba» nannte. Denn das Volk habe «das Vertrauen der Regierung verscherzt». Wenn das so sei, antwortete der sonst eher vorsichtige Brecht spöttisch, «wäre es da nicht einfacher, die Regierung löste das Volk auf und wählte sich ein anderes?».

Viele wählten tatsächlich – und zwar die Möglichkeit, in die Bundesrepublik zu ziehen. Zwischen 1949 und 1961 verließen über 1,6 Millionen Menschen die DDR, enttäuscht von den politischen Verhältnissen und angezogen von den Verlockungen und Konsumgütern des Westens, dem die DDR wirtschaftlich nicht viel entgegenzusetzen hatte. Noch war es ja besonders in Berlin einfach, «die Seite zu wechseln». Man musste nur mit S- oder U-Bahn in die «Westsektoren» reisen. Für die DDR-Führung war der Verlust schwer zu verkraften, zumal die Flüchtenden oft zu den am besten Ausgebildeten gehörten – sie waren kaum zu ersetzen. Vom Gesichtsverlust für den Staat, der sich als Paradies für Werktätige präsentierte, ganz zu schweigen. Die Regierung beschloss, etwas dagegen zu unternehmen.

Am 13. August 1961 marschierten DDR-Soldaten auf und zogen Stacheldrahtverhaue und Gräben um West-Berlin. Bis zum Herbst war ein unüberwindlicher, schwer bewachter Betonwall errichtet – die Berliner Mauer. Wer die DDR auf eigene Faust verlassen wollte, riskierte sein Leben. Und wer einen offiziellen Ausreiseantrag stellte, musste Schikanen, den Verlust des Arbeitsplatzes, des Eigentums oder sogar eine Gefängnisstrafe in Kauf nehmen. Die meisten Ostberliner, die einfach nur den anderen Teil der Stadt besuchen wollten, hatten sich so lange zu gedulden, bis sie das Rentenalter erreichten – denn nur DDR-Bürger, die älter als 65 waren, konnten vergleichsweise leicht ins «nichtsozialistische Ausland» reisen.

+++ «Den 13. August 1961 werden die Deutschen wohl nie vergessen. Denn an diesem Tag begann die Nationale Volksarmee damit, den Ostteil Berlins abzuriegeln. Der erste Schritt für den Bau der Mauer war getan. 28 Jahre lang trennte sie die Deutschen in Ost und West. Politiker aller Parteien gedachten heute der 176 Menschen, die an der Mauer ihr Leben ließen.» (Tagesschau-Meldung vom 13. August 2002) +++

Ende einer Ära

Unaufhaltsam schienen die beiden Teile Deutschlands auseinander zu driften. Die Bindung der Bundesrepublik an den Westen wurde immer enger. Die DDR schloss Freundschafts- und Handelsverträge mit der Sowjetunion und den anderen «Bruderstaaten» in Osteuropa und wurde Mitglied im östlichen Verteidigungsbündnis, dem Warschauer Pakt. Offiziell beschworen vor allem bundesrepublikanische Politiker noch immer die Einheit. Doch zuerst fast unmerklich, dann immer schneller und dramatischer, zeichnete sich ein Wandel ab.

Konrad Adenauer trat 1963 im Alter von 87 Jahren zurück. Sein glückloser Nachfolger Ludwig Erhard hatte mit einer ersten Wirtschaftskrise zu kämpfen. Abgelöst wurde er schon 1966 durch eine große Koalition zwischen CDU/CSU und SPD unter Kanzler Kiesinger. Sie warf die «Hallstein-Doktrin» über Bord, in der der «Alleinvertretungsanspruch» der Bundesrepublik formuliert worden war: Nur sie sei der legitime Nachfolger des «Deutschen Reiches»; Staaten, welche die DDR diplomatisch anerkennen würden, sollten mit dem Abbruch der Beziehungen zur Bundesrepublik bestraft werden. Realistisch war diese kompromisslose Haltung nicht mehr. Und ungefährlich auch nicht. 1962 hatte die Welt schon einmal den Atem angehalten, als die Sowjetunion sich entschloss, Raketen auf Kuba zu stationieren. Die USA waren nicht bereit, derartige Stützpunkte so nah vor ihrer eigenen Haustür zu dulden. Präsident Kennedy drohte mit «ernsten Maßnahmen». Dreizehn Tage lang, bis der sowjetische Staats- und Parteichef Nikita Chruschtschow schließlich nachgab und die mit Raketen-Bauteilen beladenen Schiffe umdrehen ließ, glaubte sich die Welt am Rande eines Nuklearkrieges, der alle bisherigen Kriege in den Schatten gestellt hätte. Noch einmal wollte man sich nicht so nahe an den Abgrund manövrieren. Fortan bemühte man sich um «Entspannung». Und das bedeutete, die Machtsphäre des jeweiligen Gegners zu respektieren. Auch und vor allem in Europa.

Doch mit der Amtszeit Adenauers war nicht nur der Alleinvertretungsanspruch der Bundesrepublik zu Ende gegangen. Schön und gut, das für eine «Übergangszeit» entworfene *Grundgesetz* erwies sich als tragfähig. Die Institutionen funktionierten. Das politische System war demokratisch. Aber demokratisch genug? Viele empfanden die Adenauer-Ära als muffig, die Gesellschaft als spießig, und es war ihnen unerträglich, dass alte Nazis ihre Karriere als Beamte, Richter und Diplomaten fortsetzen konnten oder dass ein Jurist wie Hans Globke, der einen Kommentar zu den «Nürnberger Rassegesetzen» geschrieben hatte, als Berater Adenauers diente. Die meisten Bundesbürger waren eher an Italien-Urlauben, dem Bau eines Eigenheims und dem Kauf eines neuen Autos interessiert gewesen als an politischen Auseinandersetzungen. Mittlerweile aber war eine neue Generation herangewachsen, die sich nicht mehr länger erzählen lassen wollte, dass sie ja die Schrecken des Krieges nicht kennen gelernt habe und deshalb mit dem Erreichten zufrieden sein solle. Die Kritik an den alten Eliten, den eigenen Eltern, die so beredt über die eigene Vergangenheit geschwiegen hatten, wurde immer lauter.

Ein Teil der Studentenbewegung, die als «68er» in die Geschichte eingehen sollte, entstand schon aus Protest gegen die große Koalition, an deren Spitze mit Kurt Georg Kiesinger obendrein zum ersten Mal in der Geschichte der Bundesrepublik ein Mann stand, der einst Mitglied der Nationalsozialistischen Partei gewesen war. Von einer nennenswerten Opposition im Parlament könne keine Rede mehr sein, fanden viele, die sich zu einer «Außerparlamentarischen Opposition» formierten.

Dass ein Polizist am 2. Juni 1967 in Berlin bei einer Demonstration den Studenten Benno Ohnesorg erschossen hatte und dass einige der Köpfe der Studentenbewegung wie Rudi Dutschke als «langhaarige Rowdys» denunziert wurden, bestätigte für viele nur: Dem «Establishment» war nicht zu trauen. Man wollte die «verkrusteten Strukturen aufbrechen» und frischen Wind in die verstaubten Universitäten bringen, endlich Aufklärung über die Untaten der Väter während des «Dritten Reiches». Und vor allem mehr Demokratie wagen.

Mehr Demokratie wagen

Das politische System, die Institutionen, sind die «Hardware» eines Staates. Sie können – wenigstens in einer *Demokratie* (siehe Kapitel 4) – nur funktionieren, wenn die entsprechende «Software» vorhanden ist: eine politische Kultur, in der eine andauernde, offene, friedliche und nicht von oben verordnete Auseinandersetzung über die Werte der Gesellschaft

möglich ist; darüber, wie sie ihre Vergangenheit betrachtet, die Gegenwart empfindet und die Zukunft gestalten will.

Die westdeutsche Gesellschaft war in den Genuss einer zunächst «geschenkten Demokratie» oder zumindest einer von den westlichen Alliierten, besonders den USA «überwachten Demokratisierung» gekommen. Aber kein demokratisches Staatswesen kann überleben, wenn es nicht von der großen Mehrheit seiner Bürger angenommen und schließlich eigenständig gestaltet wird. Nur: Wie sollte eine Gesellschaft demokratisch werden, in der die Älteren Hitler an die Macht gebracht und ihm wenigstens in den Anfangsjahren hemmungslos zugejubelt hatten und in der die Jüngeren durch zwölf Jahre NS-Propaganda geprägt worden waren? Viele hatten es hingenommen, dass politische Gegner, Homosexuelle oder Zeugen Jehovas in Konzentrationslager gesteckt worden waren, und zahlreiche Menschen hatten die Diskriminierung, Verfolgung und Ermordung der europäischen Juden und der Roma und Sinti stillschweigend geduldet, von ihr profitiert oder sich sogar daran beteiligt.

Die Staatsführung der DDR entzog sich solch drängenden Fragen mit einem – aus ihrer Sicht durchaus legitimen – Argument: Da ihr nur «Antifaschisten» angehörten, sei die gesamte Gesellschaft «antifaschistisch», hieß es. Als die israelische Regierung sie 1951 aufforderte, Entschädigung für das geraubte Vermögen der europäischen Juden zu leisten, erhielt sie die Antwort: «Antisemitismus, Militarismus und Faschismus sind in unserer Gesellschaft mit den Wurzeln ausgerottet.» Und das sei eine größere Wiedergutmachung als Geldzahlungen. Ohne Frage: Die alten Eliten, die schon unter den Nationalsozialisten gedient hatten – Richter, Staatsanwälte, Lehrer –, wurden in der DDR wesentlich radikaler durch schnell ausgebildete neue Kräfte ersetzt als in der Bundesrepublik. Aber dass der größte Teil der überlebenden oder aus dem Exil zurückgekehrten Juden bereits Anfang der fünfziger Jahre aus der DDR in den Westen floh, weil die Staatsführung eine Kampagne gegen Israel und den Zionismus anzettelte, und dass zahlreiche Nazis ohne allzu große Schwierigkeiten dem neuen sozialistischen Staat dienen konnten, tat dem verordneten Antifaschismus keinen Abbruch. Eine offene Auseinandersetzung über das «Dritte Reich» und den Holocaust blieb aus. Denn «Faschisten» gab es in der DDR offiziell nicht. Die lebten angeblich alle in der Bundesrepublik. Und gegen deren «Provokationen» hatte sich die DDR mit ihrem «antifaschistischen Schutzwall», wie die Berliner Mauer offiziell genannt wurde, zu wehren.

«Faschistisch» fanden auch einige Studenten in der Bundesrepublik das «System und Establishment», gegen das sie Ende der sechziger Jahre demonstrierten und das sie von Grund auf verändern wollten. Was genau die Studenten-Revolte der späten sechziger Jahre antrieb und welche Ziele sie verfolgte – darüber beginnen Historiker und die Beteiligten erst heute so richtig zu debattieren. Es mischte sich Kritik an der *Marktwirtschaft* (siehe Kapitel 3) und am Kapitalismus mit der Lust an Provokation. Seminare «autoritärer Professoren» wurden mit «Sit-ins» oder «Teach-ins» – endlosen Diskussionen über politisch-gesellschaftliche Grundsatzfragen – lahm gelegt. «Unter den Talaren der Muff von tausend Jahren», lautete eine Parole der Studenten. Sie forderten eine echte Reform des Bildungswesens, die es auch Angehörigen weniger privilegierter Schichten ermöglichen sollte, Hochschulen und Universitäten zu besuchen. Studentinnen entdeckten den Feminismus und kämpften für ein Ende des «Patriarchats», das Recht auf Abtreibung und eine echte Gleichberechtigung, die im *Grundgesetz* zwar festgeschrieben, aber alles andere als verwirklicht war. Man wollte «neue Lebensformen ausprobieren» und die Prüderie der Adenauer-Jahre überwinden. Antiautoritäre Erziehung sollte an die Stelle des Drills zum Gehorsam treten, der noch in vielen Familien herrschte. Und schließlich wollte man nicht mehr «von oben» regiert werden, sondern stärkeren Einfluss auf die politischen Entscheidungen haben. Nur herrschte keineswegs Einigkeit darüber, wie «mehr Demokratie» zu erreichen wäre oder ob es nicht eine ganz andere Demokratie sein solle.

Ein Teil der Studentenbewegung radikalisierte sich nach dem Tod von Benno Ohnesorg zusehends. Das politische System der Bundesrepublik sei nur mit Gewalt zu überwinden, behauptete etwa die Publizistin Ulrike Meinhof. Ende der sechziger Jahre schloss sie sich mit Andreas Baader, Jan-Carl Raspe und Gudrun Ensslin zur «Rote-Armee-Fraktion» (RAF) zusammen und tauchte in den Untergrund ab. Nach einer Reihe von Anschlägen, bei denen vier amerikanische Soldaten umgebracht und zahlreiche Menschen verletzt wurden, fasste die Polizei 1972 die Kerngruppe der Roten-Armee-Fraktion. Eigens für sie wurde ein Hochsicherheitstrakt am Gefängnis Stuttgart-Stammheim angebaut.

In den Zeitungen und unter Intellektuellen wurde heftig diskutiert, ob gegen eine Staatsgewalt, die so harsch reagierte und überall «Sympathisanten witterte und verfolgte», nicht ebenfalls Gewalt angebracht sei. Umgekehrt wunderte sich beispielsweise die «Zeit», warum so viele die RAF unterstützten, «obgleich klar war, dass es sich nicht um politische Freiheitskämpfer handelte, die irgendeinem Polizeiterror preisgegeben sind, sondern schlicht um Leute, die stets zuerst geschossen haben».

Erst nach dem «deutschen Herbst» fand die Debatte ihren Abschluss: Im September 1977 kidnappten RAF-Angehörige den Arbeitgeberpräsidenten Hanns Martin Schleyer. Damit sollte die Freilassung von Baader, Ensslin und Raspe erpresst werden. Um der Forderung Nachdruck zu verleihen, entführten palästinensische Terroristen eine Lufthansa-Maschine nach Mogadischu. Die Geiseln wurden befreit, Schleyer ermordet aufgefunden. Baader, Ensslin und Raspe begingen Selbstmord, so wie Ulrike Meinhof bereits ein Jahr zuvor. Spätestens jetzt war den allermeisten klar, dass es sich bei der RAF tatsächlich nicht um «politische Freiheitskämpfer» handelte, sondern um «Leute, die stets zuerst schossen».

+++ «Wegen eines Anschlags 1991 in Ungarn ist die frühere RAF-Terroristin Andrea Klump heute zu insgesamt zwölf Jahren Haft verurteilt worden. Das Oberlandesgericht Stuttgart befand sie der Beihilfe für schuldig. Klump habe ihren damaligen Lebensgefährten, den Terroristen Horst Ludwig Meyer, unterstützt. Der Anschlag in Budapest galt jüdischen Einwanderern aus Russland. Sechs Menschen wurden durch die Bombe verletzt.» (Tagesschau-Meldung vom 28. September 2004) +++

Wenige Monate vor Hanns Martin Schleyer waren bereits der Generalbundesanwalt Siegfried Buback und der Chef der Dresdner Bank Jürgen Ponto erschossen worden; noch 1989 kam der Vorstandssprecher der Deutschen Bank Alfred Herrhausen bei einem Bombenattentat ums Leben. 1991 wurde der Leiter der Treuhandanstalt Detlev Rohwedder ermordet und in Budapest ein Attentat auf einen Reisebus mit jüdischen Auswanderern verübt.

Erst im April 1998 löste die RAF sich auf. Eine breite Unterstützung der Bevölkerung für ihren Kampf hatte es nie gegeben. Sie hatte keinerlei Schwierigkeiten, sich im *Nahostkonflikt* (siehe Kapitel 2) mit den Palästinensern zu identifizieren. Aktivisten der RAF ließen sich sogar in Guerilla-Camps der «Palästinensischen Befreiungsorganisation» (PLO) im bewaffneten Kampf ausbilden – obwohl das offene politische Ziel der PLO die Vernichtung des jüdischen Staates und damit auch der Heimat vieler Überlebender des Holocaust war.

Aber das beharrliche Fragen der Studentenbewegung nach «der Vergangenheit» sowie der Generationswechsel in den Institutionen der Bundesrepublik führten dazu, dass man die Suche nach den Schuldigen am Holocaust verstärkte. In den sechziger Jahren waren Angehörige der Wachmannschaften der Vernichtungslager Auschwitz und Treblinka vor Gericht gestellt worden. Was in den Prozessen über die Gräueltaten bekannt wurde, die damals begangen worden waren, hatte maßgeblich dazu beigetragen, dass man sich intensiver mit einer Frage auseinander setzte, die niemandem gleichgültig sein kann, egal, welcher Generation man angehört: Wie konnte das geschehen? Und angestoßen von der Studentenbewegung kam die Debatte in der bundesdeutschen Gesellschaft in Gang: Welche Art von Demokratie wollen wir? Und wie können wir die Demokratie verteidigen, ohne selbst demokratische Grundrechte einzuschränken?

Wandel durch Annäherung

Nicht nur die Studentenbewegung wünschte sich eine andere politische Kultur. «Mehr Demokratie wagen» war auch der Slogan der SPD im Wahlkampf von 1969. An ihrer Spitze stand mit Willy Brandt ein Mann, der eine andere Biographie aufweisen konnte als viele seiner Politikerkollegen: 1933 war er ins norwegische Exil gegangen, um sich von dort aus am Widerstand gegen das Dritte Reich zu beteiligen. Er hatte nach dem Krieg als Korrespondent von den Nürnberger Prozessen berichtet und war 1957 zum Regierenden Bürgermeister von Berlin gewählt worden. 1961 war er zum ersten Mal als Kanzlerkandidat angetreten, und 1966, nach dem Zustandekommen der großen Koalition, hatte er das Amt des Außenministers übernommen. Nun wurde sein Wahlkampf – das hatte es in der bundesrepublikanischen Geschichte noch nicht gegeben – von Intellektuellen unterstützt, die der konservativen Bundesrepublik unter Adenauer skeptisch gegenübergestanden hatten.

Mit Brandts «sozialliberaler Koalition», die dann unter Helmut Schmidt bis 1982 andauern sollte, begann eine Epoche der Reformen an Universitäten, Schulen und im Familienrecht. Darüber hinaus verfolgte Brandt ein Ziel, das gewissermaßen das Gegenstück zu Adenauers Westintegration war: Nun galt es, die Beziehungen zu den östlichen Nachbarn mit einer neuen «Ostpolitik» zu normalisieren. Ohne den Segen der Supermächte wäre das nicht möglich gewesen. Aber sowohl die USA als auch die Sowjetunion waren an Entspannung interessiert. Beide wollten, dass die Lage der «Inselstadt» Berlin entschärft würde. Und beide setzten mittlerweile mehr auf Verhandlungen als auf Konfrontation.

Es regte sich durchaus Kritik gegen den neuen Kurs. Hatte sich die SPD in den fünfziger Jahren gegen die Westintegration gewehrt, weil die Wiedervereinigung dadurch schwierig werden würde, so wehrte sich die CDU jetzt gegen die «Ostpolitik», denn diese schien die Teilung endgültig zu machen. Außerdem gäbe Deutschland damit jeden Anspruch auf

die «ehemaligen Ostgebiete» jenseits der Oder-Neiße-Linie preis, die nach dem Zweiten Weltkrieg Polen zugeschlagen worden waren. Doch schließlich konnte Willy Brandt seine Ostpolitik fortsetzen. Verträgen mit Polen und der Tschechoslowakei folgte im Dezember 1972 der «Grundlagenvertrag» mit der DDR, der die Existenz zweier Staaten jetzt auch formell anerkannte, die «Unverletzlichkeit der deutsch-deutschen Grenze» festlegte und «gutnachbarliche Beziehungen» wünschte. Bald darauf wurden beide Staaten in die *Vereinten Nationen* (siehe Kapitel 2) aufgenommen.

Die Westintegration war, genau wie Adenauer es gewünscht hatte, nicht mehr rückgängig zu machen. Aber die «Ostpolitik» ebenso wenig. Nicht, als Willy Brandt im Mai 1974 zurücktrat, weil sich herausstellte, dass sein engster Berater, Günter Guillaume, ein DDR-Agent war. Nicht unter Brandts Nachfolger Helmut Schmidt, der eine Politik fortsetzte, die der SPD-Politiker Egon Bahr schon in den sechziger Jahren mit der Formel «Wandel durch Annäherung» charakterisiert hatte. Die Regime des Ostblocks, glaubte Bahr, könnten nicht beseitigt, sondern nur stetig verändert werden. Man müsse sie anerkennen und sie stabilisieren, dann würde die DDR-Regierung sich sicher fühlen und ihren Bürgern auch größere Freiheiten einräumen.

An den Grundzügen der «Ostpolitik» änderte sich auch nichts, als Helmut Schmidt am 1. Oktober 1982 von Helmut Kohl (CDU) abgelöst wurde, nachdem die FDP den Koalitionspartner gewechselt hatte. Dass Kohl in seiner sechzehnjährigen Amtszeit als «Kanzler der Einheit» in die Geschichte eingehen würde, hätte er sich damals wohl nicht im Traum vorstellen können.

Zusammenbruch durch Wandel?

Der erste konservative Kanzler seit 1968 kündigte eine «politisch-moralische Wende» an – ohne genau angeben zu können, wie die von Kabarettisten gern aufs Korn genommene «Wende» denn aussehen sollte. Sie konnte nicht einfach von oben verordnet werden. Und ein «Zurück» gab es ohnehin nicht: Die politische Kultur der Bundesrepublik hatte sich während der siebziger Jahre zutiefst verändert. Aus den zahlreichen «Spontigruppen» und «Basisorganisationen» der Studenten entwickelte sich die Idee der Bürgerinitiative als einer direkteren Beteiligung an der Demokratie. Aufbau und wirtschaftlicher Aufschwung waren gerade für die Jüngeren nicht mehr alles bestimmend. Sie kritisierten die negativen Auswirkungen des Kapitalismus und einen zuweilen blinden Fortschrittsglauben.

Mit den «Grünen» zog 1983 eine neue Partei in den *Bundestag* ein, die sich vor allem Umweltschutz, den Kampf gegen *Atomkraft* (siehe Kapitel 5) und für Abrüstung sowie die Gleichstellung der Frauen ins Programm geschrieben hatte. Dabei wurden insbesondere die Auseinandersetzungen um die Atomkraft und die Stationierung von Mittelstreckenraketen nicht nur von diesen neuen Parlamentariern geführt, die mit Jeans, Pullover und Turnschuhen statt mit Anzug, Krawatte und Kostüm im Bundestag erschienen.

1985 plante die Bundesregierung die erste kommerzielle Wiederaufbereitungsanlage für abgebrannte Brennstäbe aus Kernreaktoren. Sie sollte im bayerischen Wackersdorf entstehen. Zunächst demonstrierte nur die örtliche Bevölkerung dagegen, dass radioaktive Brennstäbe dorthin gelangen sollten. Aber bald wurde der Ort zum Schauplatz handfester Auseinandersetzungen zwischen Atomkraftgegnern und den Kräften von Polizei und Bundesgrenzschutz.

1989 mussten die Pläne aufgegeben werden. Mit ähnlichem Nachdruck wurde im niedersächsischen Gorleben gegen die Endlagerung radioaktiver Brennstoffe in einem stillgelegten Salzstock demonstriert. Noch immer kommt es zu Protesten von Kernkraftgegnern, wenn ausgediente Brennelemente und hochradioaktive Abfälle in das Zwischenlager gebracht werden.

In den achtziger Jahren war die Bundesrepublik keine ruhige Republik mehr, sondern eine Gesellschaft, die gelernt hatte, Konflikte auszutragen. Und die in der Nachkriegszeit geborenen Generationen hatten sich längst an die Teilung Deutschlands gewöhnt. Aus den beiden Provisorien waren «richtige» Staaten geworden, die sich gegenseitig anerkannten und sogar Diplomaten austauschten. Dass zahlreiche Menschen, die in den Westen zu fliehen versucht hatten, wegen «Republikflucht» verhaftet und oft für Jahre ins Gefängnis gesteckt wurden, regelte man hinter den Kulissen – indem die Bundesrepublik sie wieder freikaufte.

In der DDR jedoch gab es keine Möglichkeit, politische Konflikte offen auszutragen. Jede Bewegung von unten – sei es für den Umweltschutz oder für eine tiefere Auseinandersetzung mit der Vergangenheit und dem verordneten Antifaschismus – wurde im Keim erstickt. Doch trotz der erzwungenen Ruhe in der DDR fand die erste gelungene demokratische Revolution der Geschichte Deutschlands 1989 in Leipzig, Ostberlin und Dresden statt.

Wann begann der Prozess, der schließlich zum Ende der DDR und zur Wiedervereinigung führen sollte? Bereits 1968, als Reformer in Prag versuchten, das starre kommunistische System zu lockern und mehr Freiheiten zuzulassen? Wieder einmal waren sowjetische Panzer eingerückt. Für viele DDR-Bürger war das ein Schock. Nicht nur, weil sie sich ebenfalls Reformen für ihr Land wünschten. «Friedensliebe» predigte

+++ «Mit einer Pferdeprozession und anderen Veranstaltungen protestieren Atomkraftgegner gegen den Transport radioaktiven Abfalls aus der französischen Aufbereitungsanlage La Hague nach Deutschland. Die Fracht wird für morgen Mittag im Zwischenlager Gorleben erwartet. In Niedersachsen stehen 10 000 Polizisten bereit, um die Atommüllbehälter zu sichern. (Tagesschau-Meldung vom 20. November 2005) +++

ihre Regierung. Und fand nichts dabei, dass eine friedliche und zivile Reformbewegung in einem Land gewaltsam unterbunden wurde, in das nur dreißig Jahre zuvor schon einmal deutsche Soldaten eingefallen waren.

War das Ende der DDR der Arroganz ihrer eigenen Führung zu verdanken? Anders als vor dem Bau der Mauer konnten – und wollten – viele, die unzufrieden waren, nicht mehr einfach das Land verlassen. Sie wünschten sich einen menschlicheren Sozialismus, einen mit «freundlichem Gesicht». Dafür machten sich Wissenschaftler, Intellektuelle und Künstler wie Rudolf Bahro, Robert Havemann, Walter Janka, Wolf Biermann und andere stark. Nichts aber fürchteten die verknöcherten Funktionäre mehr als diese Art, die Idee des Sozialismus in Anspruch zu nehmen und sie gegen das unterdrückerische Regime zu kehren.

1971 löste Erich Honecker den greisen Walter Ulbricht als Staatschef ab. Doch das bedeutete keineswegs mehr Freiheit. Bahro und Janka wurden vor Gericht gestellt, Havemann erhielt Hausarrest, Biermann durfte 1976 von einer Konzertreise in die Bundesrepublik nicht mehr in die DDR zurückkehren. Regimekritiker wurden weiterhin von der «Stasi» bespitzelt. Die lautstarken Proteste zahlreicher prominenter DDR-Künstler und Schriftsteller gegen die Ausbürgerung Biermanns halfen nichts. Das Misstrauen gegen eine Staatsführung, die sich so starr zeigte, wuchs.

Wurden die Risse im Gefüge des Ostblocks größer, als 1981 mit Ronald Reagan ein ehemaliger Schauspieler als Präsident der USA vereidigt wurde, der die Sowjetunion durch ein «Wettrüsten» in die Knie zwingen wollte? Auch in der Bundesrepublik hielten nicht wenige ihn für «brandgefährlich» oder machten sich über den «Cowboy im Weißen Haus» lustig. Die Sowjetunion, die sich auf diesen erneuten Wettkampf einließ und sich Ende 1979 mit ihrem Einmarsch in

Afghanistan obendrein in ein kostspieliges und zum Scheitern verurteiltes Militärunternehmen verwickelt hatte, steuerte allerdings tatsächlich einem wirtschaftlichen Ruin entgegen. Es war Zeit für Reformen, fand Michail Gorbatschow, der 1985 Staats- und Parteichef wurde. Die russischen Vokabeln «Perestroika» (Umbau) und «Glasnost» (Transparenz) wurden bald weltweit bekannt. Der frische Wind aus Moskau ermutigte auch Oppositionsgruppen in anderen Ostblockländern wie die tschechische «Charta 77» und die polnische Gewerkschaft «Solidarność», mit ihren Forderungen nach mehr Freiheit und Mitbestimmung wieder stärker an die Öffentlichkeit zu treten.

Die Wünsche der Menschen in Prag, Warschau und Ostberlin ähnelten einander. Man wollte mehr Toleranz und weniger Gängelung. Die Kommunalwahlen im Mai 1989 sahen viele als Gelegenheit, mehr Demokratie und Einfluss auf die Politik zu fordern, und stimmten gegen die Kandidaten der Einheitsliste. Dennoch wurde offiziell ein Ergebnis von 98,85 Prozent verkündet. In den Wochen darauf kam es immer wieder zu Protesten gegen die Wahlfälschung. Von alldem ließ sich die DDR-Führung nicht beirren. Erich Honecker verkündete weiterhin: «Den Sozialismus in seinem Lauf hält weder Ochs noch Esel auf.» Für ihn waren Reformen in der DDR genauso wenig nötig wie in China, wo die Armee am 4. Juni ein Blutbad angerichtet hatte: Tausende Menschen, die auf dem Platz des Himmlischen Friedens für Menschenrechte und Demokratie demonstriert hatten, kamen dabei um. Die DDR-Führung hielt diese Reaktion für richtig; niemand konnte wissen, ob nicht auch sie Panzer gegen die eigenen Bürger einsetzen würde. Dennoch gingen im Sommer und Herbst 1989 mehr und mehr Menschen in Ostdeutschland auf die Straße oder reisten nach Prag, um dort in die Botschaft der Bundesrepublik zu flüchten und eine Ausreise in den Westen zu fordern. Und bald skandierten die Demonstranten nicht mehr: «Wir sind das Volk!», sondern: «Wir sind ein Volk!»

In wenigen Monaten hatten sich die Ereignisse überschlagen: Im August 1989 öffnete Ungarn endgültig die Grenze nach Österreich. Seit September versammelten sich die Menschen in Leipzig, Dresden und Ostberlin zu immer größeren Montagsdemonstrationen. Am 18. Oktober musste Erich Honecker seine Ämter niederlegen. Und am Abend des 9. November 1989 fiel schließlich die Berliner Mauer. Kaum ein Jahr später waren die beiden deutschen Staaten wieder vereinigt. Erst jetzt, 45 Jahre nach Ende des Zweiten Weltkriegs, schlossen die Alliierten einen Friedensvertrag mit Deutschland, das damit seine volle Souveränität zurückerhielt.

Mit dem Ende der DDR begann eine neue Diskussion über das Erbe einer zweiten Diktatur auf deutschem Boden. Sollten diejenigen, die in der DDR privilegiert waren und an den Schalthebeln der Macht saßen, jetzt nicht «eine Runde aussetzen», wie die Bürgerrechtlerin Bärbel Bohley forderte, und sich aus dem politischen Leben zurückziehen? Wie sollte man mit der Hinterlassenschaft der «Stasi» umgehen, den Spitzelberichten über Nachbarn, Freunde und sogar Familienmitglieder? Aber auch den Zeugnissen menschlicher Größe all jener, die sich den Zumutungen des Geheimdienstes mutig oder geschickt entzogen hatten? Die Unterlagen der Stasi wurden unter der Leitung des ehemaligen Pastors Joachim Gauck in der «Zentralstelle für die Erfassung der Unterlagen der Staatssicherheit» gesammelt. Ihre Archive sollten Forschern und Journalisten, aber vor allem jenen zugänglich sein, die Opfer des gigantischen Geheimdienst-Apparates geworden waren.

Würde es im wiedervereinigten Deutschland gelingen,

sich kritisch mit den politischen, sozialen, wirtschaftlichen und gesellschaftlichen Hinterlassenschaften der DDR auseinander zu setzen, also eine «zweite Vergangenheitsbewältigung» zu beginnen, und gleichzeitig all jene nicht auszuschließen, die die DDR trotz aller Kritik als ihre Heimat empfunden hatten? Welche Art von Demokratie wollte man gestalten? Die Bundestags-Debatte über einen möglichen Umzug der Regierung nach Berlin bewies, wie ernst man solche Fragen nahm. Nicht wenige sprachen sich dafür aus, dass Bonn die Hauptstadt bleiben sollte. Bonn stand in ihren Augen für die Stabilität des politischen Systems, in dem Regierungs- und Koalitionswechsel in ruhiger Gelassenheit vonstatten gegangen und selbst schwierige Herausforderungen wie die Bedrohung durch den Terrorismus gemeistert worden waren. Aber wie sollten sich dann die Bürger aus den neuen Bundesländern mit einer «Bonner Republik» und einer vor allem westdeutschen Geschichte identifizieren?

Der Umzug nach Berlin wurde mit nur knapper Mehrheit

+++ «337 Abgeordnete waren dafür, 320 dagegen, als heute vor 10 Jahren darüber abgestimmt wurde, ob Bundestag und Bundesregierung von Bonn nach Berlin umziehen sollen. Ein Jahrzehnt nach der Entscheidung ist in der neuen Hauptstadt fast alles an seinem Platz.» (Tagesschau-Meldung vom 12. November 2001) +++

beschlossen. Viel war von der neuen «Berliner Republik» die Rede. Wie würde sie sich innerhalb Europas und der Welt verhalten? Könnte sie die Unterschiede zwischen den alten und den neuen Bundesländern überwinden? Doch bei aller Skepsis stellte sich heraus: Die wichtigsten Fundamente waren bereits gelegt und tragfähig. Deutschland blickte inzwischen auf eine vierzigjährige demokratische Geschichte im Westen und eine erfolgreiche demokratische Revolution im Osten zurück. Es war eingebunden in ein Bündnissystem, das außenpolitische Stabilität versprach. Und es hatte eine politische Kultur aufzuweisen, in der selbst schwierige Auseinandersetzungen geführt werden konnten.

Doch es ging nicht nur um die Frage der Identität eines wiedervereinigten Deutschland. Es musste auch geklärt werden, wer zu dessen Bürgern zählen sollte. «Wir sind kein Einwanderungsland», hatten Politiker lange gepredigt, obgleich zahlreiche «Gastarbeiter», die in den sechziger Jahren in Italien und Portugal, Marokko und der Türkei angeworben wurden, nicht etwa in ihre Heimatländer zurückgegangen, sondern in der Bundesrepublik geblieben waren. In der DDR lebten, ebenfalls mehr schlecht als recht integriert, viele Vietnamesen, Moçambiquaner und Angolaner, die zum Studium oder zur Arbeit in das «sozialistische Bruderland» geholt worden waren. Tausende russische Juden waren – noch als «Akt der Wiedergutmachung» – von der ersten frei gewählten und zugleich letzten Volkskammer der DDR eingeladen worden, dem Antisemitismus in ihrer Heimat zu entfliehen und nach Deutschland zu emigrieren. Fünfzig Jahre nach dem Ende des Zweiten Weltkrieges entwickelten sich die jüdischen Gemeinden in Deutschland zu den am schnellsten wachsenden in der ganzen Welt. Bürgerkriege und ethnische Konflikte in Bosnien, dem Kosovo und zahlreichen afrikanischen Ländern trieben Tausende von Flüchtlingen in den

Westen und die Bundesrepublik, wo sie um *Asyl* ansuchten. «Das Boot ist voll», riefen deutsche Politiker populistisch. Die Antwort darauf ließ nicht lange auf sich warten. In Hoyerswerda und Rostock, in Solingen und Mölln wurden Anfang der neunziger Jahre Asylsuchende, Flüchtlinge und «Ausländer» angegriffen, die schon lange in der Bundesrepublik lebten.

Das «neue» Deutschland zeigte sich zunächst alles andere als tolerant. Erst nachdem im Mai 1993 eine ganze Familie bei einem Brandanschlag in Solingen ums Leben kam, setzte ein Prozess des Umdenkens ein. Allmählich nahm man zur Kenntnis, dass Deutschland eben doch ein Einwanderungsland geworden ist. Und dass man über die Werte und den Charakter einer multikulturellen Gesellschaft diskutieren muss.

Deutschlands Gesicht hat sich nach 1989 verändert. Die Länder Mecklenburg-Vorpommern, Brandenburg, Sachsen-Anhalt, Sachsen und Thüringen traten per Einigungsvertrag der Bundesrepublik bei. Das *Grundgesetz*, das als Provisorium gedacht war, gilt nach leichten Änderungen auch für das wieder vereinigte Deutschland. Das Ausmaß der wirtschaftlichen Probleme, die zu lösen waren, überstieg jedoch alle Erwartungen. Kurz vor der Wiedervereinigung sagte Helmut Kohl voraus, im Osten Deutschlands würden bald «blühende Landschaften» entstehen. Doch auch sechzehn Jahre später ist der *Aufbau Ost* keineswegs abgeschlossen.

Aber auch Deutschlands politische Kultur hatte sich in einem langen Prozess öffentlicher Debatten und Auseinandersetzungen gewandelt. Spuren der Geschichte aber bleiben weiterhin sichtbar, vor allem in der Architektur Berlins: Der Reichstag, dieses eher düstere wilhelminische Gebäude, das lange das Scheitern der ersten deutschen Demokratie symbolisierte, beherbergt nun den *Bundestag*. Graffiti russischer Soldaten, die 1945 Berlin eroberten und die rote Fahne auf dem Dachfirst hissten, wurden bei der Renovierung erhalten. Die moderne, begehbare Glaskuppel, mit der der britische Architekt Sir Norman Foster das Gebäude «krönte», wurde zum Wahrzeichen der neuen «Berliner Republik». Sie erlaubt den Blick in den Parlamentssaal und macht so das Ideal einer «transparenten Republik» sinnfällig. Einc Linic von Pflastersteinen markiert den Verlauf der Berliner Mauer. Zwischen Brandenburger Tor und dem völlig neu gebauten Potsdamer Platz liegt das Stelenfeld des Holocaust-Mahnmals. All das mögen Stein gewordene Zeugnisse der deutschen Geschichte sein. Aber sie zeigen auch, dass es eine lebendige Debatte darüber gibt, wie diese Gesellschaft die Vergangenheit betrachtet, die Gegenwart empfindet und die Zukunft gestalten will.

Agenda 2010

«‹Mut zum Frieden, Mut zu Reformen› hatte er über sein Manuskript geschrieben», berichtete die Tagesschau am 14. März 2003 über die Regierungserklärung von Bundeskanzler Gerhard Schröder. «Mit einem grundlegenden Umbau des Sozialstaats will der Kanzler in Deutschland für Aufbruchstimmung sorgen.»

«Agenda 2010» wurde das Paket von Reformen genannt, das der Bundeskanzler in seiner Regierungserklärung angekündigt hatte und bis zum Jahr 2010 verwirklichen wollte. Das aus dem Lateinischen stammende Wort «Agenda» bedeutet wörtlich «was zu tun ist». Und die Bundesregierung erklärte auf ihrer Website, «Agenda heißt also: das Programm, die Aufgaben, die jetzt angepackt werden müssen». Mit einem «wahren Gesetzesmarathon» sollten das schwache Wirtschaftswachstum angekurbelt, Arbeitslosigkeit und Staatsverschuldung verringert, das Gesundheitswesen reformiert und die «Binnennachfrage», das heißt der Konsum, gefördert werden.

Zur Agenda 2010 gehörte eine Steuerreform, die «die Beschäftigten und die Wirtschaft massiv von Steuern entlastet. Dadurch bleibt den Bürgerinnen und Bürgern mehr Geld.» Die Senkung der *Lohnnebenkosten* (siehe Kapitel 3). Die Praxisgebühr – indem der Patient jeweils beim ersten Arztbesuch pro Quartal eine Grundgebühr von zehn Euro zahlt, könne er nämlich selbst zur Entlastung der viel zu stark beanspruchten und verschuldeten Krankenkassen beitragen. Und das *Hartz*-Paket (siehe Kapitel 3) zur Reform des Ar-

beitsmarktes und der schnelleren Wiedereingliederung von Arbeitslosen in das Erwerbsleben. Der «rote Faden» sei dabei «mehr Eigenverantwortung», so die Regierung Schröder. Um der künftigen Generationen willen müssten die Bürger jetzt «auf manche Leistung des Staates verzichten».

Kritiker vor allem der CDU/CSU und FDP bemängelten, dass die Agenda 2010 zwar ein Schritt in die richtige Richtung sei, aber nicht weit genug gehe. Kritiker in der eigenen Partei und vor allem von der PDS warfen Gerhard Schröder vor, er wolle nicht den Umbau, sondern in Wirklichkeit den Abbau des Sozialstaates. Nicht zuletzt deshalb stellte Kanzler Schröder im Mai 2005 die Vertrauensfrage – mit dem Ziel, sie zu verlieren, sodass der Bundestag aufgelöst und Neuwahlen angesetzt werden könnten. Mit Neuwahlen nämlich hoffte er, eine klare Mehrheit für seine Politik der Reformen zu erhalten.

Einig sind sich die Parteien, dass Reformen notwendig sind. In ihrer ersten Regierungserklärung im November 2005 dankte Bundeskanzlerin Angela Merkel ihrem Vorgänger dafür, dass er mit der Agenda 2010 begonnen habe, die Sozialsysteme der Bundesrepublik zu modernisieren. Welche Reformen aber mehr Wirtschaftswachstum schaffen und das Sozialsystem der Bundesrepublik erhalten können, darüber wird weiterhin debattiert.

Asyl

Artikel 16 des *Grundgesetzes* stellt lapidar fest: «Politisch Verfolgte genießen Asylrecht.» Auch damit sollte die Verantwortung der Bundesrepublik als Nachfolgestaat des Deutschen Reiches anerkannt werden. Millionen Deutsche hatten während der Zeit des «Dritten Reichs» versucht, ins Exil zu gehen, um der Verfolgung zu entkommen, aber vielen wurde in anderen Ländern die Einreise verwehrt. Deshalb sollte im Grundgesetz ein Asylrecht verankert werden, das sich an der Genfer Konvention orientiert. Danach genießt jeder das Recht auf Asyl, der wegen seiner Rasse, Religion, Nationalität, Zugehörigkeit zu einer bestimmten Gruppe oder wegen seiner politischen Überzeugung verfolgt oder in seiner persönlichen Freiheit eingeschränkt wird.

Laut aktueller Gesetzgebung der Bundesrepublik aber haben nur jene einen Rechtsanspruch auf Asyl, die unter staatlicher Verfolgung leiden. Damit ist Deutschland einer der wenigen Staaten, die nichtstaatliche Gefahren, zum Beispiel durch extremistische Gruppierungen, oder geschlechtsspezifische Verfolgung nicht als Asylgrund anerkennen. Für Opfer solcher Gewalt gilt allerdings Humanitäres Recht: Ebenso wie Flüchtlinge aus Kriegs- und Bürgerkriegsgebieten erhalten sie den Flüchtlingsstatus gemäß der Genfer Flüchtlingskonvention und damit ein befristetes Aufenthaltsrecht von derzeit 18 Monaten. Geduldet werden aber nur jene, die keinen Asylantrag stellen und erklären, dass sie in ihrer Heimat nicht politisch verfolgt werden.

Lange hatte sich die Frage nach einer Verfolgung wegen Rasse, Religion oder Geschlecht gar nicht gestellt. Vor dem Ende des Kalten Krieges nämlich suchten fast nur die wenigen Dissidenten aus dem Ostblock um Asyl an, denen die Ausreise gelungen war. Nach dem Fall der Mauer aber beantragten immer mehr Menschen aus den Entwicklungsländern Asyl. 1993 wurde das Asylrecht eingeschränkt: Wer aus einem Mitgliedsstaat der Europäischen Union nach Deutschland kommt oder aus einem «sicheren Herkunftsland» einreist, in dem die «Konvention zum Schutz der Menschenrechte und Grundfreiheiten» gilt, kann in Deutschland praktisch keinen Antrag auf Asyl stellen; allenfalls wird ihm ein Abschiebeschutz gewährt, falls der Betroffene eine politische Verfolgung nachweist. Welche Staaten als sichere Herkunftsländer gelten, wird anhand der Lageberichte des Auswärtigen Amtes entschieden. Seit 1993 geht die Anzahl der Asylanträge stetig zurück. Damals stellten noch 322600 Menschen einen Antrag. Zehn Jahre später waren es nur noch rund 71000.

+++ «Immer weniger Menschen beantragen in Deutschland Asyl. Im Oktober gingen beim Bundesamt für Migration und Flüchtlinge etwa 2200 Anträge ein, rund zehn Prozent weniger als im Vormonat. Im Jahresvergleich ging die Zahl sogar um 22,5 Prozent zurück.» (Tagesschau-Meldung vom 9. November 2005) +++

Aufbau Ost

Schon der Titel des Papiers ließ nichts Gutes ahnen: «Für eine Kurskorrektur des Aufbau Ost» hatte eine dreizehnköpfige Expertenkommission unter dem Vorsitz des ehemaligen Hamburger Bürgermeisters Klaus von Dohnanyi die Studie genannt, die sie Ende Juni 2004 vorlegte. Darin kam sie zu dem Schluss, dass es nicht gelungen war, die Wirtschaft in den neuen Ländern auf das Niveau der alten Bundesrepublik zu hieven.

Im Einigungsvertrag, den der Parlamentarische Staatssekretär beim Ministerpräsidenten der DDR, Günter Krause, und Bundesinnenminister Schäuble im August 1990 unterschrieben hatten, wurde verbindlich festgelegt, dass man nun «gesicherte Rechtsgrundlagen für das Zusammenwachsen beider deutscher Staaten und für einheitliche Lebensverhältnisse in den alten und neuen Bundesländern» schaffen wolle. In drei bis vier Jahren, prophezeite der damalige Kanzler Helmut Kohl, wäre dieses Ziel erreicht und die marode DDR-Wirtschaft saniert. Denn dass sie marode war, hatte sich im Oktober 1989 endlich auch die DDR-Staatsführung eingestanden. In einer geheimen Studie zur «ökonomischen Lage der DDR» wurden mehr als die Hälfte der Industrieanlagen als Schrott eingestuft. Der Zustand des Verkehrswesens war verheerend, die meisten Maschinen nicht einsetzbar, mehr als die Hälfte der Straßen galt als stark reparaturbedürftig, die Staatsverschuldung hatte sich zwischen 1972 und 1988 von 12 Milliarden auf 123 Milliarden Mark mehr als verzehnfacht.

Transferleistungen (Geld, das vom Westen in den Osten fließen sollte) und vor allem eine Politik der *Privatisierung* (siehe Kapitel 3) würden, so glaubte man, im Osten für ein Wirtschaftswunder sorgen, wie man es aus der Bundesrepublik der fünfziger Jahre kannte. Große Teile der Industrie wurden von der Treuhandanstalt, die aus den Staatsbetrieben konkurrenzfähige Unternehmen machen sollte, «abgewickelt» (das heißt geschlossen), saniert oder verkauft.

Als die Expertenkommission im Juni 2004 ihren Bericht vorlegte, stellte sie fest, von «einheitlichen Lebensverhältnissen» könne keine Rede sein. Das Wirtschaftswachstum in

Ostdeutschland bleibt seit einigen Jahren hinter dem Westdeutschlands zurück. Die Arbeitslosigkeit liegt im Osten bei 18 Prozent und ist damit doppelt so hoch wie im Westen. In keiner anderen Region der Welt wurden nach 1990 so wenige Kinder geboren wie in den fünf neuen Ländern, kaum anderswo altert die Bevölkerung so schnell. Innenstädte verwaisen, Gebäude stehen leer, Kindergärten und Schulen werden geschlossen, Bahnlinien ins Umland eingestellt, weil es sich nicht mehr lohnt, sie zu betreiben. Knapp zwei Millionen Einwohner wanderten seit 1990 aus den neuen in die alten Bundesländer ab. Sachsen-Anhalt verlor dadurch zwischen 1990 und 2003 über zwölf Prozent seiner Bevölkerung. Und es gehen, beobachten Experten, die Jüngeren und besser Ausgebildeten – genau jene, die für einen wirtschaftlichen Aufschwung am dringendsten benötigt würden.

+++ «Die ostdeutschen Ministerpräsidenten wollen gemeinsam mit der Bundesregierung über die Verwendung der Gelder für den Aufbau Ost entscheiden. Hintergrund ist Kritik, in den neuen Ländern würden Mittel vergeudet und nicht vereinbarungsgemäß verwendet.» (Tagesschau-Meldung vom 24. Februar 2006) +++

Kritik an der von allen Regierungen nach der Wiedervereinigung betriebenen Politik war nicht neu, doch zum ersten Mal rückten Experten eine Option ins öffentliche Bewusstsein, die man bis dahin nicht für möglich gehalten hatte: Dass der Aufbau Ost auch scheitern könnte. Davon wäre allerdings nicht nur das Gebiet der ehemaligen DDR betroffen. Die gesamte Wirtschaftskraft der Bundesrepublik würde dadurch geschwächt. Schon jetzt werden jährlich vier Prozent des Bruttoinlandsprodukts für die Kosten des Aufbau Ost verwendet. Umso erstaunlicher, dass dieses Thema im Wahlkampf vom September 2005 so gut wie keine Rolle spielte.

Bundeskanzler

Es ist größer als das Weiße Haus in Washington und ganz gewiss als das bescheidene Häuschen in der Downing Street Nr. 10, Sitz des britischen Premierministers: das Bundeskanzleramt. Doch wozu braucht ein Bundeskanzler so viel Platz? Eine eher nüchterne Erklärung könnte lauten: Weil der Architekt Axel Schultes es so geplant und der Bauherr, die Bundesrepublik Deutschland (damals vertreten durch Helmut Kohl), es so wünschten. Allerdings ist das Bundeskanzleramt kein beliebiges Gebäude. Es symbolisiert auch die Stellung des Kanzlers im politischen System der Bundesrepublik.

+++ «Politiker von SPD und CSU warnten die CDU-Chefin heute davor, auf ihre Richtlinienkompetenz zu pochen. Die CDU wies dagegen darauf hin, dass die Richtlinienkompetenz des Regierungschefs im Grundgesetz verankert sei.» (Tagesschau-Meldung vom 11. Oktober 2005) +++

Der Kanzler bekleidet nicht das höchste Amt im Staat; protokollarisch rangiert er nach dem *Bundespräsidenten* und dem Vorsitzenden des *Bundestages*. Aber sein Amt ist das mächtigste. «Der Bundeskanzler bestimmt die Richtlinien der Politik und trägt dafür die Verantwortung», so legt es Artikel 65, Satz 1 des *Grundgesetzes* fest. (An die politisch korrekte Formulierung Bundeskanzler/in oder Minister/in dachten die Verfasser des Grundgesetzes noch nicht.) Dass er die «Richtlinienkompetenz» besitzt, bedeutet nicht, dass er über jede Kleinigkeit zu bestimmen hat. Denn jeder Minister, den der Kanzler ernennt, leitet sein Ministerium in eigener Verantwortung. Damit der Kanzler sich aber jederzeit unabhängig von den Ministerien ein Bild der Lage machen kann – gleich, ob es sich um Außen-, Wirtschafts- oder Umweltpolitik handelt –, gibt es im Bundeskanzleramt ein Referat für jedes Ministerium. Und falls es zu Meinungsverschiedenheiten zwischen den Ministern kommt, hat der Kanzler das letzte Wort.

Kanzler zu werden ist, wie die vorgezogenen Bundestagswahlen vom September 2005 zeigten, nicht so einfach. Auch wenn zumindest die großen Parteien mit einem Kanzlerkandidaten in den Wahlkampf ziehen, wird der Kanzler nicht direkt vom Volk gewählt, sondern auf Vorschlag des Bundespräsidenten vom Bundestag, und zwar mit der so genannten Kanzlermehrheit: Mehr als die Hälfte der Abgeordneten müssen für ihn stimmen. Der Präsident wird also

+++ «Angela Merkel ist zur ersten deutschen Bundeskanzlerin gewählt worden. Im Parlament erhielt die 51-jährige CDU-Chefin heute 397 von 612 abgegebenen Stimmen.» (Tagesschau-Meldung vom 22. November 2005) +++

die Person vorschlagen, die die besten Aussichten hat, auch gewählt zu werden. Da aber die stärkste Fraktion allein so gut wie nie die absolute Mehrheit hat, muss normalerweise eine *Koalition* gebildet werden.

Was passiert, wenn der vom Bundespräsidenten vorgeschlagene Kandidat nicht die absolute Mehrheit erhält?

Dann wird nach einer Frist von zwei Wochen erneut gewählt. Der Bundestag kann dann aus den eigenen Reihen Kandidaten aufstellen – doch muss der zukünftige Kanzler auch diesmal eine absolute Mehrheit erringen. Gelingt das wieder nicht, kommt es nach zwei weiteren Wochen zu einem dritten Wahlgang. Jetzt genügt eine relative Mehrheit: Der Kandidat muss nicht über 50 Prozent der Stimmen erhalten, es reicht, wenn er mehr Stimmen auf sich vereint als jeder seiner Konkurrenten. Damit würde er eine «Minderheitsregierung» führen, denn er könnte sich nur der Unterstützung von weniger als der Hälfte der Bundestagsabgeordneten sicher sein. Und weil Gesetze der Zustimmung einer Mehrheit im Bundestag bedürfen, könnte das Parlament die Arbeit des Kanzlers ständig behindern. In diesem Fall liegt es am Bundespräsidenten, ob er den Gewählten auch ernennt oder den Bundestag auflöst und Neuwahlen ansetzt.

Bundespräsident

Das Amt des Bundespräsidenten ist das höchste in der Bundesrepublik Deutschland. Der Präsident wird auf fünf Jahre von der Bundesversammlung gewählt, die nur zu diesem Zweck zusammenkommt. Sie besteht aus den Mitgliedern des Bundestages und einer gleichen Anzahl von Wahlmännern und -frauen, die von den Landtagsparlamenten bestimmt

werden – das müssen keine Landtagsabgeordneten sein; nicht selten entsenden Parteien auch Prominente in die Bundesversammlung. In ihrer Abstimmung sind sie dennoch frei. Die Fürstin Gloria von Thurn und Taxis beispielsweise wurde 2004 von der CSU als Wahlfrau benannt. Sie entschied sich dann aber statt für den Kandidaten der Union, Horst Köhler, für die SPD-Kandidatin Gesine Schwan, die sie «sympathischer» fand. Kandidaten müssen das vierzigste Lebensjahr vollendet haben, das Wahlrecht zum Bundestag besitzen und deutsche Staatsbürger sein. Ein Bundespräsident kann – anders als ein Bundeskanzler – nur einmal wieder gewählt werden. Sein Amtssitz ist das Schloss Bellevue.

Zwar hat der Bundespräsident als Staatsoberhaupt vor allem repräsentative Pflichten. Aber er ist alles andere als ein «Grüßaugust»: Er schlägt dem *Bundestag* den *Bundeskanzler* zur Wahl vor, ernennt und entlässt auf Vorschlag des Bundeskanzlers die Minister, die Bundesrichter und Bundesbeamten, beglaubigt die diplomatischen Vertreter, besitzt das Begnadigungsrecht und vertritt die Bundesrepublik völkerrechtlich. Vor allem aber kann er das Parlament unter bestimmten Bedingungen auflösen und Neuwahlen ansetzen.

Bundesrat

Drei so genannte Verfassungsorgane dürfen Gesetze einbringen: der *Bundestag*, die Bundesregierung und der Bundesrat. Wie in jeder *Demokratie* (siehe Kapitel 4) herrscht auch in Deutschland ein System der Gewaltenteilung. Dabei vertritt der Bundestag die Legislative (er ist die gesetzgebende Macht) und die Bundesregierung die Exekutive (sie ist die vollziehende Macht). Der Bundesrat ist ein «Zwischending»: Seine Mitglieder werden von den Regierungen (also der Exekutive) der sechzehn Länder entsandt, und gleichzeitig nimmt er parlamentarische Funktionen (also der Legislative) wahr. Das *Grundgesetz* schreibt in Artikel 50 nämlich vor, dass «die Länder bei Gesetzgebung und Verwaltung des Bundes und in Angelegenheiten der Europäischen Union mitwirken». Da die einzelnen Bundesländer sich sehr voneinander unterscheiden (Brandenburg ist zehnmal größer als das Saarland, und in Nordrhein-Westfalen leben fast dreißigmal so viele Menschen wie in Bremen), ist ihr Gewicht im Bundesrat auch unterschiedlich stark: Länder mit geringerer Bevölkerungszahl (wie Hamburg oder Mecklenburg-Vorpommern) haben weniger Stimmen (mindestens aber drei), bevölkerungsreiche Länder (wie Bayern oder Baden-Württemberg) sechs. Bei der Besetzung des Bundesratspräsidentenamts jedoch sind alle Bundesländer gleichberechtigt: Ihre Ministerpräsidenten übernehmen es reihum; nach einer festen Reihenfolge lösen sie einander jährlich ab.

Gesetzesvorlagen der Bundesregierung müssen grundsätzlich dem Bundesrat vorgelegt werden. Und dessen Zustimmung ist immer dann nötig, wenn ein solches Gesetz von den Behörden der Länder (beispielsweise deren Sozialämtern oder Polizeikräften) umgesetzt werden muss, wenn das Bundesgesetz den Bürgern eine Geldleistung gewährt, «für die zumindest zu einem Viertel die Landeskasse aufkommen muss», wenn es um die Erhebung und Verteilung von Steuern geht oder, besonders wichtig, wenn das Grundgesetz geändert werden soll. Im Laufe der Jahre aber nahm der Anteil der Gesetze, die vom Bundesrat genehmigt werden müssen, immer weiter zu. Das Kompetenzgerangel zwischen Bund und Ländern wurde undurchschaubar. Dieses Problem soll eine Reform des *Föderalismus* lösen.

+++ «Mit dem Bundesrat haben sich die Vorgänger-Regierungen meist sehr schwer getan. Mit schöner Regelmäßigkeit schnürten die Länderchefs auf, was Regierungsmehrheiten im Bundestag in Gesetzespaketen festgezurrt hatten. Ganz anders heute: Über die Parteigrenzen segneten die Länder die ersten Reformen der großen Koalition zu Arbeitsmarkt und Steuern ab.» (Tagesschau-Meldung vom 21. Dezember 2005) +++

Bundestag

Der Bundestag als das einzige direkt vom Volk gewählte Verfassungsorgan ist die bedeutsamste Institution im Gefüge der Bundesrepublik. Er kann – in einem langwierigen Verfahren, das oft der Zustimmung des *Bundesrats* bedarf – Gesetze einbringen, er wählt den *Bundeskanzler*, genehmigt internationale Verträge, beschließt den *Haushalt* (siehe Kapitel 3) und kontrolliert den Einsatz der Bundeswehr. Per «konstruktivem Misstrauensvotum» kann er einen Kanzler ablösen und zu bestimmten Angelegenheiten «Große» und «Kleine Anfragen» an die Regierung stellen, die dann mehr oder weniger ausgiebig Antwort geben muss. Bei besonders heiklen Angelegenheiten darf er einen Untersuchungsausschuss bilden, vor dem, wie vor Gericht, jeder, der vorgeladen wird, erscheinen und aussagen muss.

Seine Bedeutsamkeit leitet sich aber nicht nur von den Möglichkeiten her, die dem Parlament per Verfassung zur Verfügung stehen. Ebenso wichtig ist die Würde, mit der er handelt, die Lebendigkeit und Offenheit, mit der er zwischen Regierung und Öffentlichkeit vermittelt, und das Ansehen, das er genießt. Das Parlament der Weimarer Republik wurde gern als «Quatschbude» beschimpft; die Geringschätzung des Parlamentes trug damals zum Untergang der Demokratie bei.

Von der Arbeit des Bundestages sehen wir nicht viel, selbst wenn wir den Plenarsaal von der Zuschauerbühne aus beobachteten. Die meisten Aufgaben des Bundestages wie die Formulierung von Gesetzesvorlagen werden an Ausschüsse delegiert, in denen alle Fraktionen vertreten sind – so nennt man die Zusammenschlüsse, die die Abgeordneten des Bundestages bilden, um ihre Ziele besser durchzusetzen. In der Regel gehören jeder Fraktion alle Abgeordneten einer Partei an, die im Bundestag vertreten ist (nur CDU und CSU bilden traditionell eine gemeinsame Fraktion).

Nur ein kleinerer Teil der parlamentarischen Angelegenheiten wird vor dem Plenum, der Versammlung aller Abgeordneten, diskutiert. Dann darf es lebendig werden – allerdings nicht auf der Zuschauertribüne. Wer dort lauthals «Zustimmung oder Missfallen äußert», kann vom Bundestagspräsidenten, der das Parlament in allen Angelegenheiten vertritt und die Sitzungen leitet, des Platzes verwiesen werden. Dagegen nehmen die Parlamentsstenographen jeden Zwischenruf im Plenum wie «hört, hört», «Lautes Beifallsgemurmel bei der Fraktion der Grünen» oder «Zwischenruf vom Abgeordneten Sowieso» ins Protokoll auf. Weil der Bundestag eine lebendige und lebhafte Institution sein soll, darf es etwas höher hergehen, bevor der Bundestagspräsident zur Ordnung ruft. Legendär wurden die Zwischenrufe vor allem der Abgeordneten Herbert Wehner (SPD) und Franz Josef Strauß (CSU) in den siebziger Jahren. Wehner bezeichnete den CDU-Abgeordneten Wohlrabe durchgehend als «Übelkrähe» und andere Parlamentarier als «Tiffeltaffel».

Gewählt werden die Abgeordneten in 299 Wahlkreisen, wobei jeder Wahlberechtigte zwei Stimmen hat: Mit der Erststimme legt er fest, wer den jeweiligen Wahlkreis per Direktmandat vertritt. Um sich für ein solches Mandat zu bewerben, muss man übrigens keiner Partei angehören. In der Praxis aber hat ein unabhängiger Kandidat kaum eine Chance, gewählt zu werden, denn einen erfolgreichen Wahlkampf aus eigener Tasche (oder mit Hilfe von Sponsoren) und ohne die Unterstützung einer Partei zu führen ist äußerst schwierig. Die Zweitstimme entscheidet darüber, wie viele Kandidaten die Parteien in den Bundestag entsenden dürfen. Doch ganz gleich, ob ein Abgeordneter per Direktmandat oder über einen so genannten Listenplatz seiner Partei ins Parlament gekommen ist: Alle Abgeordneten haben die gleichen Rechte und Pflichten sowie gleichwertige Stimmen. Sie sind nur ihrem Gewissen verpflichtet – und deshalb können sie sogar die Partei wechseln oder parteilos werden, ohne dass sie ihr Mandat abgeben müssen.

Bundeswehr

Am 12. November 1955 fanden sich die ersten 101 Freiwilligen in ihrer Bonner Kaserne ein. Allerdings in Zivil – die Uniformen waren noch nicht fertig. Unumstritten war die Wiederbewaffnung der Bundesrepublik damals keineswegs. Nach dem Krieg wollten viele Deutsche nichts mehr von

Militär, Uniformen und Waffen wissen. Heftige Debatten im Bundestag und Demonstrationen, auf denen «Nie wieder Krieg!» skandiert wurde, begleiteten die Gründung der Bundeswehr und den Beitritt der Bundesrepublik zur NATO (siehe Kapitel 2) im selben Jahr. Beides war dem Kalten Krieg und dem Wunsch der USA nach einem starken Bündnispartner an der Grenze zum Ostblock geschuldet.

Ehemalige Wehrmachtsgeneräle entwickelten das Konzept einer «Armee der Demokratie». Die Soldaten sollten als «Staatsbürger in Uniform» unter dem Oberbefehl eines Politikers und der Kontrolle des Parlaments stehen. Soldaten, ganz gleich, wo sie im Einsatz sind, unterliegen denselben Regeln wie jeder Bürger der Bundesrepublik, und sie dürfen nur Befehle befolgen, die nicht gegen geltendes Recht und das *Völkerrecht* (siehe Kapitel 2) verstoßen. Da in der Bundeswehr alle Bevölkerungsgruppen vertreten sein sollten, wurde die allgemeine Wehrpflicht für Männer eingeführt, die 2001 von zehn auf neun Monate reduziert wurde. Wer jedoch «aus Gewissensgründen den Kriegsdienst mit der Waffe verweigert», so Artikel 12 des Grundgesetzes, «kann zu einem Ersatzdienst verpflichtet werden». Im Jahr 2004 stellten 40 Prozent der Gemusterten einen entsprechenden Antrag.

Nach der Wiedervereinigung wurde die Armee der DDR, die NVA (Nationale Volksarmee), aufgelöst und etwa 20 000 Soldaten in die Bundeswehr integriert. Seit 2001 dürfen auch Frauen in allen Einheiten Dienst leisten. Zuvor waren sie nur im Sanitätsdienst oder im Musikkorps vertreten.

In einem Kriegseinsatz befanden sich deutsche Soldaten zum ersten Mal 1999 im Kosovo. Seit Abschluss der Kämpfe beteiligt sich die Bundeswehr an der Kosovo-Friedenstruppe (KFOR). In Afghanistan, im Südsudan und in der Krisenprovinz Darfur nehmen deutsche Soldaten an ähnlichen Einsätzen teil. Auch als Hilfskräfte bei Naturkatastrophen und Unglücksfällen im In- und Ausland können sie herangezogen werden; im Sommer 2002 etwa wurden rund 44000 Bundeswehrsoldaten zur Hochwasserbekämpfung eingesetzt.

Immer wieder wird darüber diskutiert, ob die Bundeswehr eine Berufsarmee werden und man die Wehrpflicht abschaffen sollte, zumal die Zahl derer, die zum Wehrdienst eingezogen werden, Jahr für Jahr zurückgeht (2005 waren es weniger als 70000 Soldaten, zehn Jahre zuvor fast 170000). CDU-Verteidigungsminister Franz Josef Jung lehnt dies ab, weil die Bundeswehr nach wie vor alle Gesellschaftsschichten repräsentieren und so ihren integrativen und demokratischen Charakter bewahren solle. Zudem wurden Überlegungen angestellt, ob die Bundeswehr im Inneren außer für die Katastrophenhilfe auch bei der Terrorismusbekämpfung oder sogar bei Großveranstaltungen wie der Fußball-WM eingesetzt werden kann. Laut *Grundgesetz* darf sie keine Polizeiaufgaben übernehmen, weil man innere und äußere Sicherheit strikt voneinander trennen wollte. Im Falle des Terrorismus allerdings seien diese Grenzen fließend geworden, sagen Befürworter. Kritiker bemängeln, die Bundeswehr eigne sich für den Einsatz bei Großveranstaltungen schon deshalb nicht, weil die Soldaten weder über geeignete Ausrüstung noch über die entsprechende Ausbildung verfügten.

+++ «Die Bundeswehr beteiligt sich weiterhin an dem internationalen Militäreinsatz im Kosovo. Der Bundestag stimmte mit großer Mehrheit dafür, das KFOR-Mandat der Truppe um ein Jahr zu verlängern. Derzeit sind im Kosovo etwa 2600 deutsche Soldaten im Einsatz. Die mehrheitlich von Albanern bewohnte Provinz steht seit sechs Jahren unter UN-Verwaltung.» (Tagesschau-Meldung vom 3. Juni 2005) +++

Demographie

«Demographie» bedeutet nichts weiter als «Bevölkerungslehre» (demos = Volk, graphein = schreiben). Ob die Bevölkerung wächst oder schrumpft, ob der Altersdurchschnitt steigt und ob genügend Erwerbstätige da sind, die Steuern zahlen und die Sozialsysteme wie Renten und Krankenversicherung finanzieren, ist maßgeblich für die Zukunft eines Staates.

In Deutschland hat sich, wie in vielen anderen Industrienationen (mit Ausnahme der USA), die Alterskurve in den letzten 150 Jahren langsam und seit etwa drei Jahrzehnten dramatisch verändert. Seit dem Beginn der Industrialisierung erhöhte sich mit wachsendem Wohlstand und der damit verbundenen besseren Ernährung und medizinischen Versorgung die Lebenserwartung; die Geburtenrate stieg, und die Kindersterblichkeit sank. 1910 glich die Altersstruktur beinahe einer perfekten Pyramide. Erster und Zweiter Weltkrieg (und die Grippeepidemie von 1918) markieren tiefe Einschnitte. Die fünfziger und frühen sechziger Jahre waren die Zeit des «Babybooms». Die im Krieg aufgeschobenen Hochzeiten wurden nachgeholt, und der wirtschaftliche Aufschwung erlaubte die Gründung größerer Familien. Doch in der zweiten Hälfte der sechziger Jahre setzte der «Pillenknick» ein: Frauen stand zum ersten Mal eine effektive Methode der Verhütung zur Verfügung – und ihre gesellschaftliche Rolle begann sich zu wandeln. Im Westen war ihr Leben während der konservativen Adenauerzeit von den «drei K» («Kinder, Küche, Kirche») bestimmt worden; jetzt wollten sie sich nicht mehr auf ein Dasein als Hausfrau und Mutter beschränken, sondern ebenfalls berufstätig sein. Außerdem stiegen die individuellen Lebensansprüche.

Im Osten machte sich dieser Einschnitt weniger bemerkbar; in der DDR war es früh schon selbstverständlich, dass auch Mütter berufstätig waren, und für die Kinderbetreuung standen staatliche Krippenplätze zur Verfügung. Dafür ging die Geburtenrate dort nach 1990 umso stärker zurück. Und da außerdem viele jüngere Menschen wegen der hohen Arbeitslosigkeit die neuen Bundesländer verlassen haben, ist die Anhebung des Altersdurchschnitts dort besonders deutlich: 1990 hatten die Mecklenburger ein Durchschnittsalter von 35,8 Jahren – in keinem anderen Bundesland war die Bevölkerung so jung. Dreizehn Jahre später betrug das Durchschnittsalter 42,3 Jahre; Mecklenburg-Vorpommern war auf den zehnten Platz gerutscht. Das Schlusslicht bildet der Freistaat Sachsen mit einem Altersdurchschnitt von 44,1 Jahren.

Heute liegt die Geburtenrate in ganz Deutschland nur noch bei 1,4 Kindern pro Frau. Um die Bevölkerungszahl konstant zu halten, wäre aber eine Geburtenrate von 2,1 notwendig. Schon jetzt sind die Auswirkungen jener demographischen Entwicklung spürbar: Wenige Jüngere müssen die soziale Absicherung für eine immer älter werdende Bevölkerung finanzieren. Eine verstärkte *Zuwanderung* und Reformen wie die *Agenda 2010* sollen diesen demographischen Änderungen Rechnung tragen. Immer wieder wird auch die Verbesserung der Kinderbetreuung gefordert, damit Frauen Kinder und Beruf besser miteinander vereinbaren können. Außerdem sollen die Rentenkassen durch eine Anhebung des Renteneintrittsalters entlastet werden.

+++ «Die Rente mit 67 soll früher kommen als bislang geplant – darin sind sich Union und SPD im Kabinett einig. Arbeitsminister Müntefering verteidigte die Pläne heute im Bundestag. Die Änderung sei nötig, um das Rentensystem stabil zu halten.» (Tagesschau-Meldung vom 9. Februar 2006) +++

Föderalismus

Ein Staat, der nicht nur in Verwaltungsdistrikte eingeteilt ist (wie Frankreich), sondern sich (wie die USA, Russland, die Schweiz oder Deutschland) aus mehreren Ländern beziehungsweise Bundesstaaten zusammensetzt, ist föderalistisch strukturiert (von lateinisch foedus = Bündnis). Jedes dieser Länder besitzt ein eigenes Parlament und eine eigene Regierung. Meist hat eine föderalistische Ordnung historische Gründe. Und das gilt auch für Deutschland.

Bis zur Einigung von 1871 war Deutschland kein zusammenhängender Staat, sondern in verschieden große Gebiete geteilt, die von Königen, Fürsten, Herzögen oder Mark-

grafen regiert wurden. Über Jahrhunderte entwickelten sich ganz eigene politische oder kulturelle Identitäten. Und nach dem Zweiten Weltkrieg teilten die Alliierten Deutschland nicht nur in vier Besatzungszonen, sondern jede von ihnen wiederum in einzelne Länder auf. Auch die «Sowjetisch Besetzte Zone» bestand aus fünf solcher Länder, aus denen 1949 die DDR hervorging (und die 1990 als die neuen Bundesländer der Bundesrepublik beitreten sollten). Sie verfügten jedoch über keine von der Zentralregierung unabhängigen politischen Institutionen, und 1952 wurden sie von der DDR-Führung in 15 Verwaltungsdistrikte aufgeteilt.

Anders die Länder im Westen: Sie erhielten ein starkes politisches Gewicht innerhalb der Bundesrepublik, zumal sie diese durch ihren Zusammenschluss erst bildeten und ihre Ministerpräsidenten über das *Grundgesetz* berieten. Ihrer Gewalt unterstehen Polizei, Rechtswesen oder Kulturpolitik; die Bundesregierung entscheidet unter anderem über die großen Linien in der Wirtschafts- und Außenpolitik, doch damit die Länder ihre Interessen auch auf Bundesebene vertreten können, wurde der *Bundesrat* eingerichtet.

Inzwischen brauchen etwa 60 Prozent der Gesetze die Zustimmung des Bundesrates. Oft herrscht dort aber eine andere parteipolitische Mehrheit als im *Bundestag*. Zum Beispiel, wenn die Regierungschefs der meisten Länder von der CDU beziehungsweise CSU, der *Bundeskanzler* aber von der SPD gestellt wird. Dann müssen Bundesrat und Bundesregierung entweder so lange verhandeln, bis sie einen Kompromiss finden. Oder eine Seite (der Bundesrat) kann die andere Seite (die Bundesregierung) ständig blockieren.

Um das zu ändern, gründeten Bundestag und Bundesrat bereits im November 2003 die «Kommission zur Modernisierung der bundesstaatlichen Ordnung». Sie sollte das komplizierte Gesetzgebungsverfahren in der Bundesrepublik vereinfachen. Unter dem Vorsitz des bayerischen Ministerpräsidenten Edmund Stoiber (CSU) und dem Chef der SPD-Bundestagsfraktion Franz Müntefering arbeitete die Kommission Vorschläge aus. Im März 2006 stellte sie ein Gesamtpaket vor, mit dem die Zahl der zustimmungspflichtigen Gesetze auf 35 bis 40 Prozent sinken würde. Die Länder bekommen einerseits mehr Kompetenzen, dafür wird ihr Einfluss auf die Bundespolitik in anderen Bereichen eingeschränkt.

+++ «Die Bundesländer haben den Weg freigemacht für eine Reform des Föderalismus in Deutschland. Die sechzehn Ministerpräsidenten billigten in Berlin die Pläne der großen Koalition, die Zuständigkeiten von Bund, Ländern und Gemeinden neu zu regeln. Damit sollen Blockaden zwischen Bundestag und Bundesrat vermieden werden.» (Tagesschau-Meldung vom 15. Dezember 2005) +++

Grundgesetz

Die Blockade von Berlin war noch im vollen Gange, als die Militärgouverneure der drei westlichen Alliierten die Ministerpräsidenten der Länder aufforderten, eine Verfassung zu entwerfen: Man müsse sich mit der Teilung Deutschlands in Ost und West abfinden, und die von den USA, Großbritannien und Frankreich kontrollierten Länder sollten sich zu einem Staat zusammenschließen. Er sollte allerdings nicht auf Dauer angelegt sein und die Teilung nicht besiegeln.

Im September 1948 traf sich eine von den Ministerpräsidenten ernannte Kommission zum ersten Mal im Zoologischen Museum in Bonn. Dass sie die Weichen für die nächsten vierzig Jahre stellen würden, war den wenigsten ihrer Mitglieder klar. Konrad Adenauer trieb die Versammlung zur Eile an: «Wir müssen hier nicht über die Zehn Gebote beschließen, sondern über ein Gesetz, das nur für eine Übergangszeit gelten sollte.» Dieses Provisorium wurde, wie Verfassungsrichter Udo Di Fabio schreibt, die «beste Verfassung, die die Deutschen je hatten».

Eine Verfassung regelt das politische System und die Rolle der Institutionen. Auf sie gründet sich die Legitimität politischer Herrschaft. Der erste Artikel prägt den Geist des Grundgesetzes: «Die Würde des Menschen ist unantastbar. Sie zu achten und zu schützen ist Verpflichtung aller staatlichen Gewalt.» Die Menschenwürde (Artikel 1) und die daraus abgeleiteten Grundrechte (Artikel 2 bis 19) wie Freiheit, Gleichheit oder Schutz vor Diskriminierung sowie die Staatsprinzipien (Artikel 20), wonach Deutschland ein demokratischer, sozialer und föderaler Rechtsstaat ist, bilden den unabänderlichen Verfassungskern.

Die weiteren Abschnitte enthalten Regelungen über die Staatsform der Bundesrepublik und das Verhältnis von Bund

und Ländern, beschreiben die Aufgaben der so genannten Verfassungsorgane wie *Bundestag* oder *Bundesrat*, die Zuständigkeit und Verfahren bei der Gesetzgebung, Regelungen über das Finanzwesen, die Rechtsprechung und die besonderen Verfahren im «Verteidigungsfall». Das Grundgesetz darf «nur durch ein Gesetz geändert werden, das den Wortlaut des Grundgesetzes ausdrücklich ändert oder ergänzt». Auf den ersten Blick klingt das vielleicht unnötig kompliziert, ist aber eine kluge Vorsichtsmaßnahme, die bedeutet, dass eine Bestimmung nicht ersatzlos gestrichen werden darf. Änderungen bedürfen einer Zweidrittelmehrheit im Bundestag und im Bundesrat. Über fünfzig Korrekturen wurden bereits vorgenommen, seit das Grundgesetz in Kraft trat. Im Einigungsvertrag zwischen den beiden deutschen Staaten wurde beispielsweise die Aufhebung oder Änderung von Artikeln vereinbart, die nun überholt waren.

Hüter des Grundgesetzes ist das Bundesverfassungsgericht mit Sitz in Karlsruhe. Dessen Mitglieder werden je zur Hälfte von Bundestag und Bundesrat gewählt. Es entscheidet bei Streitigkeiten zwischen Bund und Ländern (etwa darüber, wo der Bund in die Zuständigkeit der Länder eingreift, oder bei Konflikten zwischen Bundes- und Landesrecht) und zwischen Bürgern und Staat. Oder anders: Es muss dafür Sorge tragen, dass die Verfassung respektiert und eingehalten wird. Und weil das Grundgesetz über allen anderen Rechtsnormen steht, kennt es auch den Begriff «verfassungswidrig»; so werden Gesetze genannt, die nicht das vorgeschriebene Verfahren durchlaufen haben oder deren Inhalt gegen Verfassungsrecht verstößt.

+++ «Das Bundesverfassungsgericht hat die Möglichkeiten der Polizei zur vorbeugenden Telefon-Überwachung deutlich eingeschränkt. Die Karlsruher Richter erklärten einen entsprechenden Passus im niedersächsischen Sicherheitsgesetz für verfassungswidrig und nichtig.» (Tagesschau-Meldung vom 27. Juli 2005) +++

Für Parteien, «die nach ihren Zielen oder dem Verhalten ihrer Mitglieder darauf hinweisen, die freiheitlich-demokratische Grundordnung zu beeinträchtigen oder zu beseitigen», hat sich ein noch stärkerer Begriff eingebürgert: «verfassungsfeindlich». Über das Verbot solcher Parteien entscheidet ebenfalls das Verfassungsgericht. Auch das ist eine Lehre aus dem Scheitern der Weimarer Republik: Die Bundesrepublik wollte eine «wehrhafte Demokratie» werden, die es den Feinden der Demokratie nicht erlaubte, das Staatswesen ganz legal zu schwächen oder gar abzuschaffen.

Koalitionen

Für die Wahl des *Bundeskanzlers* oder der Bundeskanzlerin durch den *Bundestag* ist eine absolute Mehrheit nötig. Aber nur einmal in der Geschichte der Bundesrepublik konnte eine einzelne Partei mehr als die Hälfte der Sitze im Bundestag erringen (die CDU/CSU 1957), deshalb müssen in der Regel Koalitionen geschmiedet werden – meistens zwischen einer großen und einer kleineren Partei wie CDU und FDP (bis 1957, zwischen 1961 und 1966 und dann wieder von 1982 bis 1998), als sozialliberale Koalition (SPD und FDP von 1969 bis 1982) oder als «Rot-Grün» (zwischen SPD und den Grünen von 1998 bis 2005). Die Länderparlamente bieten eine weitere Farbkombination: nämlich «Rot-Rot» (SPD und PDS in Berlin und zeitweilig auch in Mecklenburg-Vorpommern und Sachsen-Anhalt).

Für die «klassischen» Koalitionen reichten die Mehrheiten nach der Bundestagswahl 2005 nicht aus, und die Möglichkeit eines «rot-roten» Bündnisses war schon im Vorfeld ausgeschlossen worden. Also wurden zunächst eher unwahrscheinliche Dreiervarianten diskutiert: die rot-gelb-grüne «Ampelkoalition» (SPD, FDP, Grüne) und die «Jamaika-Koalition» von CDU/CSU, FDP und Grünen. Letztere erhielt ihren Namen nicht, weil die Regierungsmitglieder – wie es das Klischee über Jamaika will – Rasta-Locken tragen, Reggae-

Musik hören und einen Joint rauchen würden, sondern nach der Nationalfahne Jamaikas. Die enthält nämlich die Farben Schwarz, Gelb und Grün.

Einigen konnten sich schließlich CDU / CSU, die als stärkste Fraktion die Kanzlerin stellt, und SPD auf eine große Koalition. Obwohl sie im Wahlkampf heftig miteinander stritten, müssen sie nun Gemeinsamkeiten herausarbeiten und diese als Regierungsprogramm vertreten.

Wie eine solche «Elefantenehe» zwischen zwei ebenso willensstarken wie unterschiedlichen Partnern funktioniert, ist umstritten. Ausprobiert wurde das Modell in der Geschichte der Bundesrepublik erst einmal, zwischen 1966 und 1969. Damals konnte die Regierung zwar viele Reformen durchführen (was ebenfalls auf dem Programm der großen Koalition von 2005 steht), sie rief aber auch eine «Außerparlamentarische Opposition» hervor, der die Opposition im Bundestag nicht mehr stark genug schien, um die Regierung wirksam zu kontrollieren.

+++ «Union und SPD haben die ersten 100 Tage ihrer Großen Koalition als Erfolg gewertet. Unions-Fraktionschef Kauder lobte die Zusammenarbeit im Kabinett und im Bundestag als hervorragend. Der Vorsitzende der SPD-Fraktion, Struck, sprach von einer Koalition der großen Chancen.» (Tagesschau-Meldung vom 22. Februar 2006) +++

Lobbying

Früher nannte man es «antichambrieren». Inzwischen hat sich die Bezeichnung «Lobbying» durchgesetzt. Beides aber hat dieselbe Bedeutung: sich viel in den Vorzimmern (Antichambres) und Eingangshallen (Lobbys) der Macht aufhalten, um dort wichtige Persönlichkeiten zu treffen.

Heute lauern nicht mehr irgendwelche Bittsteller den Herrschern auf. Politik entsteht in einem komplexeren Geflecht. Neben den *Parteien* versuchen auch Interessenverbände, sie in ihrem Sinne zu gestalten. Dazu gehören Unternehmerverbände wie der Bundesverband der Deutschen Industrie (BDI); die Gewerkschaften als Vertreter der Arbeitnehmer mit ihrem Dachverband, dem Deutschen Gewerkschaftsbund (DGB); Nichtregierungsorganisationen, die sich speziellen Themen widmen wie dem Umweltschutz (BUND oder Greenpeace) oder der Einhaltung der Menschenrechte (zum Beispiel amnesty international); aber auch der ADAC oder der Deutsche Sportbund. Ihr Ziel ist es, auf die Anliegen, für die sie sich einsetzen, aufmerksam zu machen und die Politik entsprechend zu beeinflussen. Mehr als 1900 solcher Verbände sind beim *Bundestag* als Lobbyisten registriert.

Viele halten ein solches Lobbying für wichtig; jedenfalls wird oft beklagt, dass bestimmte Anliegen nicht durchdringen, weil eine Lobby fehlt. Andererseits hagelt es nicht selten Kritik. Denn wer hat die Vertreter der Interessenverbände gewählt? Und was genau beim Lobbying geschieht, lässt sich nur selten überprüfen – es sei denn, es kommt ein besonders negativer Fall ans Tageslicht, nämlich in Form von Bestechung oder anderweitiger «unerlaubter Einflussnahme». (Zum Beispiel, wenn einem Abgeordneten Urlaubsreisen bezahlt werden, damit er sich auch für das Anliegen des Interessenverbandes stark macht.)

Lobbying ist aber nicht mit «dunklen Machenschaften» gleichzusetzen. Auch Minderheiten müssen sich in Demokratien Gehör verschaffen können. Und Interessen müssen nicht unbedingt gegen, sie können auch für eine Mehrheit und in offener Zusammenarbeit durchgesetzt werden. Das «Bündnis für Arbeit», in dem sich Vertreter der Bundesregierung und verschiedener Interessenverbände wie Gewerkschaften und Arbeitnehmer zusammensetzten, ist solch ein Beispiel.

Parteien

Wie kann man sich in einer Demokratie aktiv am politischen Geschehen beteiligen? Durch Mitgliedschaft oder Engagement in einem Interessenverband, einer Bürgerinitiative, Nichtregierungsorganisation – oder in einer Partei. «Parteien wirken bei der politischen Willensbildung des Volkes mit. Ihre Gründung ist frei. Ihre innere Ordnung muss demokratischen Grundsätzen entsprechen», heißt es in Artikel 20 des *Grundgesetzes*. Politologen definieren sie als eine «Gruppe gleich gesinnter Personen», die «danach strebt, politische Positionen zu besetzen und ihre Ziele in einem Gemeinwesen durchzusetzen». Sie sind also der wichtigste Vermittler zwischen Staat und Gesellschaft.

Bis in die fünfziger Jahre hinein war noch eine Reihe kleinerer Parteien im *Bundestag* vertreten. Zwar galt bereits die 5-Prozent-Klausel, die besagt, dass nur Parteien in den Bundestag einziehen dürfen, die mindestens fünf Prozent der Stimmen erzielen konnten. Zunächst aber reichte es, wenn eine Partei diese Hürde in einem einzigen Bundesland überwinden konnte. Nach und nach jedoch verloren die kleineren Parteien an Bedeutung. Die «Sozialistische Reichspartei» wurde 1952 als verfassungswidrig verboten, die «Kommunistische Partei Deutschlands» im Jahre 1956. Führende Mitglieder der «Deutschen Partei» oder des «Gesamtdeutschen Blocks / Bund der Heimatvertriebenen und Entrechteten» traten der CDU / CSU bei. Ab 1961 schließlich waren nur noch vier Parteien – CDU, CSU, SPD und FDP – im *Bundestag* vertreten (wobei CDU und CSU eine Fraktionsgemeinschaft bilden). 1983 stießen die Grünen dazu, die zu den ersten gesamtdeutschen Wahlen 1990 eine gemeinsame Kandidatenliste mit dem «Bündnis 90» bildeten, einem Wahlbündnis von Teilen der DDR-Bürgerbewegung wie «Neues Forum» oder «Demo-

+++ «Im politischen Wettbewerb müssen große und kleine Parteien die gleichen Chancen haben. Mit seiner heutigen Entscheidung zur Parteienfinanzierung hat das Bundesverfassungsgericht die Rechte der Kleinen gestärkt. Die vom Gesetzgeber beschlossene Kürzung staatlicher Zuschüsse sei verfassungswidrig.» (Tagesschau-Meldung vom 26. Oktober 2004) +++

kratie jetzt». Neu in den Bundestag kam bei dieser Wahl die Nachfolgerin der SED, die «Partei des demokratischen Sozialismus» (PDS). Sie schloss sich zur Bundestagswahl 2005 wiederum mit der «Wahlalternative Arbeit & soziale Gerechtigkeit» (WASG) zur «Linkspartei» zusammen.

Rechtsextremismus

Der Verfassungsschutz definiert Rechtsextremismus als «unterschiedlich ausgeprägte nationalistische, rassistische und staatsautoritäre bis totalitäre Weltanschauung». Rechtsextreme würden die *Demokratie* (siehe Kapitel 4) am liebsten durch einen diktatorischen Führerstaat ersetzen. Sie wollen eine «Volksgemeinschaft», von der alle ausgegrenzt wären, die nach ihrer Definition nicht dazugehören, und würden damit auch die im *Grundgesetz* verankerten Grundrechte abschaffen.

Rechtsextreme Parteien wie die NPD (Nationaldemokratische Partei Deutschlands) oder DVU (Deutsche Volksunion) gelten zwar als verfassungsfeindlich. Aber offiziell bekennen sie sich zum *Grundgesetz*. Um sie zu verbieten, müssen die Behörden also deren undemokratische Natur genau nachweisen. Das gleicht einem Katz-und-Maus-Spiel. Weil der Verfassungsschutz «V-Männer» (Verbindungsmänner, sprich Spione) eingeschleust hatte, scheiterte 2001 das Verbotsverfahren vor dem Bundesverfassungsgericht. Es war nämlich nicht mehr nachzuweisen, welche Äußerungen und Aktivitäten von «echten Rechtsextremisten» und welche von den V-Männern des Verfassungsschutzes stammten.

Parteien wie die NPD, DVU oder «Die Republikaner» durften so an Landtags-, Bundestags- und Europawahlen teilnehmen. Um sich bei den Landtagswahlen im September 2004

in Brandenburg und Sachsen nicht gegenseitig Konkurrenz zu machen, vereinbarten DVU und NPD, jeweils nur in einem der beiden Bundesländer anzutreten: Die DVU erhielt in Brandenburg 6,1 Prozent, die NPD in Sachsen 9,2 Prozent der Stimmen und überrundete damit sogar die FDP und die Grünen.

Untersuchungen des Innenministeriums ergaben, dass die Gewaltbereitschaft «rechter Gesinnungstäter» seit 1995 steigt. Auf 33 000 Personen schätzt der Verfassungsschutz die Anzahl bekennender Rechtsextremer. Das mag bei einer Gesamtbevölkerungszahl von über 80 Millionen nicht allzu groß erscheinen. Aber sieben Prozent der Deutschen befürworten laut einer Studie der Freien Universität Berlin eine Diktatur. Ein Drittel der Ostdeutschen und ein Viertel der

Westdeutschen sympathisiert mit fremdenfeindlichen Äußerungen.

Zuwanderung

Begonnen hatte die Debatte um Zuwanderung im März 2000 mit dem Vorschlag des damaligen Bundeskanzlers Schröder, ausländische Computerspezialisten mit einer so genannten Green Card, einer befristeten Arbeitserlaubnis, nach Deutschland zu holen. Hier gebe es nämlich zu wenig Informatiker, und die ließen sich vielleicht in einem der Hightech-Zentren der Welt, dem indischen Bangalore, anwerben. Auch eine Kommission unter dem Vorsitz von Ex-Bundestagspräsidentin Rita Süßmuth kam im Juli 2001 zu dem Schluss, dass Deutschland nicht zuletzt wegen der Überalterung der Gesellschaft (siehe *Demographie*) Zuwanderung braucht. Darüber waren sich bald alle Parteien einig. Nicht aber darüber, wie eine solche Zuwanderung erfolgen soll. Die Grünen wünschten sich eine großzügige Regelung, die SPD und CDU sorgten sich vor allem um Fragen der Sicherheit und Integration.

+++ «Das Zuwanderungsgesetz ist heute im Bundestag mit den Stimmen fast aller Abgeordneten verabschiedet worden. Wenn auch der Bundesrat, wie erwartet, Ende nächster Woche zustimmt, kann das Gesetz im Januar wirksam werden. Es erleichtert die Zuwanderung hochqualifizierter Arbeitskräfte, erweitert das humanitäre Flüchtlingsrecht und vereinfacht die Abschiebung gefährlicher Ausländer.» (Tagesschau-Meldung vom 1. Juli 2004) +++

Nach langem Hin und Her zwischen Bundesregierung, Bundestag und Bundesrat stimmte der Bundestag im Juli 2004 schließlich einem Kompromiss zu: Vor allem für so genannte Spitzenkräfte sollte die Einwanderung nach Deutschland erleichtert werden. Zuwanderer müssen «Integrationskurse» belegen, das heißt vor allem die deutsche Sprache erlernen. Denn sonst wären sie zu einer Existenz am Rand der Gesellschaft verdammt. Wer ein Sicherheitsrisiko darstellt wie beispielsweise so genannte Hassprediger, die in Moscheen zu Gewalttaten gegen andere aufrufen, darf abgeschoben werden.

Viele Migranten reisen illegal nach Deutschland ein. Experten schätzen ihre Zahl auf mindestens 500 000. Auf Dauer werden Deutschland und Europa sich auf eine verstärkte *Migration* (siehe Kapitel 2) einstellen müssen. Aber Zuwanderer sind nicht einfach eine Bedrohung, die vor den Toren Europas lauert, sondern auch eine Chance für den alternden Kontinent.

2. Ausland

Neue Weltordnungen

Zwei fette Jungs in einem Ring

Der Staatsbesuch war im Grunde Routine. US-Präsident Ronald Reagan würde nach Berlin reisen, Politiker treffen, Hände schütteln, ein paar nette Reden halten und dann wieder verschwinden. Doch die Rede, die er an jenem 12. Juni 1987 auf einer Plattform vor dem vermauerten Brandenburger Tor hielt, sollte seine berühmteste werden, und der Schlusssatz, der mittels Lautsprechern auch im Ostteil der Stadt gut zu hören war, wurde beinahe ein geflügeltes Wort: «Mr. Gorbatschow, reißen Sie diese Mauer nieder!» Die Formulierung war eher zufällig in das Redemanuskript gelangt, und Reagan, der ehemalige Schauspieler mit Sinn für Dramatik, fand sie griffig. Seine deutschen Gastgeber aber lächelten nachsichtig über den «typisch amerikanischen», naiven Optimismus des Präsidenten. Diese Mauer, so war man überzeugt, würde noch lange stehen.

Dass sie ausgerechnet am 9. November 1989 fiel, überraschte letztlich sogar die Führung der DDR. Günter Schabowski, Sprecher des DDR-Politbüros, hatte in einer Pressekonferenz an jenem Abend eine erhebliche Lockerung der Ausreisebestimmungen verkündet. Das gelte, fügte er erst auf Nachfrage eines Journalisten hinzu, ab sofort. Tausende Ostberliner machten sich noch in derselben Nacht auf, um endlich über die Boulevards im Westteil der Stadt zu schlendern. Die DDR-Grenzsoldaten, überwältigt vom Ansturm, stellten die Kontrollen ein. Fernsehteams aus der ganzen Welt filmten, wie Tausende auf die Mauer kletterten und feierten oder dem Beton mit Hammer und Meißel zu Leibe rückten.

Der Fall der Mauer markierte eine Zeitenwende. Mit ihr verschwanden die DDR und die kommunistischen Regime Osteuropas von der weltpolitischen Bildfläche. Zwei Jahre später, am ersten Weihnachtsfeiertag des Jahres 1991, war es mit der Sowjetunion ebenfalls zu Ende. Der Vorsitzende der Kommunistischen Partei, Michail Gorbatschow, musste die Staatsführung an Boris Jelzin abgeben. Über der sowjetischen Machtzentrale in Moskau, dem Kreml, wehte fortan nicht mehr die rote Fahne der Sowjetunion, sondern die blau-weiß-rote der Russischen Föderation. Die Supermacht begab sich auf einen langen und holprigen Weg in die *Demokratie* (siehe Kapitel 4). Der Kalte Krieg war beendet. Und damit auch ein System, das jahrzehntelang die Welt geprägt hatte.

Die Mauer stand nicht nur für die Teilung Berlins und Deutschlands, sondern für eine globale Teilung: in die «westliche Welt» der kapitalistischen Demokratien, die «sozialistische Welt» unter Führung der Sowjetunion – und «den Rest»: Entwicklungsländer, die als «Dritte Welt» entweder die finanzielle und politische Unterstützung einer der beiden Supermächte genossen oder sich als «blockfreie Staaten» zusammenschlossen, weil sie keinem der beiden ideologischen Lager angehören wollten.

Das Weltgeschehen ließ sich relativ einfach erklären: Was zählte, waren Stärke und Durchsetzungsfähigkeit. Es ging um Einflussbereiche und die Erhaltung von Stabilität, um die Stärke von Panzer- und Luftwaffendivisionen, die Anzahl und Reichweite von Atomwaffen und um «nukleare Abschreckung»: Beide Supermächte verfügten über ein riesiges Arsenal von *Massenvernichtungswaffen*, mit dem sie die Welt gleich mehrfach hätten zerstören können. Und beide setzten darauf, dass der andere vernünftig genug wäre, das eigene Überleben nicht aufs Spiel zu setzen, keinen dritten, alles vernichtenden Weltkrieg zu riskieren und eine Politik der Entspannung zu betreiben.

Auf der internationalen Bühne bestimmten USA und Sowjetunion den Lauf der Dinge. In Afrika und Asien, wo die europäischen Kolonialreiche nach dem Zweiten Weltkrieg langsam zerfallen waren, lieferten sie sich nicht nur in Korea, Vietnam und Angola «Stellvertreterkriege»: Die neuen Staaten waren oftmals ungenügend auf ihre Unabhängigkeit vorbereitet; es fehlten politische Eliten, die verlässliche Institutionen aufbauen konnten; und in der Mehrzahl waren sie mit willkürlich gezogenen Grenzen «gesegnet», die verschiedene ethnische Gruppierungen in einem neuen «Nationalstaat» zusammenwürfelten oder voneinander trennten. Zahlreiche Bürgerkriege waren die Folge, wobei die jeweiligen Kriegsparteien von den Supermächten danach beurteilt wurden, ob sie zu «unserem» oder «deren Lager» zählten. Wer sich, gleich ob Rebell oder Regierungsmacht, als Freund des Westens ausgab, durfte auf den Beistand der USA zählen. Wem die Errichtung eines sozialistischen Gesellschaftssystems vorschwebte, auf den der Sowjetunion.

Aber die beiden Supermächte konnten sich auch miteinander verständigen und die Stellvertreterkriege beenden, indem sie ihre Unterstützung für eine der Parteien einstellten oder befreundete Regierungen zur Ordnung riefen. Selbst die neutralen Staaten waren vorsichtig darauf bedacht, es sich nicht mit einem der beiden Riesen zu verscherzen. «Müsste man den Kalten Krieg als Sport darstellen», meint der amerikanische Politologe Michael Mandelbaum, «so wären die Supermächte Sumo-Ringer. Zwei fette Jungs im Ring, die sich nach festgelegten Ritualen mächtig aufplustern und mit den Füßen stampfen, aber bis zum Ende des Wettkampfs kaum in Körperkontakt treten. Dann wird relativ schnell einer der beiden aus dem Ring gedrängt, und die Sache ist erledigt.»

Nach dem Zusammenbruch der Sowjetunion blieb mit den USA nur noch einer der «fetten Jungs» übrig, der von keinem vergleichbar starken Gegenspieler mehr in Schach gehalten wird und über mehr Macht verfügt als je zuvor seit 1945. Am Mattenrand machen sich neue Kandidaten zum Sumo-Ringen bereit. China bringt als bevölkerungsreichstes Land der Erde und nach einem Jahrzehnt ungeheuren wirtschaftlichen Aufschwungs einige Pfunde auf die Waage. Das abgemagerte Russland sehnt sich nach den glorreichen Tagen als Supermacht. Die *Europäische Union* sähe sich gerne als Gegengewicht zu den USA, kann sich aber oft genug nicht auf eine gemeinsame Linie einigen. Brasilien und Indien verstehen sich längst nicht mehr als Entwicklungsländer, die auf das Wohlwollen und die Finanzhilfe der reichen Industriestaaten angewiesen sind, und machen ihren Einfluss geltend. Aber heißt die Sportart, die in der internationalen Arena gespielt wird, überhaupt noch Sumo-Ringen? Wird nicht schon längst ein neuer Wettkampf ausgetragen?

Ganz bestimmt, meint der außenpolitische Kolumnist der «New York Times», Thomas Friedman; der neue Wettbewerb heiße «Hundert-Meter-Lauf, in dem alle immer wieder von neuem beginnen müssen». Denn während Journalisten und Politologen zu Beginn der neunziger Jahre noch von der «Ära nach dem Kalten Krieg» sprachen, war bereits ein anderes System entstanden: Globalisierung.

Flache, neue Welt?

Die Computertechnologie machte es möglich, immer größere Datenmengen zu verarbeiten. Bislang schwer zu überwindende Grenzen lösten sich auf. Plötzlich konnte man per Mausklick weltweit Kapital investieren. Sinkende Transportkosten erlaubten es den großen *multinationalen Unternehmen* (siehe Kapitel 3) und inzwischen auch kleineren mittelständischen Betrieben, billig in Indonesien oder Vietnam, Mexiko oder China produzieren zu lassen. Dank Satellitenfernsehen und Fortschritten in der Kommunikationstechnologie konnten immer mehr Nachrichten und Informationen immer schneller ausgetauscht werden.

Technische Entwicklungen veränderten unsere Welt. Indien, China oder Brasilien spielen wegen ihrer wachsenden wirtschaftlichen Macht und der Bedeutung ihrer Märkte heute eine wichtige Rolle. War das Schlagwort des Kalten Krieges «Teilung», so sei es jetzt «Integration», meint Friedman. Rangen die Supermächte einst um geopolitischen Einfluss, während sie gleichzeitig darauf achteten, dass dabei nicht das ganze System ins Wanken geriet, so gehe es heute um die Entwicklung immer neuerer Technologien, die wiederum eine immer schnellere Anpassung an neue Herausforderungen nötig machten. Erfolg, Macht und Einfluss eines

Landes würden sich, so Friedman, nicht mehr an der Größe seiner Armee bemessen, sondern an der Anzahl der DSL-Anschlüsse und der Flexibilität seiner Unternehmen. Es komme weniger darauf an, wie viele Atomwaffen ein Land besitzt, entscheidend sei, welches *Bruttoinlandsprodukt* (siehe Kapitel 3) es erwirtschaftet.

Die Welt des Kalten Krieges war schwerfällig, die der Globalisierung ist schnell, und sie wird immer schneller. Die Erde, führte Friedman in seiner «Kurzen Geschichte des 21. Jahrhunderts» weiter aus, sei wieder «so flach wie eine Scheibe geworden», denn Unterschiede verschwänden zusehends, Raum und Zeit spielten keine Rolle mehr: Ärzte in Berlin können online Diagnosen für Patienten in Katar stellen, indische Call-Center die Fragen amerikanischer Bankkunden beantworten. Bricht in China eine neuartige Krankheit aus, muss man auch im deutschen Gesundheitsministerium über Vorsorgemaßnahmen nachdenken.

Die Erde wird umspannt von einer «Global Supply Chain», einer weltweiten Versorgungskette – die Einzelteile eines Fernsehgeräts beispielsweise werden in mehr als zwanzig Ländern produziert und im «Herstellerland» nur noch zusammengefügt. Jederzeit und an jedem Ort können Ideen entstehen, Technologien entwickelt und Waren produziert werden, die das Vertraute ständig infrage stellen, Produktionsweisen umkrempeln und Firmen in den Bankrott treiben, die eben noch als Marktführer galten. (Man denke nur an Hersteller analoger Filme wie «Agfa», die durch die digitale Fotografie in den Ruin getrieben wurden.)

Jederzeit an jedem Ort? Zum «globalen Dorf» gehören heute zwar Länder wie Bangladesch, Vietnam oder China, die vor fünfzehn Jahren noch so unerreichbar waren, als lägen sie in einem anderen Sternensystem. Mittlerweile reisen Touristen in den Dschungel von Vietnam, die Turnschuhe, die wir tragen, werden in Bangladesch produziert, und täglich fliegen Tausende von Geschäftsleuten in die unaufhörlich wachsenden Metropolen Chinas. Aber die Welt ist keineswegs «flach»; sie ist immer noch durchzogen von tiefen Gräben und massiven Gebirgsketten. Das hoch technisierte Südkorea, wo Stammzellenforschung betrieben wird und Mobiltelefone, Flachbildschirme und Internet-Anschlüsse zum Alltag gehören, trennt eine streng bewachte Grenze vom diktatorisch regierten Nordkorea, dessen Staatschef zwar Atomwaffen baut, aber die Bevölkerung nicht einmal mit den notwendigsten Nahrungsmitteln versorgen kann. Im Nahen Osten sind nicht nur zwei Völker, Israelis und Palästinenser, seit Jahrzehnten in einen politischen Konflikt verwickelt, weil sie das gleiche kleine Stück Land beanspruchen. Auch wirtschaftlich und kulturell liegen Welten zwischen Tel Aviv und dem kaum sechzig Kilometer entfernten Gaza-Streifen. Neben dem kalifornischen Silicon Valley ist Israel führend in der Entwicklung von Software für Computer, Handys oder Medizintechnik. Frauen leisten nicht nur Wehrdienst, sondern kommandieren auch männliche Rekruten. Das israelische Fernsehen überträgt russische Spielfilme, arabische Nachrichten und deutsche Spielshows. Die Palästinenser hingegen leiden noch immer unter den Folgen der Besatzung und der Korruption ihrer eigenen Führung. Die Arbeitslosenquote im Westjordanland und in Gaza liegt bei 50 Prozent, Industrie ist kaum vorhanden, das Überleben vieler von Hilfsgeldern aus dem Ausland abhängig. Islamisten versuchen eifersüchtig, das Eindringen «fremder Einflüsse» zu verhindern. Frauen etwa hätten vor allem ihre Rolle als Ehefrauen und Mütter zu erfüllen – immer mehr von ihnen sehen sich gezwungen, Kopftuch und Schleier zu tragen. Kinos, Schwimmbäder oder sonstige «Einrichtungen westlicher Dekadenz» gibt es nicht.

Von einer Integration in eine «flache Welt» sind die meisten Bewohner Schwarzafrikas ebenfalls sehr weit entfernt. Nachrichten aus dem Gebiet südlich der Sahara fließen nur spärlich, und meistens handeln sie von Epidemien, Hungersnöten und Bürgerkriegen. Solange es in vielen Ländern Afrikas am Nötigsten fehlt – sauberem *Wasser* (siehe Kapitel 5), ausreichender Nahrung, Medikamenten gegen *AIDS* (siehe Kapitel 5), Tuberkulose und Malaria, von Schulen, Straßen, Energieversorgung ganz zu schweigen –, werden die Bewohner des ärmsten Kontinents vom «globalen Dorf» mit seinen Call-Centern, Internet-Anschlüssen und «Global Supply Chains» ausgeschlossen bleiben.

Ende der Geschichte oder Kampf der Kulturen?

Friedman war nicht der Einzige, der herauszufinden versuchte, «welches Spiel denn nun gespielt wird» und auf welchen Begriff man das verwirrende Weltgeschehen bringen könnte. Doch fast alle, die sich in einem solch großen Wurf versuchten, beschrieben wieder neue Gegensätze.

Der amerikanische Politologe Francis Fukuyama stellte in seinem 1992 veröffentlichten Bestseller das «Ende der Geschichte» fest: Nach dem Scheitern des realen Sozialismus, dem Fall der Mauer und dem Untergang der Sowjetunion sei es nun vorbei mit den ideologischen Kämpfen. Die liberale *Demokratie* (siehe Kapitel 4) und mit ihr die *Marktwirtschaft* (siehe Kapitel 3) befänden sich auf dem Siegeszug, denn sie garantierten dem Menschen durch die «Herrschaft des Rechts» gleichzeitig Schutz durch und vor dem Staat. Keine andere Staatsform könne den alten Traum von Selbstverwirklichung, Wohlstand und Frieden so dauerhaft garantieren. Und dass Demokratien keine Kriege gegeneinander führen, hatte schon vor 200 Jahren der Philosoph Immanuel Kant festgestellt. Wenn die Demokratie, wie Fukuyama meinte, die «endgültige Regierungsform» und das politische System ist, das am besten auf die Herausforderungen der Globalisierung reagieren kann, dann liegt die Schlussfolgerung auf der Hand: Die «Nichtdemokratien» müssen sich zu Demokratien wandeln, und die Aufgabe des Westens ist es, sie dabei zu unterstützen.

So leicht sei das nicht, hielt der Harvard-Professor Samuel Huntington dagegen. Die Demokratie sei alles andere als auf dem Vormarsch. Niemals in der Zeit des Kalten Krieges habe man so oft von Völkermord gehört wie in den Jahren seit dem Fall der Berliner Mauer. In Ruanda brachten 1994 Angehörige des Volksstammes der Hutu Hunderttausende Menschen vom Stamm der Tutsi um. Gegen den massiven Widerstand der Serben lösten sich Anfang der neunziger Jahre die Teilrepubliken Slowenien, Makedonien, Kroatien und Bosnien von der Sozialistischen Republik Jugoslawien. Griechisch-orthodoxe Serben, katholische Kroaten, muslimische Bosnier und Albaner hatten in einem Staat zusammengelebt. Nun kam es zu bürgerkriegsähnlichen Auseinandersetzungen zwischen den Volksgruppen. Zwischen 1992 und 1994 belagerten serbische Milizen Sarajewo, die jetzige Hauptstadt Bosnien-Herzegowinas. Mitten in Europa starben 10 000 Menschen an Hunger oder weil sie von Scharfschützen ins Visier genommen wurden, während sie versuchten, in der Stadt etwas Essbares aufzutreiben oder Wasser zu holen. Frauen wurden zu Tausenden vergewaltigt, Männer in Lager abgeführt oder erschossen, nur weil sie Bosnier waren. Der Begriff «*ethnische Säuberung*» erlangte traurige Berühmtheit – und blieb bis heute aktuell: Fast 200 000 nicht-muslimische Bewohner der sudanesischen Provinz Darfur wurden seit 2003 von muslimischen Reitermilizen aus dem Norden

+++ «Nach einem Besuch in Flüchtlingslagern der sudanischen Krisenregion Darfur zeichnet der UN-Sonderbeauftragte Mendez ein erschreckendes Bild: Die Gewalt gegen Zivilisten habe dramatisch zugenommen, Völkermord und Verbrechen gegen die Menschlichkeit drohten.» (Tagesschau-Meldung vom 11. Oktober 2005) +++

ermordet. Hunderttausende leben in beständiger Angst vor den Milizen in Flüchtlingslagern, in denen es oft am Allernotwendigsten fehlt.

Ein «Kampf der Kulturen» – und nicht ideologische oder ökonomische Konflikte – werde die Welt des 21. Jahrhunderts prägen, folgerte Huntington angesichts solcher Konflikte. Die Bruchlinien verliefen nicht mehr zwischen Kapitalismus und Sozialismus, «globalisiert» und «nichtglobalisiert», sondern zwischen den großen Kulturkreisen, zu denen er den chinesischen, japanischen, hinduistischen, slawisch-orthodoxen, islamischen, westlichen, lateinamerikanischen und afrikanischen zählte.

+++ «Die USA sind heute von einer beispiellosen Terrorwelle erschüttert worden. Mit dem World Trade Center und dem Pentagon galten die Angriffe den Zentren der finanziellen und politischen Macht.» (Tagesschau-Meldung vom 11. September 2001) +++

Als islamistische Terroristen am 11. September 2001 vier Flugzeuge entführten und drei davon in die Türme des New Yorker World Trade Center beziehungsweise das Pentagon steuerten, schienen Huntingtons Thesen dramatische Aktualität gewonnen zu haben. Fassungslos beobachtete man vor den Fernsehgeräten in der ganzen Welt, wie verzweifelte Menschen aus den obersten Stockwerken der brennenden Zwillingstürme in die Tiefe sprangen und die Hochhäuser in sich zusammenstürzten. Dies sei ein «Akt des Widerstands gegen die Arroganz der Supermacht USA», verkündete Osama Bin Laden, der Gründer der islamistischen Organisation *Al-Kaida*.

Wenig später erklärte die US-Regierung unter George W. Bush den «Krieg gegen den Terror»: Kein Land der Welt könne einem Angriff auf eigenem Boden tatenlos zusehen. Im März 2002 legitimierten die *Vereinten Nationen* den Feldzug der USA gegen Afghanistan. Dort hatte sich *Al-Kaida* unter dem Schutz der Taliban, einer ultra-fundamentalistischen Islamistengruppe, ungestört ausbreiten und ihre Ausbildungslager unterhalten können. Eine neue, demokratische Regierung sollte die Taliban ablösen und in Zukunft verhindern, dass Organisationen wie *Al-Kaida* dort ihre Terroraktivitäten vorbereiten konnten. Ein Jahr später zog eine Allianz hauptsächlich amerikanischer und britischer Truppen in den Irak, um das Regime des Diktators Saddam Hussein zu stürzen. Denn der Irak sei ein «*Schurkenstaat*», der weiterhin alles daransetze, *Massenvernichtungswaffen* herzustellen und womöglich auch einzusetzen. War der «Kampf der Kulturen» nicht vielleicht hauptsächlich ein Kampf zwischen dem Westen und der islamischen Welt?

Nicht wenige hielten Huntingtons Thesen für überzogen: So leicht lassen sich die von ihm beschriebenen Kulturkreise nicht voneinander abgrenzen, denn kulturelle Einflüsse überlappen einander. Innerhalb jeder der von Huntington beschriebenen chinesischen, hinduistischen oder islamischen Zivilisationen gibt es verschiedene gesellschaftliche Klassen und Wertvorstellungen. Manche wünschen sich eine schnelle Modernisierung oder gar Angleichung an «den Westen», andere fürchten genau das mehr als alles andere. Und soziale Faktoren sind bei Konflikten ebenfalls von großer Bedeutung. Viele Beobachter machten auch die Kluft zwischen Arm und Reich für die Attentate vom 11. September 2001 verantwortlich; wer nichts zu verlieren habe und in seinem Heimatland keine Perspektive besitze, der lasse sich auch leicht für die Ziele von Fundamentalisten einspannen. Doch diese Erklärung greift zu kurz. Die ärmsten Länder der Welt leiden zwar unter einer ganzen Reihe von Problemen, aber eine organisierte und internationale Form des Terrorismus bringen sie nicht hervor. Außerdem stammten die saudischen und ägyptischen Attentäter weder aus den ärmsten Regionen der Welt noch aus unterprivilegierten Schichten, sondern durchgehend aus wohlhabenden Familien, die ihnen ein Studium im Ausland und damit bessere Zukunftsperspektiven ermöglicht hatten als den meisten ihrer Landsleute. Und ein soziales Anliegen verbanden sie nicht mit den Attentaten, bei denen über zweitausend Menschen unterschiedlichster Nationalität, Religion und Kultur getötet wurden. Die ideologische Grundlage des Angriffs war, wie der Kopf der Terroristengruppe Mohammed Atta in seinem Abschiedsbrief schrieb, der Kampf gegen die angebliche Arroganz der Supermacht USA.

Gleich, ob das «Ende der Geschichte» ausgerufen wird oder der «Kampf der Kulturen»; gleich, ob man den Niedergang des amerikanischen und den Beginn eines europäischen Zeitalters herandämmern sieht oder meint, China könne sich zu einer Supermacht entwickeln, die, wie einstmals die Sowjetunion, den USA als neuer Sumo-Ringer Paroli bietet; gleich, ob man sich die Lösung aller Probleme durch eine «Weltregierung» unter Führung der Vereinten Nationen wünscht oder glaubt, die Übel unserer Welt könnten nur dann beseitigt werden, wenn die Kluft zwischen den reichen, hoch technologisierten Staaten des Nordens und den armen, unterentwickelten Ländern des Südens mit größe-

ren Finanzhilfen überbrückt wird: Keine der großen «Welterklärungstheorien» hält den komplexen Wirklichkeiten der neuen Ära gänzlich stand. Sie alle enthalten etwas Wahres – und dennoch reichen sie zur Erklärung des Weltgeschehens nicht aus. Die Ära des Kalten Krieges war geprägt durch die ideologischen, politischen, wirtschaftlichen und kulturellen Widersprüche zwischen den beiden Supermächten. Die Ära der Globalisierung ist geprägt von den Widersprüchen, die sie selbst hervorbringt.

Stärke zählt. Aber nicht allein

Das mächtige Rom der Antike empfand sich als «Herrscher des Erdkreises». (Was wussten die Römer schon von China, das sich lange vor dem Aufstieg Roms zur Großmacht entwickelte und den Untergang des Imperium Romanum um Jahrhunderte überdauern sollte?) Und im weltumspannenden British Empire ging die Sonne tatsächlich nie unter. Aber konkurrenzlos waren die Briten nicht. Sie hatten auf die Interessen anderer europäischer Großmächte oder des Ottomanischen Reichs Rücksicht zu nehmen.

Ein entfesselter Riese allein auf der Weltbühne ist also ein völlig neues Phänomen.

Und welch ein Riese die USA sind! Defizit im Staatshaushalt hin oder her – die Wirtschaft der Vereinigten Staaten ist immer noch Zugmaschine der Weltwirtschaft. Von ihrer militärischen Macht ganz zu schweigen. Die USA unterhalten eine Armee, die fast die Hälfte dessen verschlingt, was weltweit für Rüstung ausgegeben wird. Bedeutet das, dass sie dem Rest der Welt ihren Willen aufzwingen können?

Während der ersten Amtszeit des US-Präsidenten George W. Bush (2000–2004) sah es zumindest so aus, als wolle er genau das versuchen. «Wer im Krieg gegen den Terrorismus nicht für uns ist, ist gegen uns», verkündete er. Gegen «*Schurkenstaaten*», die Terroristen unterstützten, würden die USA jedenfalls «entschlossen vorgehen». Den Krieg gegen den Irak führte seine Regierung mit dem erklärten Ziel, Saddam Hussein an der weiteren Entwicklung und vor allem am Einsatz von *Massenvernichtungswaffen* zu hindern, einen «Regimewechsel» herbeizuführen und dafür zu sorgen, dass der Irak eine demokratische, dem Westen gewogene Regierung erhält. *Massenvernichtungswaffen* aber wurden nicht gefunden. Und drei Jahre nachdem George W. Bush das «Ende der Kriegshandlungen» verkündete, hat sich die Lage für die irakischen Bürger alles andere als normalisiert. Fast täglich werden zahlreiche Menschen durch Attentate getötet.

Ob der 2003 begonnene *Golfkrieg* tatsächlich dem «Kampf gegen den Terror» diente, war (und ist) nicht nur weltweit umstritten, sondern auch in der amerikanischen Öffentlichkeit. Keine US-Regierung hätte sich die Angriffe vom 11. September ohne Gegenschlag gefallen lassen. Aber keine US-Regierung kann auf Dauer einen Krieg führen, den der Großteil der Öffentlichkeit ablehnt. Und jetzt verliert die amerikanische Bevölkerung langsam die Geduld mit einem Krieg, der so viele Menschenleben fordert und kein Ende zu nehmen scheint. Nicht zuletzt deshalb ist ein Umdenken zu bemerken: Washington setzt wieder mehr auf Zusammenarbeit.

Selbst die größte Militärmacht ist nicht in der Lage, immer und überall präsent zu sein. Ein technologisch bestens ausgestattetes Militär garantiert noch lange keinen Sieg, denn die Natur der Kriege hat sich verändert. In den meisten Konflikten kämpfen keine Armeen mehr gegeneinander, sondern Söldner-Milizen, die keine Rücksicht auf die Zivilbevölkerung nehmen. Im Irak oder in Israel brauchen Selbstmordattentäter keine komplizierten Waffen, sondern nur ausreichend Sprengstoff, um mächtige Armeen in Schach zu halten. Sie tragen keine Uniform, sondern tauchen in der Zivilbevölkerung unter; sie unterstehen nicht dem Oberbefehl einer Staatsführung, mit der man verhandeln könnte, sondern bilden unabhängige Zellen, die im Namen einer Ideologie handeln. Gulliver kämpft gegen viele Lilliputs, die kaum zu fassen sind. Mit Gewalt allein lassen Konflikte sich nicht dauerhaft lösen; auch das ist eine Lehre des letzten *Golfkriegs*. Die Diplomatie – zähes Ringen um Zugeständnisse, Zuckerbrot und Peitsche, Verhandlungen oder auch Drohungen – hat noch lange nicht ausgedient.

Um Nordkorea davon abzuhalten, Atomwaffen zu bauen, ist die Hilfe Südkoreas und Chinas notwendig. Drei europäische Staaten – Großbritannien, Frankreich und Deutschland – verhandelten mit dem Iran über eine Beendigung seines Atomprogramms. Die USA hielten sich dabei im Hintergrund. Auf die sudanesische Regierung versucht Washington Druck auszuüben, damit sie endlich die islamischen Reitermilizen unter Kontrolle bringt, die in Darfur wüten. Aber die USA müssen auch China und Russland überzeugen, eigene Interessen an den Ölressourcen im Sudan hintanzustellen, um die sudanesische Regierung in Kartum gemeinsam zum Einlenken zu bewegen. Im Konflikt zwischen Israelis und Palästinensern warten US-Regierungen seit den siebziger Jahren mit teils recht ausgeklügelten Plänen für eine einvernehmliche Lösung auf. Sie spielen bei Vermittlungen noch immer die wichtigste Rolle. Doch als verbindlicher Vorschlag für eine zukünftige Lösung des *Nahostkonflikts* gilt die von den USA, den Vereinten Nationen, Russland und der EU gemeinsam ausgearbeitete «Road Map».

+++ «Seit vergangenem Dezember bemühen sich Großbritannien, Frankreich und Deutschland, Iran zu einem Verzicht auf sein Atomprogramm zu bewegen. Bislang ohne Erfolg.» (Tagesschau-Meldung vom 9. Januar 2006) +++

Die USA mögen das mächtigste Land der Welt sein. Aber weder sind sie, wie manche meinen, der alleinige Verursacher aller Probleme. Noch können sie, wie andere hoffen, sämtliche Probleme lösen. Militärische Macht genügt nicht. Verbündete sind nötig. Mit Verbündeten aber muss man sich auf gemeinsame Ziele einigen, was ebenfalls nicht einfach ist. Wäre eine Weltregierung, die Ordnung in die Weltpolitik brächte, nicht vernünftiger?

Hilfreich – und doch oft hilflos: die Vereinten Nationen

Die Grundidee der *Demokratie* (siehe Kapitel 4) beruht auf einem philosophischen Gedanken: Der Mensch ist weder gut noch schlecht, sondern vom eigenen Interesse geleitet – und das gilt auch für die Herrscher. Generationen von Denkern, vom Chinesen Konfuzius bis zum Italiener Machiavelli, entwickelten Anweisungen für eine kluge, starke Herrschaft, die letztlich auch dem Wohl des Volkes dienen sollte. Doch wieso sollte sich jemand, der alle Macht besitzt, an gute Ratschläge halten? Und wer soll darüber entscheiden, worin das Wohl des Volkes eigentlich besteht, wenn nicht die Bürger eines Landes? Doch Demokratie bedeutet nicht nur Herrschaft des Volkes, sondern auch Herrschaft des Rechts. Es ist ein System ständiger Kontrolle sämtlicher Institutionen durch Gesetze, denen sich alle unterwerfen müssen. Erst so nämlich besitzt jeder Einzelne die Freiheit, seinen eigenen Interessen nachzugehen, solange kein anderer dadurch geschädigt wird.

In vielen demokratischen Staaten funktioniert dieses System. Doch auf die Welt als Ganzes lässt es sich schwer übertragen – allein schon deshalb, weil nicht alle Staaten demokratisch sind. Und warum sollte sich ein Staat, in dem die Grundprinzipien der Demokratie nicht eingehalten werden, zu einer demokratischen Weltordnung bekennen? Nach

1990 hofften viele, dass die *Vereinten Nationen* sich zu einer Institution entwickeln könnten, die für die Einhaltung einer solchen Ordnung sorgt. Während des Kalten Krieges waren auch sie von der Auseinandersetzung und dem Konflikt der Interessen zwischen den Supermächten geprägt – und oft genug gelähmt. Aber auch nach dem Fall des Eisernen Vorhangs können die *Vereinten Nationen* nicht, wie ein demokratischer Staat, Recht schaffen und durchsetzen. Eine Resolution des Sicherheitsrates ist wenig mehr als eine Empfehlung. Der Sicherheitsrat kann ein Embargo verhängen, er kann beschließen, dass Truppen in eine Krisenregion geschickt werden sollen, um ein Waffenstillstandsabkommen zu überwachen oder einen Konflikt gewaltsam zu beenden. Aber eine ausreichende Zahl von Mitgliedern des UN-Sicherheitsrats muss solchen Maßnahmen zustimmen, ein Kontingent eigener Truppen als «Blauhelme» entsenden oder, wie im *Golfkrieg* von 1991, eine Allianz schmieden. Jede

Veto-Macht im Sicherheitsrat verfügt über die Möglichkeit, Maßnahmen zu unterbinden, die den Interessen des eigenen Staates schaden könnten (und das gilt nicht nur für die USA). Und jedes in der Vollversammlung vertretene Land kann die Verurteilung eines anderen Landes beispielsweise wegen Menschenrechtsverletzungen anstreben, sogar wenn es die Menschenrechte selbst nicht achtet.

Die Vereinten Nationen sind keine Weltarmee, keine Weltpolizei und keine Weltregierung. Und in der Arena der internationalen Beziehungen zählen hehre Anliegen meist weniger als handfeste Interessen der einzelnen Staaten. Aber sind in der Ära der Globalisierung Staaten überhaupt noch die wichtigsten Akteure?

Staaten verlieren an Einfluss, sind aber wichtiger denn je

So genannte Supranationale Organisationen wie die *Weltbank* oder der *Internationale Währungsfonds* finanzieren Infrastrukturprojekte in Entwicklungsländern, *Multinationale Unternehmen* (siehe Kapitel 3) investieren Milliardensummen im Ausland; Nichtregierungsorganisationen wie «amnesty international», «Oxfam» oder «Ärzte ohne Grenzen» fordern die Einhaltung der Menschenrechte, engagieren sich in der Hungerhilfe oder stellen – vor allem in Entwicklungsländern – wenigstens notdürftige medizinische Hilfe bereit. Außerdem können sie einen ungeheuer wichtigen Faktor beeinflussen: die öffentliche Meinung. Bedeutet das, Regierungen müssten sich den Interessen all dieser «global players» beugen, die niemand gewählt und damit legitimiert hat?

Zweifellos werden politische Entscheidungen mehr denn je in einem Netzwerk von Interessen getroffen. Kein Staat verscherzt es sich gerne mit großen Firmen, die Arbeitsplätze schaffen und Geld investieren. Im Rahmen der *Armutsbekämpfung* wird die Unterstützung eines Staates verstärkt davon abhängig gemacht, ob seine Regierung die Kriterien der «Good Governance» – des guten Regierens – erfüllt. Und welches Entwicklungsland will schon auf die Hilfsgelder der Weltbank verzichten oder sich vom Währungsfonds kritisieren lassen? Doch Staaten sind nicht überflüssig geworden. Mehr denn je kommt es auf die Qualität des staatlichen Systems an, und das zeigt sich spätestens dort, wo ein solches System nicht mehr vorhanden ist.

Während des Kalten Krieges hatten die beiden Supermächte in vielen Staaten der «Dritten Welt» für ein gewisses Maß an Stabilität gesorgt. Dabei hatte sich auch der Westen selten dafür interessiert, ob er Demokratien unterstützte oder Diktaturen. Nach dem Ende des Kalten Krieges aber waren viele dieser Staaten plötzlich auf sich selbst gestellt. Nicht selten zerbrachen sie an inneren Konflikten, die gewaltsam von verschiedenen Milizen ausgetragen werden – sie konnten ihr Gewaltmonopol nicht verteidigen. (Der Staat ist nämlich normalerweise der Einzige, der – um die Rechtsordnung aufrechtzuerhalten – physische Gewalt ausüben darf.) Sie sind weder in der Lage, politische Entscheidungen durchzusetzen, noch die wesentlichen Aufgaben eines Staates – Sicherheit für seine Bürger, den Unterhalt von Schulen, Krankenhäusern und sonstigen sozialen Einrichtungen – zu erfüllen. Solche gescheiterten Staaten («Failed States») sind ein enormes Problem; selbst großzügige Entwicklungshilfe nützt nichts, da es keine Institutionen gibt, die sie entgegennehmen, geschweige denn sinnvoll verteilen könnten; in manchen Ländern übernehmen Nichtregierungsorganisationen wie das Rote Kreuz anstelle der Regierung humanitäre Aufgaben. Ihre Möglichkeiten sind jedoch begrenzt, zumal, wenn Warlords –

Kriegsherren, die private Armeen unterhalten – über ganze Landesteile herrschen. Bürgerkriege greifen leicht auf Nachbarländer über, und die in solche Kriege verwickelten Milizen finanzieren ihre Waffen oft mit kriminellen Aktivitäten.

Regierungen in entwickelten Ländern müssen immer öfter auch andere «Global Players» bei ihren Entscheidungen berücksichtigen. Aber erst, wenn es, wie in den gescheiterten Staaten, keine Regierung mehr gibt, wird deutlich: Nur Staaten – und am besten verlässliche, demokratische Staaten – sind echte Garanten für das Wohlergehen ihrer Bürger.

Natürlich wäre es wünschenswert, wenn Fukuyamas Prophezeiung vom «Ende der Geschichte» sich bewahrheitet hätte und die Welt nur aus demokratischen Staaten bestünde. Tatsächlich ist die Anzahl demokratisch regierter Länder seit 1989 erstaunlich gestiegen. Im Jahr 1975 konnte man nur 35 von damals 147 Ländern als Demokratien bezeichnen. 1995 waren es bereits 84. Es liegt jedoch in der Natur von Demokratien, dass sie zwar manchmal mit Gewalt errungen, aber niemals mit Gewalt erhalten werden können. Ihre Institutionen funktionieren nur, wenn eine aktive Bürgerschaft sie mit Leben füllen kann und will.

Das «Ende der Geschichte» und damit eine Welt, in der sich alle ständig friedlich einigen, ist nicht in Sicht. Auch eine Weltregierung gibt es nicht und wird es wohl auf absehbare Zeit nicht geben. Die internationale Staatenwelt ist weiterhin von unterschiedlichen Interessen geprägt, und damit bleiben Interessenkonflikte unausweichlich. Dennoch hat sich etwas Entscheidendes geändert: Mehr als je zuvor in der Geschichte stehen uns die Mittel zur Verfügung, uns über das Geschehen in anderen Ländern zu informieren. Und die Möglichkeit zur Anteilnahme am Geschehen war schon immer der erste Schritt hin zu einer demokratischer verfassten Welt.

Al Dschasira

Wörtlich übersetzt, bedeutet «Al Dschasira» so viel wie «Insel». Es ist der Name eines 1996 gegründeten arabischsprachigen Nachrichtensenders mit Hauptsitz im Golfstaat Katar. Neben Abu Dabi TV ist Al Dschasira die wichtigste Nachrichtenquelle in der arabischen Welt, deren Bürgern sonst nur die streng zensierten staatlichen Medien zur Verfügung stehen.

Al Dschasira wurde vor allem bekannt, weil Osama Bin Laden, Kopf der Terror-Organisation *Al-Kaida*, seine Videobotschaften darüber verbreiten ließ. Im Westen wird der Sender, der ein englischsprachiges Programm plant, oft als parteiisch kritisiert. Für zahlreiche arabische Herrscher dagegen ist Al Dschasira viel zu liberal.

+++ «Der Führer des Terror-Netzwerks Al-Kaida, Bin Laden, hat sich offenbar erneut zu Wort gemeldet. Der arabische Fernsehsender Al Dschasira strahlte gestern Abend Auszüge einer Tonband-Botschaft aus, in der zum Boykott der Wahlen im Irak aufgerufen und mit weiteren Anschlägen gedroht wird.» (Tagesschau-Meldung vom 28. Dezember 2004) +++

Al-Kaida

Einer Anklageschrift eines Gerichts in Manhattan zufolge, das zwei Terroranschläge auf US-Botschaften in Kenia und Tansania verhandelte, ist Al-Kaida um das Jahr 1989 entstanden. Experten streiten darüber, ob es sich damals nur um eine lose Gruppe von Freiwilligen gehandelt hat, die in Afghanistan kämpften, oder ob Al-Kaida zu diesem Zeitpunkt bereits eine straff geführte Terrororganisation war. Als ihr Gründer gilt der um 1955 in Saudi-Arabien geborene Osama Bin Laden.

Als Sohn eines erfolgreichen, aus dem Jemen stammenden Bauunternehmers hätte Bin Laden das bequeme Leben eines reichen Erben führen können. Er studierte Wirtschaftswissenschaften und arbeitete zunächst ebenfalls als Bauunternehmer. Nach der Invasion der Sowjetunion in Afghanistan 1979 aber beschloss er, sein Vermögen für den Widerstand der Mudschaheddin («Glaubenskämpfer») gegen die «ungläubigen Invasoren» zu verwenden: Er kaufte Waffen, rekrutierte die Verstärkung und galt als Spezialist für den Bau von Festungen und Tunnelsystemen.

Nachdem die Sowjetunion 1989 aus Afghanistan abgezogen war und 1990, vor dem Zweiten *Golfkrieg*, amerikanische Truppen in Saudi-Arabien aufmarschierten, bot sich Bin Laden ein neues Ziel: die Vertreibung der Amerikaner vom Boden des Landes, das Wächter der heiligen Stätten Mekka und Medina ist. Dort hatte der Prophet Mohammed gewirkt; kein Muslim könne die Anwesenheit von Ungläubigen dort dulden.

Es gilt als sicher, dass Bin Ladens Al-Kaida, zusammen mit saudischen Terroristen, 1996 an einem Attentat auf die «Khobar-Türme» in Saudi-Arabien beteiligt war, in dem vor allem Angehörige der amerikanischen Luftwaffe wohnten. 19 US-Bürger wurden getötet und 372 Menschen verletzt. Im Februar 1998 rief Bin Laden eine *Fatwa* (siehe Kapitel 4) aus, in der er zum Kampf gegen «Juden und Kreuzfahrer» aufforderte. Am 7. August 1998 explodierten fast gleichzeitig mit Sprengstoff beladene Lastwagen vor den US-Botschaften in Kenia und Tansania. Dabei starben 23 amerikanische Staatsbürger und 201 Kenianer, über 5000 Menschen wurden verletzt. Zu keinem dieser Anschläge bekannte Osama Bin Laden sich öffentlich. Für die Attentate vom 11. September 2001 jedoch übernahm er die Verantwortung. Die USA erklärten ihn daraufhin zum Staatsfeind Nummer eins.

Im Oktober 2001 begann eine Allianz unter Führung der USA eine Invasion in Afghanistan, wo sich das Hauptquartier von Al-Kaida befand. Osama Bin Laden aber wurde nicht gefasst. Auch nach dem Afghanistan-Feldzug zeigten arabische Sender, vor allem *Al Dschasira*, noch Videobotschaften Bin Ladens, deren Echtheit von Experten bestätigt wurde. Wo er sich heute aufhält, ist nicht bekannt. Er dürfte der meistgesuchte Mann der Welt sein. Für Hinweise, die zu seiner Ergreifung führen, haben die USA eine Belohnung von 25 Millionen Dollar ausgesetzt.

Doch selbst wenn Osama Bin Laden gefasst werden sollte, bedeutet das noch nicht, dass damit Al-Kaida vernichtet wäre. Denn sie ist keine Organisation mit festen Hierarchien. Hunderte, wenn nicht Tausende junger Männer sind einst in den Ausbildungslagern in Afghanistan trainiert worden, und sie haben einzelne Zellen gebildet, die längst schon unabhängig voneinander handeln. Sie verfügen über eigene Geldquellen und sind in der Lage, sich mit der Ausrüstung zu versorgen, die sie für ihre Attentate brauchen. Zusammengehalten wird ihr Netzwerk weniger durch feste Befehlsstrukturen als durch eine gemeinsame Ideologie – den Hass auf «den Westen», dessen Werte es ihrer Meinung nach zu bekämpfen gilt.

+++ «Die Terrororganisation Al-Kaida hat Moslems in aller Welt zu neuen Anschlägen gegen Länder des Westens aufgerufen. Der Vize-Chef der Gruppe, Al Sawahiri, sagte in einer Videobotschaft, Vorbild könnten die Angriffe von New York, London und Madrid in den vergangenen Jahren sein.» (Tagesschau-Meldung vom 5. März 2006) +++

Apartheid

Der Begriff «Apartheid» stammt aus dem Afrikaans und bedeutet so viel wie «getrennte Entwicklung». Es war die Bezeichnung für eine von der weißen Regierung Südafrikas verfolgte Politik der strikten Rassentrennung, die 1948 sogar in der Verfassung festgeschrieben wurde. Weiße und Schwarze durften per Gesetz nicht die gleichen Schulen besuchen, Viertel bewohnen, Schwimmbäder, Parkbänke oder Strände benutzen. Druck des Auslands (bis hin zum Wirtschaftsem-

+++ «In Südafrika haben mehrere tausend Menschen den 50. Jahrestag der Unterzeichnung der Freiheits-Charta gefeiert. Am 26. Juni 1955 hatten mehr als 3000 Vertreter von Weißen, Schwarzen und Asiaten das Dokument unterschrieben, das eine Grundlage für den Kampf gegen die Apartheid bildete.» (Tagesschau-Meldung vom 27. Juni 2005) +++

bargo) und die schwarze Opposition vor allem des «African National Congress» (ANC), dem auch der spätere südafrikanische Präsident Nelson Mandela angehörte, brachten die weiße Regierung dazu, das System der Apartheid nach 1990 schrittweise abzuschaffen. Heute wird der Begriff als Synonym für Rassismus oder für die Trennung zwischen verschiedenen ethnischen Gruppierungen verwendet.

Armutsbekämpfung

Schätzungsweise 850 Millionen Menschen weltweit hungern, sechs Millionen Kinder sterben jährlich am Hunger und dessen Folgen, bevor sie das sechste Lebensjahr erreichen. Unterernährte Menschen sind anfälliger für Seuchen wie Malaria, Tuberkulose oder *AIDS* (siehe Kapitel 5), die vor allem in Schwarzafrika weit verbreitet sind, und da sie sich keine Medizin leisten können, sterben viele von ihnen an Krankheiten, die sich leicht behandeln ließen. Außerdem haben Kinder in den ärmsten Regionen der Welt oft keine Chance, die Schule zu besuchen, und damit kaum eine Zukunftsperspektive.

Beim Welternährungsgipfel von 2000 einigten die *Vereinten Nationen* sich auf ein Programm zur Armutsbekämpfung, die so genannten Millenniumsziele: Bis 2015 soll die weltweite Armut halbiert werden. Doch wie bekämpft man Armut? «Entwicklungshilfe» hieß lange das Zauberwort. Auch die Millenniums-Ziele sehen vor, die von reichen Ländern bereitgestellte finanzielle Hilfe von derzeit durchschnittlich 0,26 auf 0,7 Prozent ihres *Bruttoinlandsproduktes* (siehe Kapitel 3) zu erhöhen. Prominente wie Bono, der Sänger der Popgruppe U2, oder Bob Geldof, der Organisator der «Live Aid»-Konzerte, machten sich darüber hinaus für einen Schuldenerlass der Entwicklungsländer stark. Denn nicht nur die Anleihe selbst ist problematisch, sondern vor allem die Zinsen und Zinseszinsen, die damit anfallen. Nach Angaben der Weltbank leiden etwa vierzig der ärmsten Länder der Welt unter einer «unerträglichen Schuldenlast» – das Gesamtvolumen ihrer Schulden betrug 220 Prozent ihrer Exporte: Selbst wenn sie zwei Jahre lang sämtliche Exporteinnahmen an ihre Gläubiger abführen würden, wären ihre Schulden also nicht getilgt. Damit geraten sie in einen Teufelskreis: Weil das Geld für den Ausbau einer guten Infrastruktur und zur Ausbildung qualifizierter Arbeitskräfte fehlt, können sie sich auch nicht aus eigener Kraft entwickeln und müssen daher neue Schulden machen.

Auf dem *Weltwirtschaftsgipfel* (siehe Kapitel 3) im schottischen Gleneagles einigten sich die wichtigsten Industrieländer im Juli 2005 darauf, die direkten Entwicklungsmittel (Gelder für den Bau von Schulen, Brunnen, medizinischen Einrichtungen und so weiter) bis zum Jahr 2010 um 50 Milliarden Dollar jährlich zu erhöhen (2004 wurden 64 Milliarden Dollar an Entwicklungsländer gezahlt) und die Schulden der ärmsten Länder beim *Internationalen Währungsfonds* (siehe Kapitel 3), der Weltbank und der Afrikanischen Weltbank zu erlassen.

Aber Entwicklungshilfe und Schuldenerlass sind keine Allheilmittel gegen Armut. Schon oft wurden ärmeren, von Diktatoren regierten Ländern Schulden erlassen – und sie waren bald wieder angehäuft, weil korrupte Herrscher Entwicklungshilfe oder die Erlöse aus dem Abbau natürlicher Ressourcen (wie Erdöl in Nigeria oder im Sudan, Kupfer im Kongo, Diamanten in Sierra Leone oder das in Afrika reichlich vorhandene und für Handys benötigte Coltan) nicht für sinnvolle Projekte verwendeten. Milliarden von Dollar werden jährlich für Waffenkäufe und den luxuriösen Lebens-

+++ «Der Internationale Währungsfonds erlässt 19 der ärmsten Länder zu Jahresbeginn die Schulden. Es gehe um Kredite in Höhe von insgesamt 3,3 Milliarden Dollar, teilte IWF-Chef Rato mit. Die Entscheidung betrifft zum Beispiel Äthiopien, Mosambik, Ruanda, Bolivien und Kambodscha. Den Anstoß für die Initiative hatten die sieben reichsten Länder der Welt und Russland beim G8-Gipfel im Sommer gegeben.» (Tagesschau-Meldung vom 22. Dezember 2005) +++

stil einer kleinen, privilegierten Herrschaftsschicht in den armen Ländern ausgegeben oder auf ausländische Geheimkonten geschmuggelt.

«Good Governance» – gutes Regieren – wurde deshalb zu einem wichtigen Schlagwort. Wesentlich stärker als bisher sollten die Zahlungen an Bedingungen geknüpft werden: Die Regierungen ärmerer Länder müssten sich erkennbar um die Bekämpfung von Korruption und eine demokratische Entwicklung bemühen. Hält sich ein Staat nicht daran, können Entwicklungshilfeprojekte eingestellt werden. Weil die kenianische Regierung weiterhin Korruption zulasse, kürzte beispielsweise das deutsche Ministerium für wirtschaftliche Zusammenarbeit und Entwicklung die Hilfe.

Solche Maßnahmen sollen dazu beitragen, dass demokratische Strukturen entstehen können – denn politische Freiheit ist ein wichtiges Mittel gegen Armut. Selbst durch Dürre verursachte Missernten und Hungersnöte, stellte der indische Ökonom Amartya Sen fest, wirkten sich in politisch offeneren Ländern nicht so verheerend aus oder seien sogar zu verhindern. Diktatoren liege nämlich meist nichts am Wohlergehen ihres Volkes, oder sie versuchten, Missstände so lange unter den Teppich zu kehren, bis es für Gegenmaßnahmen zu spät ist. In demokratischeren Staaten jedoch könne eine kritische Berichterstattung rechtzeitig auf Probleme hinweisen. Und eine Regierung, die ihren Bürgern Rechenschaft schuldig ist, würde entweder alles in ihrer Macht Stehende unternehmen, um selbst Abhilfe zu schaffen, oder früh genug um Unterstützung bitten.

Freihandel ist ebenfalls ein wichtiger Faktor bei der Armutsbekämpfung. In Afrika ist die Prozentzahl der Menschen, die von weniger als einem Dollar pro Tag leben müssen, höher als in Asien, wo insgesamt die meisten Armen leben. Aber in Asien konnten durch Reformen und den Anschluss an die globalisierte Weltwirtschaft die größten Erfolge bei der Armutsbekämpfung erzielt werden. In Indien und China, den beiden bevölkerungsreichsten Ländern der Welt, ist es gelungen, die Armut in den letzten beiden Jahrzehnten um 60 Prozent zu reduzieren. Noch immer sind allerdings 700 Millionen der 1,1 Milliarden Inder von der Landwirtschaft abhängig. Und gerade in diesem Bereich kann von einem fairen Wettbewerb keine Rede sein: Im Jahr 2001 unterstützte allein die EU ihre Landwirte mit mehr als 300 Milliarden Dollar. (Diese Summe ist sechsmal so hoch wie die Entwicklungshilfe sämtlicher Staaten der EU und höher als das Bruttosozialprodukt ganz Schwarzafrikas.) Solche Subventionen drücken die Preise für landwirtschaftliche Produkte; für die Kleinbauern in den ärmeren Ländern lohnt es sich nicht mehr, ihre Äcker zu bestellen, wenn auf dem örtlichen Markt billigere Lebensmittel aus Europa angeboten werden. Ein Bauer in einem armen Entwicklungsland wie Indien, so der indische Handelsminister Kamal Nath, könne mit einem europäischen oder amerikanischen Bauern konkurrieren, nicht aber mit deren Regierungen. Zusammen mit anderen Schwellen- und Entwicklungsländern setzt sich Indien daher etwa im Rahmen der *Welthandelsorganisation* (siehe Kapitel 3) für fairere Handelsbedingungen auch und gerade in den Bereichen ein, in denen die Industrienationen wenig Interesse an freiem Wettbewerb haben.

+++ «Der weltweite Handel mit landwirtschaftlichen Produkten unterliegt vielen Schranken. Die Industrieländer sichern die Einkommen ihrer Landwirte durch Zölle und Subventionen. Produkte aus Entwicklungsländern haben deshalb oft keine Chance. Um dieses Problem und um die Frage, wie eine Öffnung der Märkte Armut verringern könnte, geht es von heute an auf der Konferenz ‹Politik gegen Hunger› in Berlin.» (Tagesschau-Meldung vom 20. Oktober 2004) +++

ethnische Säuberung

Mit dem Ausbruch des Krieges in Jugoslawien kam eine Bezeichnung auf, die 1992 prompt zum «Unwort des Jahres» gewählt wurde: «ethnische Säuberung». Der Begriff geht auf den Sprachgebrauch der serbischen Regierung und Armeeführung zurück und wurde dann von den internationalen Medien übernommen.

Bis 1991 hatten verschiedene Völker in Jugoslawien zusammengelebt. Nun forderten Kroaten und Bosnier gegen den Widerstand der Serben ihre Unabhängigkeit. Und in allen drei Volksgruppen gab es Bestrebungen, eine möglichst einheitliche Bevölkerungsgruppe in den von ihnen beanspruchten Gebieten zu schaffen – was wiederum nur eine beschönigende Beschreibung für gewaltsame Vertreibung und Massenmord war: Hunderttausende Menschen wurden gezwungen, ihre Heimat zu verlassen. Kroaten wurden aus Ostslawonien, Serben aus der Krajina vertrieben; während des Krieges in Bosnien-Herzegowina und im Kosovo kam es immer wieder zu Massenmorden. Allein in Srebrenica brachten serbische Soldaten im Juli 1995 vermutlich mehr als 7000 bosnische Muslime um.

Inzwischen hat sich der Begriff «ethnische Säuberung» für zahlreiche Konflikte durchgesetzt, in denen meist Milizen gewaltsam gegen bestimmte Bevölkerungsgruppen vorgehen, etwa in der südsudanesischen Provinz Darfur, wo die nichtarabische Bevölkerung durch muslimische Reitermilizen vertrieben oder ermordet wurde.

«Ethnische Säuberung» gilt als «Verbrechen gegen die Menschlichkeit». Dieser Begriff war 1946 vom internationalen Militärgerichtshof in Nürnberg, der über die Gräueltaten der Nationalsozialisten zu entscheiden hatte, in das *Völkerrecht* eingeführt worden. Als «Verbrechen gegen die Menschlichkeit» («Crimes against Humanity») gelten Mord, Ausrottung, Versklavung, Deportation und andere verbrecherische Handlungen, die an einer Zivilbevölkerung (auch der eigenen) begangen werden, sowie Verfolgung aus politischen, rassischen oder religiösen Gründen.

Das englische Wort «humanity» bedeutet sowohl

«Menschlichkeit» als auch «Menschheit». Damit stellte der Nürnberger Gerichtshof fest, dass die Untaten der Nazis nicht nur besonders unmenschlich waren. Sie gelten außerdem als Verbrechen gegen die gesamte Menschheit, daher liegt ihre Ahndung auch im Interesse aller Menschen, und es ist legitim, die staatliche Souveränität in diesen Fällen zu übergehen: Verbrechen gegen die Menschlichkeit sollen zukünftig vor einem Internationalen Strafgerichtshof verhandelt werden, der allerdings nicht für Taten zuständig ist, die vor seinem Gründungstag, dem 1. Juli 2002, begangen wurden. Für die ethnischen Säuberungen in Kroatien, Bosnien und im Kosovo wurde der serbische Diktator Slobodan Milošević vor das «Kriegsverbrechertribunal für das ehemalige Jugoslawien» in Den Haag gestellt. Die Schuldigen am Völkermord in Ruanda müssen sich vor dem «Internationalen Strafgericht für Ruanda» mit Sitz in Arusha verantworten.

+++ «Erstmals steht ein Staat als Angeklagter wegen Völkermordes vor dem Internationalen Gerichtshof in Den Haag. Die Klage gegen Serbien-Montenegro wurde von Bosnien-Herzegowina eingereicht. Der Vorwurf: Im Krieg um die Trennung der beiden Länder Anfang der 90er Jahre hätten Serben Tausende Nicht-Serben in Bosnien-Herzegowina systematisch getötet und vertrieben.» (Tagesschau-Meldung vom 28. Februar 2006) +++

Europäische Union

Als junger Mann erlebte Richard Nikolaus Graf Coudenhove-Kalergi, der in Japan geborene Sohn eines deutschen Diplomaten, wie sich Europa während des Ersten Weltkriegs selbst zerstörte. Wie ließe sich die Wiederholung einer solchen Tragödie in Zukunft vermeiden? 1923 begründete Coudenhove-Kalergi in Wien die paneuropäische Bewegung. Die Länder Europas, die sich in Jahrhunderten der Konkurrenz wirtschaftlich und kulturell zwar inspiriert, aber auch bis an den Rand der Vernichtung gebracht hatten, sollten sich zu einem Staatenbund zusammenschließen.

Coudenhove-Kalergis paneuropäische Idee kam vielleicht eine Generation zu früh. Aber er hatte Anhänger gewonnen, darunter den damaligen Bürgermeister Kölns und späteren ersten Kanzler der Bundesrepublik, Konrad Adenauer. Zusammen mit den französischen Politikern Robert Schuman und Jean Monnet wurde Adenauer zum wichtigsten Architekten der europäischen Einigung. Bevor Coudenhove-Kalergis Vision jedoch Gestalt annehmen konnte, wurde Europa noch von einem zweiten, weit verheerenderen Krieg erschüttert.

1945 lag Deutschland in Trümmern. Frankreich war verarmt, das mächtige Großbritannien hatte sich in diesem Krieg verausgabt und war im Begriff, sein Empire zu verlieren. Die Länder Mittel- und Osteuropas verschwanden hinter dem Eisernen Vorhang. Niemand hätte zu diesem Zeitpunkt ahnen können, dass der westliche Teil Europas an der Schwelle zur friedlichsten und wohlhabendsten Periode seiner Geschichte stand.

Wirtschaftliche Entwicklung und Zusammenarbeit trieben die politische Einigung voran. Adenauer und Schuman begannen mit einer eher unattraktiv klingenden «Gemeinschaft für Kohle und Stahl»: 1951 schlossen sich die Bundesrepublik, Frankreich, Italien, Belgien, Luxemburg und die Niederlande zur Montanunion zusammen. 1957 wurden die Europäische Wirtschaftsgemeinschaft (EWG) und die Europäische Atomgemeinschaft (Euratom) gegründet. 1965 wurden Montanunion, EWG und Euratom zur Europäischen Gemeinschaft (EG) vereint. In einem gemeinsamen Binnenmarkt sollten Zollschranken fallen und freier Wettbewerb herrschen. Immer mehr Länder schlossen sich in den folgenden Jahren und Jahrzehnten der Europäischen Gemeinschaft an. 1973 traten Dänemark, Irland und Großbritannien bei. Ende der siebziger Jahre lösten demokratische Regierungen die diktatorischen Regime in Griechenland, Portugal und Spanien ab. Jetzt konnten auch diese Länder in die EG aufgenommen werden.

Im Februar 1992 schließlich wurde im niederländischen Maastricht der Grundlagenvertrag für die Europäische Union (EU) unterzeichnet. Der «Maastricht-Vertrag» bildet das Fundament für die politische Einigung Europas und trat am 1. November 1993 in Kraft. In ihm wurden die Entscheidungsbefugnisse des Europäischen Parlaments erweitert und die Regeln für eine gemeinsame Umwelt-, Verbraucher- und Kulturpolitik sowie für die im Januar 2002 eingeführte gemeinsame Währung, den Euro, festgelegt.

1995 stießen Österreich, Schweden und Finnland zur EU. In Norwegen hatte eine knappe Mehrheit per Volksabstimmung einen Beitritt abgelehnt. Der Fall des Eisernen Vorhangs und das Ende des Kalten Krieges öffnete auch den mittel- und osteuropäischen Ländern den Weg in ein vereintes Europa. Zehn weitere Länder wurden 2004 aufgenommen: Estland, Lettland, Litauen, Polen, Tschechien, die Slowakei und Ungarn, dazu Slowenien, Malta und Zypern.

+++ «Die Europäische Union feiert die größte Erweiterung in ihrer Geschichte. Mit Beginn des heutigen Tages wurde der Beitritt von zehn ost- und südeuropäischen Ländern zur Gemeinschaft wirksam. Deutschland wird damit auch geografisch zu einem Kernland der Europäischen Union.» (Tagesschau-Meldung vom 1. Mai 2004) +++

Um die Europäische Union politisch handlungsfähig zu machen, gaben die einzelnen Nationen freiwillig Teile ihrer staatlichen Souveränität auf. Mittlerweile werden über die Hälfte der Gesetze in Brüssel gemacht. Mit dem Europäischen Gerichtshof steht auch eine unabhängige Judikative zur Verfügung, die ähnlich dem Bundesverfassungsgericht als «Hüterin der Gesetze» gilt. Und auch die Vision eines «Europa ohne Grenzen» ist nach Inkrafttreten des Schengener Abkommens wahr geworden: Mit Ausnahme von Großbritannien und Irland traten ihm bislang alle 15 «alten Mitgliedsstaaten» der EU bei (sowie einige Länder, die nicht zur EU gehören: Norwegen und Island gehören bereits zum «Schengen-Raum», und im Juni 2005 haben sich sogar die Schweizer bei einer Volksabstimmung dafür ausgesprochen, die Grenzkontrollen zu ihren Nachbarländern künftig abzuschaffen). Das Schengen-Abkommen trug der EU unter Kriti-

kern allerdings die Bezeichnung «Trutzburg Europa» ein, weil die Kontrollen an den Außengrenzen zu Drittstaaten verschärft werden.

Ein solcher Einigungsprozess verläuft natürlich nicht ohne Schwierigkeiten. «Würde sich die EU bei uns um Beitritt bewerben, müssten wir sagen: demokratisch ungenügend», meinte 2002 der damalige EU-Erweiterungskommissar Günter Verheugen. Besonders die Institution des Ministerrates wird oft als undemokratisch kritisiert. Dieses offiziell «Rat der Europäischen Union» genannte Gremium wird ausschließlich von den Regierungen (also der Exekutive) der einzelnen Mitgliedsländer kontrolliert und kann wichtige Gesetze erlassen (übernimmt also Aufgaben der Legislative). Auch der deutsche *Bundesrat* wird von Regierungen (nämlich der Bundesländer) gebildet und hat über

Gesetzesentwürfe zu beschließen, aber der *Bundestag* ist an dem Verfahren wesentlich beteiligt (siehe Kapitel 1). Bei den Entscheidungen des europäischen Ministerrats hingegen haben weder die Parlamente der einzelnen Mitgliedsländer noch das Europäische Parlament, das von allen Bürgern der EU gewählt wird, ein echtes Mitspracherecht. Und dadurch, so die Kritiker, werde das für jede *Demokratie* (siehe Kapitel 4) grundlegende Prinzip der Gewaltenteilung verletzt.

Ist die EU zu «abstrakt» geworden? Hat die Öffentlichkeit nicht das Gefühl, dass nur «die da oben in Brüssel» über wesentliche Aspekte ihres Lebens entscheiden, was sich immer wieder in der geringen Beteiligung an den Wahlen zum Europäischen Parlament ausdrückt?

Noch vor der EU-Erweiterung von 2004 wurde über Reformen diskutiert. Denn die Politik von inzwischen 25 Mitgliedsländern zu koordinieren stellt die EU vor größere Herausforderungen. Sollte man die Kompetenzen des Parlaments erweitern? Wie lässt sich eine stärkere Teilnahme einer Öffentlichkeit erzielen, die sich weniger als europäische versteht und immer noch aus einer deutschen, französischen, britischen, polnischen, tschechischen und so weiter zusammensetzt? Eine europäische Verfassung sollte dazu beitragen, diese Unterschiede auszugleichen und ein größeres Gemeinschaftsgefühl zu erzeugen – schließlich ist eine Verfassung ein in Gesetz gegossenes Verständnis gemeinsamer Werte. Doch in den Niederlanden und in Frankreich, zwei Gründerstaaten der EU, wurde der Entwurf 2004 per Volksentscheid abgelehnt.

+++ «Die europäische Verfassung steht. Den Staats- und Regierungschefs der Europäischen Union ist in Brüssel der Durchbruch gelungen – nach jahrelangem Ringen einigten sie sich auf das historische Vertragswerk.» (Tagesschau-Meldung vom 19. Juni 2004) +++

Plötzlich wurde vielen bewusst, dass grundlegende Frage offen waren: Welche Ausrichtung soll die EU haben? Soll sie ein Zusammenschluss von souveränen Staaten bleiben, die sich in einigen Bereichen über eine gemeinsame Politik verständigen? Oder soll sie, wie es einst dem Grafen

Coudenhove-Kalergi vorschwebte, zu einem Vereinigten Europa werden, einem Staatenbund ähnlich den USA, dessen Bürger sich, trotz aller nationalen Eigenheiten, vor allem als Europäer fühlen? Wie sollte das gehen, wo doch in der EU 21 Sprachen gängig sind, die bei Verhandlungen in Brüssel oder Debatten im Europäischen Parlament in die «Arbeitssprachen» Englisch, Französisch und Deutsch übersetzt werden müssen? An welcher geographischen Grenze soll die EU enden? Bezieht sie sich auf das «Erbe des christlich-jüdischen Abendlandes», und wäre der Türkei dann als muslimischem Land nur eine «privilegierte Partnerschaft» möglich, wie sie unter anderem Bundeskanzlerin Merkel vorschlägt? Kann die EU sich auf eine gemeinsame Außenpolitik einigen? Bisweilen scheint ihr das inzwischen zu gelingen: Zusammen mit den USA, Russland und den *Vereinten Nationen* formulierte die EU eine so genannte Road Map, die einen Weg zur Lösung des *Nahostkonflikts* vorzeichnet. Aber der jüngste *Golfkrieg* zeigte auch, wie sehr die Außenpolitik von den Interessen einzelner Länder geprägt ist. Während Frankreich und Deutschland einen von den USA geführten Feldzug gegen den Irak strikt ablehnten, beteiligten sich Großbritannien, aber auch Polen, Italien, Spanien (das seine Truppen mittlerweile abgezogen hat) und sogar die baltischen Staaten mit eigenen Kontingenten.

Doch selbst wenn Kritiker die «Regulierungswut» der EU bemängeln und nicht klar ist, ob es eine Europäische Verfassung geben wird, wo die geographischen Grenzen der EU verlaufen sollen und ob man von einer gemeinsamen europäischen Identität sprechen kann – es ist der EU jedenfalls gelungen, Staaten zu integrieren, die vor noch nicht allzu langer Zeit hinter dem Eisernen Vorhang lagen und vierzig Jahre lang durch ein anderes politisches, wirtschaftliches und gesellschaftliches System geprägt waren. Und sie hat

Ländern wie Irland, Portugal, Spanien oder Griechenland Anreize und Starthilfe gegeben, mit denen sie sich aus ihrer Rückständigkeit und Isolation befreien und in blühende und wohlhabende Demokratien verwandeln konnten.

Auseinandersetzungen und Konflikte zwischen den Mitgliedsländern mag es weiterhin geben; aber sie werden friedlich ausgetragen. Dass Europa sich noch einmal wie im Ersten und im Zweiten Weltkrieg an den Rand des Abgrunds bringen könnte, ist undenkbar geworden. Damit überflügelte die EU vielleicht sogar die kühnsten Träume ihrer Vordenker und Gründer.

Golfkrieg

So recht konnten sich Kommentatoren nicht einigen, wie sie die am 20. März 2003 begonnene «Operation Iraqi Freedom» nennen sollten: eine «Invasion» hauptsächlich amerikanischer und britischer Truppen, den «Zweiten Irakkrieg» oder den «Dritten Golfkrieg»? Schon die Begriffsverwirrung weist darauf hin, dass kriegerische Konflikte am Persischen Golf eine längere Geschichte haben.

Der Erste Golfkrieg begann im September 1980 mit dem Einmarsch irakischer Truppen in der iranischen Provinz Khusistan. Saddam Hussein, seit 1979 Iraks Diktator, wollte das «Schatt el Arab» genannte Mündungsdelta der Flüsse Euphrat und Tigris am Persischen Golf zurückgewinnen. Fünf Jahre zuvor war es dem Iran vertraglich zugesichert worden. Jetzt allerdings herrschte dort Chaos: Im Februar 1979 hatte die islamische Revolution das Regime des Schahs gestürzt; nun befestigten die Fundamentalisten mit eiserner Hand ihre Macht. Tausende wurden vor Revolutionsgerichte gestellt, viele flohen. Die Zeit schien Saddam Hussein günstig für eine «Grenzkorrektur», zumal er auf die Unterstützung einer Reihe von Staaten zählen konnte, darunter die USA, die Sowjetunion, Frankreich und Saudi-Arabien. Sie alle hofften, dass ein Krieg die Herrschaft der schiitischen Fundamentalisten in Teheran bald wieder beenden würde.

+++ «Der Irak hat die sterblichen Überreste von 570 iranischen Soldaten an den Nachbarstaat übergeben. Im Gegenzug händigte der Iran die Leichen von 1166 Männern aus. Die Opfer stammen aus dem von 1980–88 gegeneinander geführten Krieg. Die meisten Soldaten waren in Gefangenschaft gestorben.» (Tagesschau-Meldung vom 22. Juli 2002) +++

Doch er entwickelte sich zu einem blutigen Abnutzungskrieg. Der Irak verfügte (nicht zuletzt wegen der Unterstützung durch das Ausland) über die überlegene Militärtechnologie. Der Iran versuchte dies durch den Einsatz von umso mehr Soldaten auszugleichen; selbst Kinder und Jugendliche wurden den regulären Truppen vorausgeschickt – um Minen zu räumen. Verbände beider Staaten bombardierten Städte und Erdölförderzentren. Erst 1988 gelang es den *Vereinten Nationen*, einen Waffenstillstand auszuhandeln. Bis dahin waren eine Million Menschen umgekommen. Weil Saddam Hussein die kurdische Bevölkerung des Irak der Kollaboration mit dem Feind verdächtigte, tötete er noch nach dem Waffenstillstand fast 10 000 Kurden mit Giftgas.

Nur zwei Jahre später, am 2. August 1990, überfielen irakische Truppen das Nachbarland Kuwait und vertrieben die monarchische Regierung. Kuwait wurde als 19. Provinz dem Irak angegliedert. Einstimmig forderte der Sicherheitsrat der *Vereinten Nationen* den «sofortigen und bedingungslosen Abzug aller irakischen Soldaten». Doch Drohungen, zahlreiche diplomatische Initiativen und ein Wirtschaftsembargo beeindruckten Saddam Hussein ebenso wenig wie das Ultimatum des Sicherheitsrates vom November 1990: Bis zum 15. Januar 1991 habe er sich aus Kuwait zurückzuziehen, anderenfalls erlaube der Sicherheitsrat den «Einsatz aller Mittel». Saddam Hussein ließ das Ultimatum verstreichen, und am 17. Januar begann eine Koalition von 44 Staaten unter Führung der USA, irakische Stellungen und Kommandozentralen in den städtischen Gebieten von Bagdad und Basra zu bombardieren. Ende Februar befreiten Bodentruppen Kuwait und besetzten südliche Teile des Irak. Saddam Hussein musste ein Waffenstillstandsabkommen annehmen, das unter anderem die Zahlung von Reparationen und die Vernichtung sämtlicher *Massenvernichtungswaffen* vorsah. Waffeninspekteure sollten kontrollieren, ob diese Auflage eingehalten würde.

Aber damit waren die Auseinandersetzungen um den Irak noch nicht beendet. Im März 1991 wagten oppositionelle Kurden und Schiiten einen Aufstand, der von Saddam Hussein blutig niedergeschlagen wurde; unter Aufsicht der Alliierten und der *Vereinten Nationen* wurde daraufhin eine «Flugverbotszone» im Norden und Süden des Irak errichtet, um den irakischen Diktator von Luftangriffen gegen die dort lebenden Kurden und Schiiten abzuhalten. Hussein hinderte auch die Waffeninspekteure immer wieder an ihrer Arbeit, verwies sie 1999 des Landes und ließ sie trotz UN-Resolution bis 2002 nicht wieder hinein. Dass er mutmaßlich weiter versuchte, Massenvernichtungswaffen herzustellen oder zu erwerben, wurde von der US-Regierung unter George W. Bush später als Hauptgrund für einen erneuten Krieg gegen den Irak angeführt. Die neue Sicherheitsdoktrin der USA («Bush-Doktrin») betrachtet einen Präventivschlag als Verteidigung, und der Irak unter Saddam Hussein stelle wegen «seiner Geschichte der Aggression und seiner Massenvernichtungswaffen eine Gefahr für die USA und die gesamte Welt dar», gegen die sich die USA wehren dürften. Auch bestünden Verbindungen mit der Terrororganisation *Al-Kaida*, die für die Attentate des 11. September verantwortlich war. Dieses Mal sollte Saddam Hussein nicht mehr an der Macht bleiben. Die USA forderten einen Regimewechsel.

«Operation Iraqi Freedom» begann am 20. März 2003, obgleich Waffeninspektoren, die ihre Arbeit wieder aufge-

+++ «Die amerikanischen Luftangriffe auf Bagdad begannen in den frühen Morgenstunden. Knapp zwei Stunden nach Ablauf des Ultimatums an den irakischen Staatschef Hussein feuerten die USA Marschflugkörper und Präzisionsbomben auf Militäreinrichtungen in Bagdad.» (Tagesschau-Meldung vom 20. März 2003) +++

nommen hatten, wiederholt um mehr Zeit gebeten hatten. Innerhalb von drei Wochen eroberten hauptsächlich amerikanische und britische und daneben auch einige kleinere Kontingente weiterer 48 Staaten den Irak. Saddam Hussein flüchtete. Im Mai 2003 erklärte George W. Bush das «Ende der Kampfhandlungen», im Dezember 2003 wurde Hussein aufgespürt und muss sich nun vor einem irakischen Gericht für die Menschenrechtsverletzungen seines Regimes verantworten. Eine Verbindung zwischen ihm und der Terrororganisation *Al-Kaida* konnte allerdings nie nachgewiesen werden. Und Massenvernichtungswaffen wurden ebenfalls nicht entdeckt.

Heftige Auseinandersetzungen im UN-Sicherheitsrat und zahlreiche Demonstrationen in fast allen Hauptstädten der Welt waren diesem Krieg vorausgegangen. Nach langem Ringen hatte der UN-Sicherheitsrat die Resolution 1441 verabschiedet, die «ernsthafte Konsequenzen» vorsah, sollte Saddam nicht rückhaltlos offen legen, ob und welche Massenvernichtungswaffen das Land besäße. «Ernsthafte Konsequenzen» aber bedeuten nach Meinung der meisten Völkerrechtsexperten nicht den Einsatz kriegerischer Mittel.

Kritiker verweisen jedoch nicht nur auf die fehlende völkerrechtliche Legitimation des Dritten Golfkrieges und der «Bush-Doktrin». Ob ein Krieg in den Augen der Weltöffentlichkeit «legitim» oder «erfolgreich» sei, bemesse sich nicht allein an juristischen Kriterien, sondern an einer ganzen Reihe von Faktoren: Wie plausibel sind die Kriegsgründe? Welche Opfer kostet er? Kann er eine akzeptable, stabile und vor allem im Vergleich zum Vorkriegszustand bessere politische Ordnung herstellen?

Der Aufbauprozess im Irak erweist sich als äußerst mühselig. Drei verschiedene Gruppierungen – Sunniten, Kurden und Schiiten – ringen verbissen um Einfluss. Im Oktober

2005 fand eine Volksabstimmung über die neue Verfassung statt, in der eine für alle drei Gruppierungen angemessene politische Vertretung festgeschrieben sein soll. Ein im Dezember 2005 für vier Jahre gewähltes Parlament nahm die Verfassung an und wählte eine Regierung unter Premier Ibrahim al Dschafaari. Doch ein Teil der Sunniten hatte das Verfassungs-Referendum und die Wahlen zum Parlament boykottiert. Sie protestierten damit gegen einen aus ihrer Sicht zu starken Einfluss von Kurden und Schiiten. Und der Folterskandal von Abu Ghraib unterminierte die Glaubwürdigkeit der USA, die den Krieg nicht zuletzt mit dem Ziel geführt hatten, im Irak eine Demokratie zu errichten.

Seit dem erklärten «Ende der Kampfhandlungen» finden fast täglich Attentate – von Islamisten und ehemaligen Anhängern des Regimes von Saddam Hussein – auf die amerikanische Besatzungsmacht, irakische Sicherheitskräfte, vor allem aber die Zivilbevölkerung statt. Immer wieder werden ausländische Zivilisten entführt und ermordet. Manche Beobachter befürchten den Ausbruch eines Bürgerkriegs zwischen schiitischen Milizen und sunnitischen Guerillaorganisationen. Auf amerikanischer Seite wurden über 2000 Soldaten getötet. Dokumentiert sind etwa 30 000 irakische Opfer.

Guantánamo Bay

Dass die USA ausgerechnet auf Kuba, das von der amerikanischen Regierung zu den «*Schurkenstaaten*» gezählt wird, einen Militärstützpunkt unterhalten, hat eine lange Vorgeschichte: Die USA hatten die kubanische Unabhängigkeitsbewegung gegen die Kolonialmacht Spanien unterstützt und bekamen die Insel 1898 vertraglich zugesprochen. Vier

Jahre später wurde die Republik Kuba ausgerufen. Die USA behielten sich jedoch das Recht vor, die inneren Angelegenheiten des Landes mitzubestimmen. Außerdem sicherten sie sich den Militärstützpunkt in Guantánamo Bay für 99 Jahre. 1934, als Kuba volle Souveränität erhielt, wurde der entsprechende Pachtvertrag auf unbestimmte Zeit verlängert. Seit die sozialistische Regierung Fidel Castros 1959 die Macht übernahm, fordert sie immer wieder die Auflösung des Vertrages, die USA jedoch behielten ihren Stützpunkt.

+++ «Unter starken Sicherheitsvorkehrungen sind die ersten afghanischen Kriegsgefangenen auf dem US-Militärstützpunkt Guantánamo Bay auf Kuba eingetroffen. Die amerikanischen Behörden erhoffen sich von einer Befragung der 20 ranghohen Taliban-Kämpfer Informationen über Extremisten-Führer Bin Laden.» (Tagesschau-Meldung vom 12. Januar 2002) +++

Bereits Ende 2001 begannen die USA dort ein Militärlager für Häftlinge einzurichten, die in Afghanistan und später im Irak als mutmaßliche Terroristen festgenommen wurden. Noch Anfang 2006 saßen dort rund 500 Menschen ein. Ihr rechtlicher Status ist umstritten: Das *Völkerrecht* kennt «Kombattanten», zu denen die regulären Streitkräfte eines Landes sowie nichtstaatliche Kämpfer gehören, die nicht auf eigene Faust handeln, sondern in irgendeiner Form in die Befehlsstruktur des Krieg führenden Staates eingegliedert sind. «Kombattanten» sind meist durch Uniformen oder zumindest Armbinden oder Ähnliches zu erkennen. In jedem Fall aber müssen sie ihre Waffen offen tragen und in Übereinstimmung mit dem Humanitären Völkerrecht handeln. Insbesondere dürfen sie nicht gezielt Zivilisten angreifen.

Zu den «Nicht-Kombattanten» hingegen gehören die Zivilbevölkerung, Sanitäter, Polizisten, aber auch Plünderer, Freischärler oder Söldner. Sie dürfen sich lediglich selbst verteidigen; greifen sie darüber hinaus aktiv in die Kampfhandlungen ein, können sie im Rahmen des Strafrechts abgeurteilt werden.

Nach dem Genfer Abkommen von 1949 ist es erlaubt, Kombattanten «bis zum Ende der Kriegshandlungen» zu internieren, um sie «von weiteren Feindseligkeiten abzuhalten». Als Kriegsgefangene stehen sie unter besonderem Schutz des *Völkerrechts*. Sie haben Anspruch auf menschenwürdige Behandlung. Gewalt und Folter sind ebenso verboten wie Beleidigungen. Außerdem muss Vertretern des Internationalen Roten Kreuzes jederzeit Zutritt zu Kriegsgefangenenlagern gewährt werden, damit sie die Haftbedingungen überprüfen können.

Die Gefangenen von Guantánamo Bay aber werden von den USA als «unrechtmäßige Kombattanten» behandelt (eine Zwischenform, die nur von wenigen Staaten anerkannt wird): Obwohl sie keiner regulären Einheit angehörten, nahmen sie aktiv an den Kämpfen teil, und weil der *Terrorismus* sich seiner Natur nach gegen Zivilisten richte, verstießen sie darüber hinaus gegen das Kriegsrecht. Nach Auffassung der Bush-Administration dürfen sie deshalb (wie Kombattanten) festgehalten werden, um sie an weiteren Feindseligkeiten zu hindern, ohne dass ihnen der besondere Schutz zugestanden wird, den Kriegsgefangene genießen; gleichzeitig besitzen sie (im Gegensatz zu Nichtkombattanten) keinen Anspruch auf einen Prozess nach geltendem Strafrecht.

Dem widersprach der Oberste Gerichtshof der USA in einem Urteil vom Juni 2004: Die Gefangenen müssten die Möglichkeit haben, die Rechtmäßigkeit ihrer Inhaftierung überprüfen zu lassen. Die UN-Menschenrechtskommission forderte im Februar 2006 zum ersten Mal die Auflösung des Lagers. Nicht zuletzt, weil immer wieder Fälle von Folter bekannt geworden waren. Selbst in einem Bericht des amerikanischen Verteidigungsministeriums war im Juli 2004 eingeräumt worden, dass die Gefangenen Foltermethoden wie Fesselungen, erniedrigender Behandlung oder gewaltsamen Verhörmethoden ausgesetzt seien.

+++ «Die Afghanistan-Gefangenen im US-Lager Guantánamo werden nicht den Status von Kriegsgefangenen erhalten. Das bekräftigte US-Verteidigungsminister Rumsfeld bei einem Besuch des Stützpunkts. Vor allem im Ausland war die Behandlung der Lagerinsassen kritisiert worden.» (Tagesschau-Meldung vom 28. Januar 2002) +++

+++ «Das US-Gefangenenlager Guantánamo auf Kuba hat einen zweifelhaften Ruf. Schon seit Jahren werfen Kritiker der Regierung Bush vor, dort Menschenrechte zu verletzen. So werden Verdächtige ohne rechtsstaatliches Verfahren auf den Stützpunkt verschleppt und dort festgehalten. Jetzt fordern die Vereinten Nationen die Schließung von Guantánamo Bay.» (Tagesschau-Meldung vom 16. Februar 2006) +++

Massenvernichtungswaffen

Spätestens mit dem jüngsten *Golfkrieg* wurde dieser Begriff weit über den Kreis von Militärexperten hinaus bekannt. Eine verbindliche Definition für Massenvernichtungswaffen (oder im Englischen: WMD – «Weapons of Mass Destruction») gibt es jedoch nicht. Gemeint sind damit atomare, biologische oder chemische Waffen und Kampfstoffe, deren Einsatz zur massenhaften Tötung von Menschen und zur Vernichtung ihrer Lebensgrundlage führen würde. Dabei tauchte der Begriff zum ersten Mal im Zusammenhang mit konventionellen Waffen auf. Nachdem die deutsche Legion Condor die spanische Stadt Guernica 1937 fast vollständig zerbombt hatte, schrieb ein Reporter der «Times»: «Wer kann ohne Horror daran denken, was ein weiterer großer Krieg bedeuten könnte, der mit all den neuen Massenvernichtungswaffen geführt würde.»

Schon damals allerdings waren C-Waffen bekannt: Deutsche Soldaten hatten bereits im Ersten Weltkrieg Chlorgas gegen französische Truppen eingesetzt. Die Dimensionen des Schreckens von Massenvernichtungswaffen wurden

aber erst offenbar, als die USA Atombomben über den japanischen Städten Hiroshima und Nagasaki abwarfen. In Hiroshima wurden an einem Tag 130 000, in Nagasaki 70 000 Menschen getötet. Schätzungen gehen davon aus, dass in den nächsten fünfzig Jahren etwa 250 000 Menschen an den Spätfolgen starben.

Die Entwicklung der Atombombe führte zu einem Wettrüsten – und dem Konzept der Abschreckung: Wer selbst über sie verfügte, würde auch eine andere Macht davon abhalten können, sie einzusetzen. Ab 1949 besaß die Sowjetunion ebenfalls Atomwaffen, in den folgenden Jahrzehnten rüsteten Großbritannien, Frankreich, China, Israel, Indien und Pakistan atomar auf. Höchstwahrscheinlich besitzt Nordkorea die Atombombe, Irans lange geheim gehaltenes Nuklearprogramm weist darauf hin, dass auch dort Atomwaffen produziert werden sollen. Der Kernwaffensperrvertrag (Non-Proliferation Treaty) von 1968 jedoch soll die Weiterverbreitung von Atomwaffen verhindern. Fast alle Staaten (auch der Iran) schlossen sich diesem Vertrag an. Indien, Pakistan und Israel gehören nicht zu den Unterzeichnern.

«Non-Proliferation» ist eines der wichtigsten Themen internationaler Politik. Insbesondere soll verhindert werden, dass so genannte *Schurkenstaaten* in den Besitz von Massenvernichtungswaffen kommen, die sie an Terrororganisationen weitergeben könnten.

Gebrauch, Herstellung und Lagerung biologischer Waffen wurden 1972 mit dem B-Waffen-Abkommen verboten. Nach 1945 wurden nie wieder nukleare, aber auch keine biologischen Massenvernichtungswaffen (wie Erreger für Milzbrand, Pest, Typhus oder Pocken) eingesetzt. Chemische Waffen hingegen schon: Die USA versprühten im Vietnamkrieg das auch für Menschen hochgiftige Entlaubungsmittel «Agent Orange». Die Sowjetunion gebrauchte C-Waffen in

+++ «Zehntausende Menschen haben in Hiroshima der Opfer des ersten Atombomben-Angriffs gedacht. Zur Erinnerung fand im Friedenspark der japanischen Stadt eine große Gedenkfeier statt. Vor 60 Jahren hatte eine amerikanische Flugzeugbesatzung die Bombe über Hiroshima abgeworfen.» (Tagesschau-Meldung vom 6. August 2005) +++

Afghanistan, Iraks Diktator Saddam Hussein setzte während des Ersten *Golfkriegs* Giftgas gegen iranische Soldaten ein und 1988 gegen kurdische Zivilisten im Irak. Allein in der Stadt Halabscha starben an einem Tag etwa 5000 Menschen durch Senfgas und das Nervengas Sarin, das Lähmungen verursacht.

Den Irak an der Entwicklung weiterer Massenvernichtungswaffen zu hindern war der wesentliche, von US-Präsident George W. Bush und dem britischen Premier Tony Blair genannte Grund für die Invasion des Irak im März 2003. Trotz intensiver Suche wurden aber keine solchen Waffen gefunden.

Migration

Bis Marokko und weiter nach Melilla und Ceuta – kleinen Halbinseln an der marokkanischen Küste, die zu Spanien gehören – hatten sie es geschafft. Dann brach, hinter hohem Stacheldraht auf engstem Raum zusammengedrängt, für weit über tausend Afrikaner die Zeit endlosen Wartens an. Auf eine Entscheidung der spanischen Regierung, entweder auch ihnen – wie bereits 700 000 anderen illegalen Einwanderern vor ihnen – ein Aufenthaltsrecht zuzugestehen. Oder sie nach Marokko abzuschieben, wo die Regierung sie womöglich, wie schon so viele andere vor ihnen, buchstäblich in die Wüste schicken würde.

Migranten wie die Afrikaner von Melilla und Ceuta nehmen lebensgefährliche Märsche auf sich oder begeben sich für immense Summen in die Hände von Schleppern; sie verstecken sich eng zusammengepfercht in Containern großer Frachtschiffe, in denen sie ersticken oder verdursten können; oder sie versuchen, schwer bewachte Grenzen wie die zwischen Mexiko und den USA zu überwinden. Gelingt es ihnen, werden sie nicht selten aufgegriffen und zurückgeschickt – nur um es noch ein weiteres Mal zu versuchen.

Jedes Jahr verlassen Millionen Menschen auf der Suche nach einem besseren Leben ihre Heimat. Und die Migrantenströme schwellen immer weiter an. 1990 lebten rund 120 Millionen Menschen nicht mehr in ihrem Geburtsland, im Jahr 2000 waren es bereits 150 Millionen. Nicht wenige sind qualifizierte Arbeitskräfte, die auf eine höhere Bezahlung oder bessere Karrierechancen hoffen. Und die meisten sehen in ihren Ländern keine Zukunftsperspektive.

Migration kann nicht ausschließlich als Armutsphänomen verstanden werden. Heute stammen die meisten Auswanderer aus Süd- und Ostasien, besonders aus China und den Philippinen, einigen lateinamerikanischen Ländern wie Mexiko, Kuba und Haiti oder aus Marokko, der Türkei oder dem Jemen. Aus Ländern also, in denen ein wirtschaftlicher Aufschwung es ihnen erst ermöglichte, das Geld für eine Auswanderung aufzubringen, wo die politische und wirtschaftliche Situation jedoch noch immer so unbefriedigend ist, dass sie ihr Glück woanders versuchen möchten.

Zu den Migranten wird oft eine Gruppe gezählt, die eigentlich nicht dazugehört, nämlich Flüchtlinge aus Ländern, die von Kriegen heimgesucht werden oder in denen brutale politische Unterdrückung herrscht: Während Migranten ein Ziel vor Augen haben, wollen Flüchtlinge nur ihr Leben retten und so schnell wie möglich in ihre Heimat zurückkehren. Die Glücklicheren unter ihnen finden Zuflucht in Notlagern und Zeltunterkünften (meist auf dem Gebiet der Nachbarstaaten), von internationalen Hilfsorganisationen mit dem Allernötigsten versorgt. Weit mehr jedoch irren in Kriegsgebieten wie dem Kongo oder der sudanesischen Provinz Darfur umher, wo sie den Übergriffen bewaffneter Milizen ausgesetzt und völlig auf sich selbst gestellt sind, da sie die internationale Hilfe dort nicht erreicht.

Nahostkonflikt

Selten haben die Nachrichten Positives aus dem Nahen Osten zu berichten. Doch an jenem 13. September 1993 übertrafen sich die Medien in ihrer Begeisterung über einen historischen Moment. Auf dem Rasen des Rosengartens des Weißen Hauses in Washington reichten sich an diesem Tag die Repräsentanten zweier Völker die Hand, die sich jahrzehntelang bekriegt hatten: Israels Außenminister Schimon Peres und Jassir Arafat, Chef der Palästinensischen Befreiungsbewegung PLO. Dann, nachdem US-Präsident und Gastgeber Bill Clinton ihn sanft in Arafats Richtung geschoben hatte, streckte auch der israelische Ministerpräsident Itzchak Rabin die Hand aus, die Jassir Arafat kaum mehr loslassen mochte. Rabin, Peres und Arafat hatten das «Osloer Grundsatzabkommen» unterschrieben. Schritt für Schritt, so waren die beiden Parteien in monatelangen geheimen Verhandlungen in der norwegischen Hauptstadt Oslo übereingekommen, würde sich Israel aus den Besetzten Gebieten zurückziehen. Die Palästinenser sollten sich fortan selbst verwalten. Zum ersten Mal schien das Ende eines Konflikts nah, der schon fast hundert Jahre andauerte. Aber worum geht es dabei eigentlich?

Ungefähr gleichzeitig entstanden zu Beginn des 20. Jahrhunderts zwei Nationalbewegungen. Seit ihrer Vertreibung durch die Römer hatten Juden auf den Messias gehofft, der sie eines Tages nach Jerusalem, dem biblischen Zion, zurückführen würde. Angesichts des wachsenden Antisemitismus in Europa machten die Zionisten diese religiöse Hoffnung zum politischen Programm: Die Juden seien nur sicher, wenn sie eine eigene Heimstatt besäßen, möglichst in Palästina, das zu jener Zeit eine verschlafene Provinz unter der Herrschaft des Ottomanischen Reichs war. Nachdem Adolf Hitler in Deutschland die Macht ergriffen hatte, flüchteten immer mehr Juden nach Palästina. Die dort ansässige arabische Bevölkerung allerdings erträumte sich ebenfalls Unabhängigkeit und die Errichtung eines eigenen Staates. Das ist das Grundmuster des Konflikts: Zwei Völker erheben Anspruch auf das gleiche Stück Land. Wie soll er gelöst werden?

+++ «Im Westjordanland und im Gazastreifen haben mehrere tausend Palästinenser an die Vertreibung im ersten Nahostkrieg 1948 erinnert. Der 15. Mai ist für sie der so genannte Nakba-Tag, der Tag der Katastrophe.» (Tagesschau-Meldung vom 15. Mai 2005) +++

Als nach dem Zweiten Weltkrieg das ganze Ausmaß des Holocaust bekannt wurde, entschlossen sich die neu gegründeten *Vereinten Nationen* 1947 zu einem Kompromissvorschlag: Das Land sollte in einen jüdischen und einen arabischen Staat geteilt werden. Die Mehrheit der UN-Mitglieder nahm den Teilungsplan ebenso an wie die Vertreter der jüdischen Gemeinschaft. Die arabischen Staaten lehnten ihn ab. Am 14. Mai 1948 rief David Ben Gurion den Staat Israel aus. Am nächsten Tag griffen sechs arabische Armeen an. Sie wollten den neuen Staat wieder von der Landkarte tilgen. Der Krieg endete mit einem Waffenstillstand. Teils von ihrer eigenen Führung aufgefordert, teils aus Angst und teils, weil sie von der israelischen Armee vertrieben wurden, verließen etwa 725 000 Palästinenser ihre Heimat. Bis heute leben viele von ihnen und ihren Nachkommen in der zweiten, dritten oder sogar vierten Generation in Flüchtlingslagern. Dass sie, deren Anzahl auf über zwei Millionen angewachsen ist, in ihre alte Heimat zurückkehren dürfen, ist eine der Forderungen, an der Verhandlungen immer wieder scheiterten: In absehbarer Zeit wären die Juden in ihrem eigenen Staat wieder eine Minderheit, und das ist für die überwältigende Mehrheit der Israelis nicht akzeptabel.

+++ «Israel beendet nach 38 Jahren die Besatzung des Gazastreifens. Das Kabinett hatte am Sonntag einstimmig die Aufhebung der Militärverwaltung und damit den Abzug der letzten Soldaten beschlossen.» (Tagesschau-Meldung vom 12. September 2005) +++

Israel hatte in diesem Unabhängigkeitskrieg ein größeres Gebiet erobert, als ihm laut Teilungsplan der UN ursprünglich zustand. Den Palästinensern blieb nur der Gazastreifen, der unter ägyptische Verwaltung fiel, und das Westjordanland (West Bank), das von Jordanien annektiert wurde. Durch Jerusalem verlief eine mit Mauer und Stacheldraht befestigte Grenze, die den arabischen Ostteil (mit der Altstadt) vom jüdischen Westteil trennte. Was noch heute als «Grüne Grenze» oder «Grenzen von 1967» bezeichnet wird, sind genau genommen die Waffenstillstandslinien von 1949, eigentlich also die «Grenzen bis 1967». Denn im Sechstagekrieg von 1967 eroberte die israelische Armee neben den syrischen Golanhöhen auch den Gazastreifen, die West Bank und Ost-Jerusalem. West Bank und Gazastreifen unterstellte die israelische Regierung einer Militärverwaltung. Dieses Land, hieß es zunächst, wolle man gegen einen Friedensvertrag mit den arabischen Nachbarstaaten eintauschen. Allerdings waren die arabischen Staaten nicht bereit, mit Israel zu verhandeln. Und Israel sprach zwar von einem Tausch «Land gegen Frieden», schuf aber gleichzeitig Tatsachen, die einen Ausgleich immer noch sehr schwierig machen: Seit 1967 entstanden etwa 150 jüdische Siedlungen in der West Bank und in Gaza. Rund 200 000 Menschen leben dort.

Nicht nur die arabischen Staaten wollten das Existenzrecht Israels nicht anerkennen. 1964 hatte Jassir Arafat die «Fatah» gegründet. Sie wurde zur wichtigsten Fraktion in der Palästinensischen Befreiungsbewegung PLO (Palestine Liberation Organization). Die arabischen Staaten, glaubte Arafat, wären nach der Niederlage von 1967 nicht mehr in der Lage, den jüdischen Staat zu beseitigen und ganz Israel zu «befreien». Das müssten die Palästinenser selbst in die Hand nehmen. Terrorakte in Israel, Flugzeugentführungen, aber auch Attentate gegen jüdische und israelische Einrichtungen im Ausland sollten die Aufmerksamkeit der Welt auf die palästinensische Sache lenken. Mit Terroristen aber wollte die israelische Regierung auf keinen Fall verhandeln.

Erst ein Aufstand brachte Bewegung in die erstarrten Fronten. Der Besatzung überdrüssig, begannen (vor allem jugendliche) Palästinenser aus dem Westjordanland und aus Gaza die Intifada (wörtlich «abschütteln»). Israel musste einsehen, dass es nicht auf ewig über ein anderes Volk herrschen konnte. Und Jassir Arafat musste begreifen, dass Israel eine Tatsache war, mit der sich die Palästinenser zu arrangieren hatten. 1988 erkannte er formell das Existenzrecht Israels an. Fünf Jahre später einigten sich beide Parteien auf den Grundsatzvertrag von Oslo. Fast fünfzehn Jahre nach dem Zeremoniell im Rosengarten des Weißen Hauses aber bestimmen Meldungen von Terrorattentaten und Vergeltungsschlägen weiterhin die Nachrichten.

So groß der Jubel über die Osloer Verträge war, so immens sind die Aufgaben, die Israelis und Palästinenser lösen sollten und zum Teil noch immer müssen. Wie kann man eine solch wichtige Ressource wie Wasser gerecht aufteilen? Welche Regelungen sollen für die heiligen Stätten in Jerusalem gefunden werden? Was kann getan werden, um das Los der palästinensischen Flüchtlinge zu erleichtern? Und welche Grenzen soll ein zukünftiger Staat Palästina haben? Soll er Gaza, das gesamte Westjordanland und Ost-Jerusalem umfassen, wie es die Palästinenser fordern? Oder soll es «Korrekturen» geben, die einige der großen Siedlungsblocks vor allem südlich Jerusalems in den jüdischen Staat einschließen, wie die Israelis es vorschlagen? Wie baut man eine funktionierende Selbstverwaltung auf? Zu diesem Zweck wurde 1994 die Palästinensische Autonomiebehörde gegründet. Zwei Jahre später wählten die Palästinenser zum ersten Mal in ihrer Geschichte ein eigenes Parlament. Aber die Autonomiebehörde unter der Präsidentschaft Jassir Arafats erwies sich bald in weiten Teilen als korrupt. Arafat regierte mit Hilfe zahlreicher Sicherheitsdienste. Die Hilfsgelder aus dem Ausland kamen oft nicht den Palästinensern zugute, sondern verschwanden in den Taschen zahlreicher Funktionäre. Israel wiederum verpflichtete sich zwar, den Bau weiterer Siedlungen einzustellen, doch sie wuchsen ungehindert weiter.

Es erwies sich als äußerst schwierig, die alten Muster des Misstrauens und der Gewalt zu überwinden. Auf der palästinensischen Seite kritisierte die «Hamas», eine islamistische Vereinigung, die von der EU als Terrororganisation eingestuft wird, die Korruption der Autonomiebehörde und gewann mit ihren eigenen Wohlfahrtseinrichtungen die Sympathien der Bevölkerung. Gleichzeitig versuchte sie seit 1994 mit zahlreichen Selbstmordattentaten, einen Ausgleich zu verhindern, denn die Hamas fordert einen islamischen Staat vom «Jordan bis zum Mittelmeer». Jüdische Siedler wehrten sich mit allen Kräften gegen die Errichtung eines palästinensischen Staates und die Räumung von Siedlungen. Im November 1995 erschoss ein israelischer Fanatiker Ministerpräsident Itzchak Rabin. Immer wieder gerieten die Verhandlungen ins Stocken. Selbst mit der engagierten Vermittlung des damaligen US-Präsidenten Bill Clinton gelang es während der Gipfel von Camp David und Taba im Jahr 2000 nicht, einen umfassenden Friedensvertrag auszuhandeln, und mit dem Ausbruch der Zweiten Intifada im September desselben Jahres wurde dieses Ziel illusorisch. Auch nach dem Tod Arafats im November 2004 und der Wahl des moderaten Machmud Abbas zum Präsidenten kam nur kurzfristig Bewegung in den festgefahrenen Verhandlungsprozess: Palästinenser und Israelis trafen sich zwar zu einem weiteren Gipfel. Aber selbst den vollständigen Rückzug aus

dem Gazastreifen organisierten die beiden Parteien nicht gemeinsam. Im August 2005 räumte Israel einseitig sämtliche jüdischen Siedlungen in dem Gebiet. Ein Sicherheitswall, dessen Verlauf Israel nach eigenem Gutdünken festlegte, soll das Kernland Israels von den palästinensischen Gebieten trennen und Selbstmordattentäter aus Israel fern halten. Die Wahlen zum palästinensischen Parlament vom Januar 2006 konnte die Hamas mit großer Mehrheit für sich entscheiden.

+++ «Dreieinhalb Wochen nach der Wahl in den Palästinensergebieten ist in Ramallah das neue Parlament zusammengetreten. Die Siegerin der Wahlen, die radikal-islamische Hamas, erhielt von Palästinenserpräsident Abbas den Auftrag, eine neue Regierung zu bilden. Abbas mahnte die Hamas-Führung, die Abkommen mit Israel einzuhalten.» (Tagesschau-Meldung vom 19. Februar 2006) +++

Zwar gibt es mit der «Road Map» einen von den USA, der *Europäischen Union*, Russland und den *Vereinten Nationen* entwickelten Fahrplan für Verhandlungen. Doch es ist kaum damit zu rechnen, dass sich Israelis und Palästinenser in nächster Zukunft noch einmal zu einer Vertragsunterzeichnung im Rosengarten des Weißen Hauses treffen werden.

NATO

1949, mit dem beginnenden Kalten Krieg, schlossen sich Belgien, Dänemark, Frankreich, Großbritannien, Island, Italien, Kanada, Luxemburg, die Niederlande, Norwegen, Portugal und die USA zu einem Verteidigungsbündnis, der «North Atlantic Treaty Organization», zusammen. 1952 traten die Türkei und Griechenland der NATO bei, 1955 folgte die Bundesrepublik Deutschland, 1982 Spanien.

Das militärische Ziel der NATO, die ihren Sitz in Brüssel hat, war zunächst «Abschreckung durch ständige Verteidigungsbereitschaft»: Durch die Demonstration militärischer Macht sollte ein offener Konflikt mit der Sowjetunion und den Staaten des Warschauer Pakts vermieden werden. Ende der sechziger Jahre ging sie zu einer Politik der Entspannung über. Besonders umstritten war daher der 1979 gefasste «NATO-Doppelbeschluss»: Falls die Sowjetunion ihre Mittelstreckenraketen nicht aus Europa abziehen sollte, würde die NATO ihrerseits solche Waffen in Westeuropa stationieren, um das «Gleichgewicht des Schreckens» wiederherzustellen. Die Anhänger der Friedensbewegung, die seit 1981 mit immer größeren Massendemonstrationen, Sitzstreiks und Menschenketten dagegen protestierten, waren der Meinung, das nun einsetzende Wettrüsten mache die Erfolge der

Entspannungspolitik zunichte und erhöhe die Gefahr eines Atomkriegs.

Mit dem Zusammenbruch der Sowjetunion hatte sich die NATO auf neue Aufgaben einzustellen. In den neunziger Jahren verpflichtete sie sich zu einer Zusammenarbeit mit den «alten Gegnern» und rief eine «Partnerschaft für den Frieden» ins Leben, auf deren Grundlage 1999 schließlich die ehemaligen Ostblockstaaten Polen, Tschechien und Ungarn in die NATO aufgenommen wurden. 2004 traten auch Bulgarien, Rumänien, die Slowakei, Slowenien und die baltischen Staaten Estland, Lettland und Litauen bei.

Die Charta der NATO hat sich seit 1949 nicht geändert, sie ist immer noch der «Verteidigung ihrer Mitglieder verpflichtet». Am wichtigsten aber ist Artikel 5 des NATO-Vertrages, in dem der so genannte kollektive Verteidigungsfall geregelt ist: Wird einer der NATO-Staaten mit militärischen Mitteln angegriffen, gilt dies als Angriff gegen alle Mitgliedsländer. Eine Verpflichtung zu einem militärischen Eingreifen besteht allerdings nicht: Die Mitgliedsstaaten können eigenständig entscheiden, mit welchen Mitteln sie auf den Angriff reagieren wollen.

Bis zum Ende der neunziger Jahre ging der kollektive Verteidigungsfall nach Artikel 5 von einem Angriff durch einen anderen Staat aus. 1999 verabschiedete die NATO jedoch ein neues strategisches Konzept. Sie beschloss, dass «die Sicherheitsinteressen der Allianz auch durch Risiken anderer Natur berührt werden, dazu gehören Akte des Terrorismus». Die Streitkräfte der Mitgliedsstaaten sollen so umgebaut werden, dass sie in Krisengebieten schnell eingreifen können. Denn zu den Aufgaben der NATO gehören nun auch Konfliktmanagement, Krisenprävention, Abwehr des Terrorismus sowie die Verhinderung der Weitergabe von Massenvernichtungswaffen. Dafür behält sie sich das Recht auf Einsätze

+++ «Beim Kampf gegen den Terrorismus stützen sich die USA auf den Beistand der NATO-Partner. Dem Bündnis liegt jetzt eine konkrete Anforderung aus Washington vor. Ein Sprecher der Allianz teilte mit, die US-Regierung habe eine Liste von Hilfe-Ersuchen vorgelegt.» (Tagesschau-Meldung vom 3. Oktober 2001) +++

außerhalb des NATO-Hoheitsgebietes («out-of-area») und sogar ohne UN-Mandat vor.

Schurkenstaaten

Nach dem Zusammenbruch der Sowjetunion und dem Ende des Kalten Krieges kam der damalige US-Generalstabschef und spätere US-Außenminister Colin Powell in einer Analyse der globalen Sicherheitslage zu dem Schluss, die verbliebene Supermacht USA habe es nun nicht mehr mit einem gegnerischen Block zu tun, sondern mit einzelnen Staaten, die Massenvernichtungswaffen entwickeln und sie gegen die USA einsetzen könnten. Die größte Gefahr bestünde darin, dass sie nicht mehr durch das nukleare Arsenal der USA abzuschrecken wären, weil sie «irrational handelten». Und für solche Staaten verwendete er den Begriff «Schurkenstaaten»; gegen sie müsse das amerikanische Militär eine Verteidigungsstrategie entwickeln.

+++ «Zwei Monate nach dem Beginn der US-Angriffe auf Afghanistan ist die Herrschaft der Taliban praktisch zerschlagen. Tausende Kämpfer zogen sich aus der letzten Hochburg Kandahar zurück. US-Militärs berichteten am Abend von schweren Gefechten in der Umgebung der südafghanischen Stadt.» (Tagesschau-Meldung vom 8. Dezember 2001) +++

1993 benutzte der damalige US-Präsident Bill Clinton den Begriff zum ersten Mal öffentlich für Staaten, die «international unverantwortlich handeln». Seitdem werden vor allem Länder als «Schurkenstaaten» bezeichnet, denen direkter oder indirekter Terrorismus der politischen Führung (auch gegen die eigene Bevölkerung), Aggression gegenüber Nachbarstaaten, Entwicklung von Massenvernichtungswaffen und Unterwanderung friedlicher Regierungen vorgeworfen wird.

Seit Ende der neunziger Jahre stand Afghanistan ganz oben auf der Liste solcher «Schurkenstaaten». Dort kontrollierten die Taliban (eine ultra-fundamentalistische Gruppierung, die vor allem in den Koranschulen Pakistans entstanden war) den größten Teil des Landes. 1995/96 hatten sie – zunächst zur Freude der afghanischen Bevölkerung – den Bürgerkrieg beendet, der nach dem Abzug der sowjetischen Armee 1989 zwischen den verfeindeten Widerstandskämpfern ausgebrochen war. Die anfängliche Freude schlug jedoch rasch in Entsetzen um, als klar wurde, welches Regime die Taliban führten: Nach ihrer strengen Auslegung der *Scharia* (siehe Kapitel 4) hatten Männer Bärte zu tragen, Frauen mussten die Burka anlegen (einen Ganzkörperschleier, der auch das Gesicht verdeckt) und hatten – mit wenigen Ausnahmen – Berufsverbot. Mädchenschulen wurden geschlossen. Die medizinische Versorgung für die weibliche Bevölkerung Afghanistans brach völlig zusammen, da männliche Ärzte Frauen weder untersuchen noch behandeln durften. Auf «Verbrechen» wie Ehebruch stand die Todesstrafe, die für schuldig Befundenen wurden öffentlich durch Steinigung hingerichtet. Was Afghanistan jedoch vor allem zum «Schurkenstaat» machte, war die Tatsache, dass die Taliban der Terrororganisation *Al-Kaida* Unterschlupf gewährten.

Nachdem die USA 2001 die Herrschaft der Taliban beendet hatten, galt die Kritik von US-Präsident George W. Bush vor allem drei Ländern: dem Irak, dem Iran und Nordkorea. Im Januar 2002 bezeichnete er sie in seiner Rede zur Lage der Nation als «Achse des Bösen». Dieser Begriff ist inzwischen aus der öffentlichen Diskussion verschwunden. Und der Irak gilt seit dem offiziellen Ende des Dritten *Golfkrieges* im Mai 2003 nicht mehr als «Schurkenstaat».

Terrorismus

Viele Kommentatoren waren sich einig: «Nichts mehr wird so sein, wie es war.» Am 11. September 2001 konnte die ganze Welt am Fernsehbildschirm mit ansehen, wie die Türme des

New Yorker World Trade Center in sich zusammenstürzten. «An diesem Tag starben 2152 Menschen, die sich in den ‹Twin Towers› aufhielten», heißt es in dem Bericht, den die Untersuchungskommission des amerikanischen Kongresses zum 11. September vorlegte; und dabei seien die zahlreichen Rettungskräfte oder Passanten, die zu helfen versuchten, noch nicht mitgezählt. Bereits am folgenden Tag bezeichneten die *Vereinten Nationen* den Terrorismus in einer einstimmigen Resolution als eine Bedrohung für den Weltfrieden; jeder Staat habe das Recht auf Selbstverteidigung.

Aber was ist überhaupt Terrorismus? Worin unterscheiden Terroristen sich von Freiheitskämpfern? Sind palästinensische Selbstmordattentäter, die sich in Israel in die Luft sprengen, Terroristen, oder wehren sie sich gegen die Besatzung? Sollen Anschläge im Irak als Widerstand gegen die US-Armee gelten oder als Terrorakte? Bekämpft Russlands Präsident Putin in Tschetschenien den Terrorismus, oder unterdrückt er rücksichtslos den Unabhängigkeitsdrang der Tschetschenen?

«Terrorismus ist das ungezielte Töten unschuldiger Menschen mit der Absicht, eine um sich greifende Furcht zu erzeugen», so der Sozialwissenschaftler und Publizist Harald Welzer. Die Attentate vom 11. September gelten demnach – genau wie die Selbstmordattentate der Hamas und anderer radikaler palästinensischer Organisationen – eindeutig als Terrorismus. Sie waren und sind nicht gegen Bewaffnete gerichtet, und dass Zivilisten dabei umkommen würden, nahm man nicht etwa nur billigend in Kauf, es war beabsichtigt.

Auch die USA und die EU versuchten, das Phänomen zu definieren: Für den amerikanischen Kongress und die EU-Justizminister sind terroristische Akte politisch motivierte Gewalttaten, deren Ziel es ist, die Bevölkerung der betroffenen Staaten einzuschüchtern und ihre Regierungen zu beeinflussen. Was aber, wenn nicht politische Motive im Zentrum stehen, sondern religiöse? Oder wenn beide untrennbar miteinander verknüpft sind? *Al-Kaida* strebt die Errichtung eines Kalifats (siehe Kapitel 4, *Islam*) an, das sich (mindestens) über den gesamten islamischen Raum erstrecken und in dem allein die *Scharia* (siehe Kapitel 4) gelten soll. Die westliche *Demokratie* (siehe Kapitel 4) mit ihrer Trennung von Staat und Religion gilt für radikale Islamisten als dekadent und als die größte Bedrohung für den Islam, wie sie ihn verstehen. Um diese Gefahr abzuwenden, müsse «der Westen» mit allen Mitteln bekämpft werden.

Die *Vereinten Nationen* allerdings konnten sich trotz ihrer einstimmigen Resolution vom 12. September 2001 bis heute nicht auf eine verbindliche Definition des Terrorismus einigen. Vor allem die islamischen Staaten fordern, «Befreiungsbewegungen» nicht als Terrororganisationen einzustufen.

Aber wozu das Ringen um eine Definition? Von ihr hängt ab, mit welchen Mitteln Terrorismus bekämpft und wie Attentäter bestraft werden können. Wie auf den Terrorismus völkerrechtlich reagiert werden soll, ist noch ungeklärt. Ist ein «Krieg gegen den Terror» berechtigt, wie ihn die Regierung von US-Präsident George W. Bush verkündete? Oder sollte man, wie die europäischen Staaten, Terrorismus als Verbrechen behandeln, das nach dem jeweiligen Strafrecht eines Landes geahndet werden muss?

Dabei ist der Terrorismus kein neues Phänomen. Allerdings hat er sich grundlegend verändert. Schon die nordirische IRA, die westdeutsche RAF, die palästinensische PLO, die Tamil Tigers in Sri Lanka (die früh durch Selbstmordattentate von sich reden machten) oder die baskische ETA verübten Terroranschläge nicht nur gegen einzelne Entscheidungsträger, sondern auch gegen Zivilisten. Grundsätzlich aber wollten sie politischen Forderungen Nachdruck verleihen:

Autonomie für ihre Region, die Freilassung von Gefangenen oder weit radikaler, wie im Falle der PLO, die Zerstörung des Staates Israel. Dem islamistischen Terror des 21. Jahrhunderts geht es weniger um konkrete politische Forderungen. Er hat sich den Kampf gegen die ideologischen Feinde zum Ziel gesetzt – «den Westen», der, nach der zutiefst antisemitischen Auffassung Osama Bin Ladens, von den Hauptfeinden, den Juden, unterwandert sei, sowie die «Abtrünnigen» des eigenen Glaubens.

Mit den Bombenanschlägen von Madrid (im März 2004) und London (Juni 2005) erreichte dieser Terrorismus auch Europa. Doch solche Attentate sind keineswegs auf Ziele im Westen beschränkt. Sie ereignen sich überwiegend in islamischen Ländern oder Ländern mit einer großen islamischen Bevölkerung (Irak, Jordanien, Ägypten, Saudi-Arabien, Türkei, Marokko oder Indonesien), die in den Augen der Islamisten «Büttel des Westens» sind. Die meisten Terroropfer waren Muslime.

Der Terrorismus stellt Staatsmänner und Gesellschaften vor ein schwieriges Problem: Wie soll man Werte wie Freiheit, Rechtsstaatlichkeit und Gleichheit verteidigen, ohne sie dabei zu gefährden? Welche Maßnahmen sind erlaubt, welche schränken die Bürgerrechte zu sehr ein? Darf eine Regierung anordnen, Telefongespräche abzuhören oder Moscheen zu überwachen, wenn sie damit Schaden von ihren Bürgern abwendet oder gar deren Leben schützt? Sind Gefangenenlager wie in *Guantánamo Bay* akzeptabel? Wie lässt sich verhindern, dass Staaten im Kampf gegen den Terrorismus zu Mitteln wie etwa der Folter greifen, die in Rechtsstaaten mit gutem Grund verboten sind? Große Empörung riefen deshalb Anfang 2006 Berichte hervor, dass der amerikanische Geheimdienst CIA mutmaßliche Terroristen in Ländern habe verhören lassen, in denen Folter erlaubt oder geduldet ist. Und wie soll man Attentäter abschrecken, die den Verlust des eigenen Lebens nicht nur nicht fürchten, sondern als höchsten Ausdruck des «Märtyrertums» für eine angeblich gerechte Sache sogar wünschen? Außerdem erlaubt moderne Technik wie das Internet eine Vernetzung terroristischer Gruppierungen von Süd- und Südostasien über den Nahen Osten bis in die europäischen und amerikanischen Vorstädte, wo manche Terroristen unauffällig und unerkannt als so genannte Schläfer leben. Der größte Albtraum des Terrors des 21. Jahrhunderts aber ist nicht die «low-tech»-Waffe der Selbstmordattentäter, selbst wenn ihnen, wie im Irak oder in Israel, sogar von bestens ausgerüsteten Armeen schwer beizukommen ist. Sondern die Möglichkeit, dass *Massenvernichtungswaffen* in die Hände von Terroristen fallen könnten.

Vereinte Nationen

Als die Vereinten Nationen (United Nations; UN) 1945 auf Betreiben der USA gegründet wurden, setzte man große Hoffnungen in sie. Nach den Erfahrungen des Zweiten Weltkrieges sollten Konflikte möglichst friedlich innerhalb einer Organisation gelöst werden, die den Staaten übergeordnet ist. Erhaltung des Weltfriedens, der Schutz der Menschenrechte, das Selbstbestimmungsrecht der Völker und die Fortentwicklung des Völkerrechts sind die Aufgaben, die in der UN-Charta festgeschrieben sind.

In der Vollversammlung sind alle Mitgliedsstaaten (derzeit 191) vertreten. Jeder Staat, gleich ob Diktatur oder Demokratie und ungeachtet seiner Größe, Wirtschaftskraft oder der Beiträge zum UN-Budget, hat dort eine Stimme. Die Vollversammlung mag einem Parlament gleichen, doch ihre

Beschlüsse sind nicht bindend; es handelt sich lediglich um Empfehlungen an die Mitgliedsstaaten. Allerdings kann sie Vorlagen an den Sicherheitsrat verweisen. Nur die Mächte, die unmittelbar nach dem Zweiten Weltkrieg als Atommächte die wichtigste Rolle spielten (USA, Russland, China, Frankreich und Großbritannien), gehören ihm als ständige Mitglieder an; hinzu kommen zehn nichtständige Mitglieder, die jeweils für zwei Jahre von der Vollversammlung gewählt werden. Damit ein Beschluss des Sicherheitsrates gültig ist, müssen ihm alle fünf ständigen Mitglieder zustimmen; sie besitzen also ein «Veto-Recht».

Der Sicherheitsrat verfügt über die größte Macht innerhalb der Vereinten Nationen. Er kann Maßnahmen gegen «Friedensstörer» anordnen. Dazu gehören wirtschaftliche Sanktionen oder sogar ein militärisches Eingreifen. Außerdem können die Vereinten Nationen «Blauhelmtruppen» entsenden, um etwa die Einhaltung von Friedensabkommen zu überwachen, wobei jedes Land selbst entscheidet, ob es eigene Soldaten in einen solchen Einsatz schickt. Nach 1948 hat die UNO 54 «Blauhelmeinsätze» durchgeführt, 41 davon nach Ende des Kalten Krieges.

Dass die Anzahl der Blauhelmeinsätze nach 1990 so enorm gestiegen ist, weist schon auf die neuen Herausforderungen hin, denen sich die Vereinten Nationen stellen müssen. Die Anzahl der Bürgerkriege schnellte enorm empor; der Sicherheitsrat spiegelt nicht mehr die Machtverhältnisse wider. (Staaten wie Japan, Indien, das ebenfalls Atommacht ist, oder Brasilien beanspruchen als wachsende Wirtschaften ebenso wie die afrikanischen Staaten einen ständigen Sitz im Sicherheitsrat, und auch die Bundesrepublik bemühte sich darum.) Deshalb regte UN-Generalsekretär Kofi Annan 1997 eine grundlegende Reform der Vereinten Nationen an. Das erweist sich jedoch als äußerst schwierig. Denn die Politik in der Generalversammlung und im Sicherheitsrat war und ist von jeweils nationalen Interessen geprägt. Als größter Finanzier (sie kommen allein für 22 Prozent des Budgets auf) fordern die USA auch ein größeres Mitspracherecht bei Reformen. Außerdem ist fraglich, ob ein Sicherheitsrat, in dem jeder Mitgliedsstaat nach Bevölkerungsanteil gerecht repräsentiert und mit einem Veto-Recht ausgestattet wäre, noch handlungsfähig sein könnte.

Völkerrecht

Wollte man das Völkerrecht bildlich darstellen, müsste man wohl die Metapher einer riesigen, nie fertig werdenden Patchwork-Decke wählen. Als Völkerrecht bezeichnet man nämlich alle durch Vertrag oder Gewohnheitsrecht begründeten Rechtssätze, die in Frieden und Krieg die Rechte und Pflichten von Staaten und einigen internationalen Organisationen definieren. Besondere Bedeutung kommt dabei der Charta der *Vereinten Nationen* zu. Sie regelt die friedliche Beilegung von Streitigkeiten oder die Maßnahmen bei Bedrohung oder Bruch des Friedens und bei Angriffshandlungen. Anders als beim Recht, das innerhalb eines Staates gilt (und das zum Beispiel in Deutschland im Grundgesetz, im Strafgesetzbuch und im Bürgerlichen Gesetzbuch festgeschrieben ist), fehlen auf internationaler Ebene übergeordnete Instanzen, die Völkerrecht beschließen oder durchsetzen könnten; die Staaten müssen sich ihm freiwillig unterwerfen.

Das Völkerrecht wird in Friedens- und Kriegsrecht unterteilt. Grob definiert, regelt der etwas irreführende Begriff des Friedensrechts, unter welchen Umständen die Anwendung von Gewalt gerechtfertigt ist, während das Kriegsrecht festlegt, was im Krieg erlaubt oder verboten ist.

Auch wenn die Charta der *Vereinten Nationen* eine der wesentlichen Bausteine des Völkerrechts ist, gehen viele ihrer Grundsätze auf weit ältere Abkommen und Verträge zurück. Mitte des 19. Jahrhunderts beobachtete der Genfer Kaufmann Henri Dumont, wie die Verwundeten nach einer Schlacht einfach auf dem Feld zurückgelassen wurden. Das bewog ihn zur Gründung des Roten Kreuzes, das sich federführend bei der Abfassung einer Konvention «betreffend die Linderung des Loses der im Felddienst verwundeten Militärpersonen» engagierte. Über die Jahre entstanden weitere Abkommen, die 1949 zusammengefasst wurden und seitdem als Humanitäres Völkerrecht gelten. Diese Genfer Konventionen regeln die Behandlung von verwundeten, kranken und schiffbrüchigen Angehörigen der Streitkräfte (Genfer Abkommen I und II), der Kriegsgefangenen (Abkommen III) und schließlich der Zivilpersonen in Kriegszeiten (Abkommen IV). Außerdem verbietet die Haager Landkriegsordnung von 1907 den Einsatz bestimmter Kampfmittel wie Giftgas (eine Vereinbarung, die im Ersten Weltkrieg erst von Deutschland, dann von allen Kampfparteien gebrochen wurde) und den Beschuss unverteidigter Orte und Wohnstätten. Die Ächtung des Kriegs als Mittel internationaler Streitigkeiten wurde erst 1928 beschlossen. Das Recht auf Selbstverteidigung jedoch blieb davon unangetastet.

+++ «US-Außenminister Powell setzt in der Irak-Politik andere Prioritäten als seine Regierungskollegen. Der erste Schritt zur Lösung der Krise müsse sein, die Waffeninspektionen im Irak wieder aufzunehmen, sagte er der BBC. Vizepräsident Cheney hatte dies zuletzt als sinnlos bezeichnet und einen Präventivkrieg befürwortet.» (Tagesschau-Meldung vom 1. September 2002) +++

Wie schwierig es ist, dieses Recht zu definieren, zeigt sich etwa bei den Debatten über präventive Selbstverteidigung: Einige Juristen bestreiten, dass es erlaubt ist, gewaltsam gegen ein Land vorzugehen, das einen Angriff plant; nach überwiegender Meinung aber besteht ein solches Recht, wenn ein Angriff nachweislich unmittelbar bevorsteht und ein weiteres Abwarten die Effektivität der Verteidigung untergraben würde. Der jüngste *Golfkrieg* wurde von den USA und ihren Verbündeten damit begründet, dass es sich um einen Präventivschlag handle. Dieses Argument war und ist jedoch äußerst umstritten.

Auch bei der Frage, wann eine humanitäre Intervention erlaubt ist, herrscht keineswegs Einigkeit. So verbietet das Völkerrecht etwa die Anwendung von Waffengewalt zur Rettung eigener Staatsangehöriger (beispielsweise Befreiungsaktionen von Geiseln); einige Juristen halten dies jedoch für eine zulässige Form der humanitären Intervention. Unumstritten aber ist die Berechtigung von humanitären Interventionen, um Völkermord zu verhindern. In diesem Fall ermächtigt die Charta der Vereinten Nationen den UN-Sicherheitsrat, Sanktionen zu verhängen oder Staaten die Gewaltanwendung zu erlauben. Doch in der Praxis ist es schwer zu entscheiden, wann Übergriffe gegen Bevölkerungsgruppen tatsächlich das Ausmaß eines Völkermords annehmen. Nach Ansicht vieler Regierungen drohte Ende der neunziger Jahre im Kosovo ein solcher Völkermord der serbischen Regierung an den Albanern. Um ihn zu verhindern, wurde die jugoslawische Hauptstadt Belgrad (unter Beteiligung von Tornado-Kampfflugzeugen der Bundeswehr) 1999 von Verbänden der NATO bombardiert, obwohl kein entsprechender Beschluss des Sicherheitsrates vorlag: China und Russland hatten ihre Zustimmung verweigert.

3. Wirtschaft

Gesichter der Globalisierung

Ist Wirtschaft alles?

Bill Clinton hatte während seines ersten Präsidentschaftswahlkampfes einen Zettel an die Wand seines Wahlkampfbüros geheftet, auf dem stand: «It's the economy, stupid!» – es ist die Wirtschaft, Dummkopf. Diese Devise sollte ihn ins Weiße Haus bringen.

Als Clinton sich 1992 um das Präsidentenamt bewarb, war der Kalte Krieg gerade beendet. Jetzt ging es nicht mehr um Abrüstung oder das Verhältnis der USA zur Sowjetunion. Chinas Wirtschaft wuchs. Einst arme Länder wie Thailand oder Malaysia wurden zu «kleinen Tigern». Selbst die einzige verbliebene Weltmacht begann die Konkurrenz aus diesen Ländern zu spüren. Wollte Clinton die Wahl gewinnen, musste er den Amerikanern glaubhaft versichern, dass er für eine gesunde Wirtschaft und neue Arbeitsplätze sorgen könnte.

Kaum ein deutscher Politiker brachte es auf eine so knappe Formel wie Bill Clinton. Doch auch in jedem deutschen Wahlkampf der letzten fünfzehn Jahre ging es im Grunde um die Devise «Es ist die Wirtschaft, Dummköpfe!». Helmut Kohl hatte 1994 versprochen, die Zahl der Arbeitslosen zu halbieren, die zwischen 1982 und 1994 von 1,8 Millionen (in der alten Bundesrepublik) auf 4,3 Millionen (im wieder vereinigten Deutschland) angestiegen war. Es gelang ihm nicht.

Seine CDU-FDP-Regierung wurde 1998 von einer rot-grünen Koalition unter Bundeskanzler Gerhard Schröder abgelöst, die mit dem gleichen Versprechen antrat. Als vier Jahre später erneut gewählt wurde, suchten immer noch über vier Millionen Menschen eine Stelle.

In seiner zweiten Amtszeit begann Schröder mit der *Agenda 2010* (siehe Kapitel 1) eine Politik der Reformen, mit der er die Arbeitslosigkeit bekämpfen wollte. Aber Kritik an genau jenen Reformen führte zu Neuwahlen, die eine große Koalition von CDU / CSU und SPD unter Bundeskanzlerin Angela Merkel an die Regierung brachten. Und was gehört zu den obersten Zielen der neuen Regierung? Genau: die Bekämpfung der Arbeitslosigkeit.

«Mit gezielten Maßnahmen wollen wir die Konjunktur in Fahrt bringen», heißt es in der Präambel (dem «Vorwort») des Koalitionsvertrages zwischen Union und SPD. In fünf zentralen Bereichen sollen insgesamt 25 Milliarden Euro investiert werden, um konkrete Impulse zu geben. Das Geld solle Infrastruktur- und Forschungsprojekte, die Familienförderung sowie Steuererleichterungen für Unternehmen und Privatpersonen ermöglichen. Aber was haben Forschungsprojekte und Familienförderung mit Arbeitslosigkeit zu tun? Wie entsteht sie überhaupt, warum ist sie ein solch großes Problem, und – noch wichtiger und gleichzeitig am schwierigsten zu beantworten – wie kann man sie bekämpfen?

Von Märkten und Planeten

Den Begriff «Konjunktur» gebrauchen Ökonomen, wenn sie die Wirtschaftslage bezeichnen wollen. Aber auch Astrologen sprechen von einer «Konjunktur», nämlich einer bestimmten Verbindung von Gestirnen in einem Sternzeichen.

Dann heißt es etwa, dass Pluto in Konjunktur zu Uranus im Sternzeichen Zwilling steht, woraus Astrologen bestimmte Entwicklungen – Glück in der Liebe, beruflichen Erfolg oder gesundheitliche Probleme – ableiten. Genau daher stammt der Begriff: Die recht abergläubischen Kaufleute des 17. und 18. Jahrhunderts führten gute Geschäfte auf günstige Konjunkturen der Planeten zurück. In der zweiten Hälfte des 19. Jahrhunderts, dem Zeitalter der Industrialisierung und damit rasanter technischer und wirtschaftlicher Veränderungen, wurde das Wort zum Synonym für die Wirtschaftslage.

Die meisten Unternehmer des 21. Jahrhunderts dürften wohl kaum mehr an die Macht und die Weisheit der Sterne glauben. Doch der klassische «Konjunkturzyklus», wie ihn Wissenschaftler beschreiben, ist noch immer von wenig handfesten Faktoren, nämlich von der Stimmung, abhängig; sie kann sich ändern, wenn durch Innovationen neue Märkte erschlossen werden, nach einem Regierungswechsel oder im Zug sonstiger politischer Entwicklungen. Nach dem Fall der Mauer beispielsweise hatten Bauunternehmer und Architekten Konjunktur.

+++ «Die Wirtschaftsexperten des Münchner ifo Instituts zeigten sich heute selbst überrascht von den neuen Zahlen zum Geschäftsklima in Deutschland. Denn so gut wie jetzt war die Stimmung zuletzt nach dem Wiedervereinigungsboom vor 15 Jahren. Im März kletterte der Geschäftsklima-Index um weitere zwei Zähler auf rund 105 Punkte. Der ifo-Index gilt als wichtiges Konjunkturbarometer.» (Tagesschau-Meldung vom 28. März 2006) +++

Am Beginn eines Konjunkturzyklus steht der Aufschwung – Unternehmen haben reichlich Aufträge und stellen deshalb mehr Mitarbeiter ein, die Menschen geben mehr Geld aus. Es folgt ein Boom, die Wirtschaft brummt nicht nur, sie dröhnt im wahrsten Sinn des (englischen) Wortes. Irgendwann ist der Markt gesättigt: Es sind zum Beispiel mehr als genug Büros gebaut, jeder Haushalt besitzt schon mehr als ein Fernsehgerät, und telefonieren kann man auch nur mit einem Handy, selbst wenn es immer das allerneueste Modell sein sollte. Die Stimmung wechselt von Enthusiasmus zu Vorsicht: Die Firmen stellen weniger Mitarbeiter ein, und auch wer noch gut verdient, gibt jetzt weniger Geld aus als zuvor. Statt sich etwa ein neues Auto anzuschaffen, spart man lieber, um sich für die Zukunft abzusichern. In Deutschland scheint das in besonderem Ausmaß zu funktionieren: Ökonomen sprechen sogar von deutschen «Angstsparern» – die Rücklagen hierzulande gehören zu den höchsten der Welt.

Nun könnte man glauben, es sei jedermanns Privatangelegenheit, ob er sein Geld lieber spart oder ausgibt. Allerdings wirkt es sich auf den so genannten Binnenmarkt, also den heimischen Markt, aus. Gespartes Geld schafft oder sichert keine Arbeitsplätze, es verleiht höchstens dem Sparer ein beruhigendes Gefühl. Konsum hingegen sorgt für Arbeitsplätze – gleich, ob es der Besuch beim Friseur oder im Restaurant oder der Kauf von mehr als nur dem Lebensnotwendigen ist. Deshalb fordern Ökonomen immer wieder Maßnahmen wie Lohnerhöhungen oder Steuersenkungen, um den Konsum anzukurbeln.

+++ «Die Deutsche Bank hält trotz heftiger Kritik an ihrem Plan fest, mehr als sechstausend Stellen zu streichen. Auf der Hauptversammlung des Unternehmens in Frankfurt am Main verteidigte Vorstandschef Ackermann den geplanten Personalabbau als alternativlos. Aktionärsvertreter kritisierten, dass gleichzeitig Entlassungen angekündigt und ein Milliardengewinn für 2004 präsentiert werde.» (Tagesschau-Meldung vom 19. Mai 2005) +++

Verschlechtert sich die Stimmung und geht die Auftragslage weiter zurück, führt das zu einem Abschwung, im schlimmsten Fall zur Flaute oder Rezession, von der Wissenschaftler immer dann sprechen, wenn das *Bruttoinlandsprodukt* an zwei aufeinander folgenden Quartalen niedriger als im jeweiligen Quartal des Vorjahres ist. In dieser Phase steigt die konjunkturelle, von der aktuellen Wirtschaftslage abhängige Arbeitslosigkeit. Beim nächsten Aufschwung, wenn die Wirtschaft sich erholt, sinkt sie wieder – das jedenfalls nahmen Ökonomen lange an.

Nur stimmt es nicht mehr, dass mit der Erholung der Wirtschaft fast automatisch wieder neue Arbeitsstellen entstehen. Immer wieder machen Unternehmen oder Banken Schlagzeilen, die prächtige Gewinne einfahren und dennoch Mitarbeiter entlassen. Auf dem Arbeitsmarkt gibt es zwar freie Stellen. Oft jedoch erfüllt keiner der Jobsuchenden die geforderten Voraussetzungen – Ökonomen sprechen in diesem Fall nicht mehr von konjunktureller, sondern von struktureller Arbeitslosigkeit.

In Deutschland, aber auch in Frankreich oder Italien hat sich ein Sockel von Langzeitarbeitslosen gebildet, die auch bei einem Aufschwung nur schwer zu vermitteln sind. Ein guter Teil von ihnen wird als «gering qualifiziert» eingestuft, weil sie zu wenig Fachwissen oder keine Ausbildung haben. Andere wiederum sind zu sehr spezialisiert. Ein Betrieb mag Ingenieure einstellen – aber vielleicht nur Hightech-Ingenieure und nicht Brückenbauer oder Tunnelkonstrukteure. Deshalb sieht fast jedes Regierungsprogramm zur Bekämpfung der Arbeitslosigkeit auch die Förderung von Aus- und Weiterbildung vor. Denn unser Arbeitsleben und die Anforderungen an uns verändern sich mit den ständigen technischen Entwicklungen. Was wir heute gelernt haben, kann morgen schon überholt sein.

Menschen, die ihre Arbeit in Zeiten des Abschwungs verlieren oder weil ihre Tätigkeit von Maschinen verrichtet werden kann, wird es immer geben. Wenn Politiker von «Vollbeschäftigung» reden, meinen sie damit auch nicht, dass jeder Einzelne Arbeit haben muss (Wirtschaftswissenschaftler sprechen sogar bei einer Arbeitslosenquote von zwei bis drei Prozent von Vollbeschäftigung), sondern dass jeder die Chance hat, schnell wieder einen neuen Job zu finden.

Jobs vom Fließband

Wir haben uns längst angewöhnt, von «Jobs» zu sprechen. Aber eine Arbeitsstelle ist mehr als ein Job, den man ausübt, um für das Lebensnotwendige und möglichst noch ein bisschen mehr zu sorgen. Die meisten Menschen identifizieren sich über ihre Tätigkeit – immerhin nimmt sie den

größten Teil ihrer Zeit in Anspruch. Schon Kinder werden nach ihrem Berufswunsch gefragt, und in jedem amtlichen Formular, von der Steuererklärung bis zur Anmeldung beim Einwohnermeldeamt, gibt es ein Feld, in das man einträgt, welchen «Beruf» man ausübt.

Ursprünglich konnte man nur in ein Amt berufen werden. Aber im 19. Jahrhundert setzte sich die Bezeichnung «Beruf» für die Ausübung aller möglichen Tätigkeiten durch. Damals begannen Entwicklungen, die unsere Welt bis heute prägen.

Mit der Industrialisierung änderte sich unsere Arbeitswelt. Fabriken entstanden, und mit den Fabriken die Arbeitsteilung. Immer weniger Schneider nähten Anzüge nach Maß für wohlhabende Kunden. Denn jetzt gab es Konfektion von der Stange: Ein Arbeiter schnitt nach normierten Vorgaben (damals setzten sich die Kleidergrößen durch) den Stoff zu, ein anderer brachte die Jackentaschen an, ein dritter die

Knopflöcher. Henry Ford führte in seiner Autofabrik das Fließband ein. Weil jeder Arbeiter nur noch für bestimmte Handgriffe zuständig war, ließ sich ein Wagen in knapp zwei Stunden statt vorher in zwölf zusammenschrauben. Die Produktivität erhöhte sich, Autos wurden billiger, immer mehr Menschen konnten sich einen der ersten Fords, die «Tin Lizzy», leisten.

Alte Produktionszweige wie das Weberhandwerk waren längst von einer mechanisierten Textilindustrie verdrängt worden. Aber es entstanden auch neue Zweige wie die Chemie- oder Stahlindustrie. Je weiter die Technik fortschritt, desto größeres Fachwissen war gefragt, und die erforderliche Spezialisierung brachte «den Beruf» hervor, wie wir ihn heute kennen. Vor allem in Deutschland und Frankreich entstanden Ausbildungsstätten wie die Technischen Hochschulen, die ihre Absolventen nicht nur auf die Umwälzungen vorbereiteten, sondern deren Aufgabe es war, das Rad des Fortschritts ständig weiterzudrehen. Und dafür zu sorgen, dass das eigene Land dabei möglichst die Nase vorn behielt.

Im 19. Jahrhundert stieg man vom Segler auf das Dampfschiff um, von der Kutsche auf die Eisenbahn, vom handgeschriebenen Brief, der per Postkutsche transportiert wurde, auf das Telegramm. In unserem Zeitalter der Überschallflugzeuge, der Hochgeschwindigkeitszüge und des Internets geht alles noch viel schneller. Aber zumindest in den westlichen Industrieländern sind wir diesen enormen Veränderungen nicht mehr so schutzlos ausgeliefert wie die Menschen des 19. Jahrhunderts. Viele soziale Errungenschaften, von denen wir heute profitieren, wurden damals erkämpft.

In der zweiten Hälfte des 19. Jahrhunderts nahm auch in

Deutschland die Zahl der Menschen immer mehr zu (siehe Kapitel 1, *Demographie*). Millionen fanden auf dem Land keine Möglichkeit mehr, ihren Lebensunterhalt zu verdienen. Sie zogen in die Städte, um in den Fabriken zu arbeiten. Die Löhne waren oft extrem niedrig, die Arbeitsbedingungen fürchterlich. Jetzt lebte man nicht mehr in einer dörflichen Gemeinschaft oder innerhalb einer Großfamilie, in der im besten Fall alle füreinander gesorgt hatten. Sondern in Massenquartieren und Mietskasernen.

Mit der Arbeiterklasse entwickelte sich auch eine Arbeiterbewegung. Hier liegt die historische Wurzel der Gewerkschaften, die es sich zur Aufgabe machten, für menschlichere Arbeitsbedingungen und bessere Löhne zu kämpfen. Der deutsche Reichskanzler Bismarck erkannte den sozialen Sprengstoff, der damit entstanden war. Mit einer zahlenmäßig nicht zu unterschätzenden Arbeiterklasse, die politische Forderungen stellte, war nicht zu spaßen. Um sie zu besänftigen, führte er eine Kranken-, Unfall-, Invaliden- und Altersversicherung ein. Während der Weimarer Republik kam eine Arbeitslosenversicherung hinzu. Konrad Adenauer schließlich, der erste Kanzler der Bundesrepublik, koppelte die Renten an den Durchschnittslohn: Würde es der Wirtschaft gut gehen und würden die Löhne steigen, sollten auch die Rentner davon profitieren.

Die Grenzen des Sozialstaates?

Ein Sozialsystem beruht auf einem hehren Gedanken: Jeder soll seinen Beitrag zum Wohlergehen der Gesellschaft leisten, und jeder soll an deren Wohlstand teilhaben. Wie weit der Staat in seiner Fürsorge gehen soll, darüber gibt es allerdings unterschiedliche Auffassungen. Die meisten skandinavischen Staaten verfügen über ein ausgeprägtes Sozialsystem. Schweden, Dänemark und Finnland geben fast ein Drittel ihres *Bruttoinlandsproduktes* für Sozialleistungen aus. Weil all das finanziert werden muss, sind die Steuern dort entsprechend hoch. In den USA hingegen vertraut nicht nur die Regierung darauf, dass jeder selbst Rücklagen für Krisenzeiten bildet. Auch viele Amerikaner ziehen einen Staat vor, der sich nicht allzu sehr in ihre Angelegenheiten einmischt oder gar zu hohe Steuern erhebt. Zwar ist dort die Bereitschaft größer, Geld für soziale Einrichtungen zu spenden; doch auf mehr als minimale Leistungen des Staates in Notfällen können die amerikanischen Bürger nicht zählen. In Deutschland wiederum gibt es eine gesetzliche Sozialversicherung, zu der die Kranken- und Pflegeversicherung, die Arbeitslosen- und Rentenversicherung gehören. Etwas mehr als die Hälfte der Sozialbeiträge entrichtet der Arbeitgeber – als *Lohnnebenkosten*.

Ohne Frage ist der Sozialstaat eine großartige Errungenschaft. Warum diskutieren dann Politiker und Ökonomen über Reformen und einen «notwendigen Umbau des Sozialsystems»? In diesem Zusammenhang fallen oft zwei Stichworte: Demographie und Globalisierung.

Die Anzahl der Deutschen schrumpft, und unsere Gesellschaft wird immer älter. Kinder, die heute geboren werden, können sich über eine Lebenserwartung von fast hundert Jahren freuen. Aber es werden weniger Kinder geboren, als Menschen sterben. Deshalb – und nicht etwa nur, weil wir uns gesünder ernähren und über eine bessere medizinische Betreuung verfügen – steigt der Altersdurchschnitt unserer Gesellschaft umso stärker an. Gleichzeitig entrichten immer weniger junge Arbeitskräfte Sozialbeiträge. Ältere Menschen müssen außerdem naturgemäß häufiger ärztliche Behandlung in Anspruch nehmen. Auf dem Gebiet der Medizin werden zwar ständig Fortschritte gemacht, aber oft ist eine bessere Behandlung auch sehr teuer – weil sie aufwändige Apparate oder spezielle Medikamente erfordert, die erst lange getestet werden müssen, bevor sie auf den Markt kommen. Diese Kosten müssen auf weniger Menschen umgelegt werden, also steigen die Beiträge zur Krankenversicherung (und damit die *Lohnnebenkosten*).

Noch dramatischer wirkt sich das Schrumpfen und Altern der Gesellschaft auf die Rentenkasse aus: Die Rentenversicherungsbeiträge werden nämlich nicht für die Zukunft des einzelnen Beitragszahlers investiert, sie lagern nicht auf irgendwelchen Konten und mehren sich stetig durch Zinsen – mit ihnen wird der Lebensunterhalt der Rentner von heute finanziert. Wenn aber immer weniger Kinder geboren werden, wer soll dann in Zukunft die Renten der jetzt noch Jüngeren bezahlen? Deshalb wurde 2001 eine private Altersvorsorge eingeführt. Wer selbst langfristig Geld in bestimmten Sparprogrammen anlegt, um damit seinen Lebensabend zu finanzieren, erhält zusätzlich Fördergelder vom Staat.

+++ «Die Diskussion um die Rente mit 67 führt es uns wieder vor Augen: Um die Rentenkassen ist es schlecht bestellt. Auf einen gut gepolsterten Ruhestand allein mit der staatlichen Rente kann wohl niemand mehr hoffen. Deshalb setzt die Politik darauf, dass die Bürger auch privat vorsorgen – mit staatlicher Förderung. Wie die Riester-Rente ankommt, das zeigt jetzt eine Untersuchung des von der Deutschen Bank finanzierten Instituts für Altersvorsorge.» (Tagesschau-Meldung vom 13. Februar 2006) +++

Eine alternde und schrumpfende Bevölkerung verursacht riesige Probleme. Deshalb machen sich Politiker bei der Bekämpfung von Arbeitslosigkeit nicht nur über Familienförderung Gedanken, darüber, wie man die Deutschen beispielsweise mit besserer Kinderbetreuung oder Steuererleichterungen für Familien dazu bringen kann, wieder mehr Kinder zu bekommen. Sondern auch darüber, wie man die *Zuwanderung* (siehe Kapitel 1) nach Deutschland fördern kann, um dem Schrumpfen der Bevölkerung Einhalt zu gebieten. Doch zu diesen demographischen Problemen treten noch die Herausforderungen durch die Globalisierung.

Der globale Supermarkt

T-Shirts tragen die Etiketts «Made in Mexico» oder «Made in Bangladesh». Waschmaschinen, Computer oder DVD-Spieler werden in Einzelteilen auf fast allen Kontinenten hergestellt und dann in ihrer «Endproduktionsstätte» zusammengefügt. Unsere Mobiltelefone mögen finnischer, schwedischer oder deutscher Herkunft sein. Höchstwahrscheinlich aber wird deren Software in Israel programmiert. Ein großer Teil unserer Importe stammt aus China.

Schneller und in größerem Ausmaß als je zuvor wandern Waren, Kapital, Ideen oder Dienstleistungen um den Globus. Aber anders als bei vielen historischen Ereignissen lässt sich für die neue Epoche der Globalisierung keine eindeutige Geburtsstunde feststellen. Sie ist Ergebnis einer Reihe von Entwicklungen.

Ende der siebziger Jahre begann China eine Politik der wirtschaftlichen Reformen. Jahrzehntelang hatte die Staatsführung unter Mao Tse-tung alles darangesetzt, eine möglichst autonome, von außen unabhängige Wirtschaft aufzubauen und sich in kürzester Zeit von einem Agrar- in ein Industrieland zu verwandeln. Die Kosten waren immens: Millionen Menschen verhungerten, weil Mao die Bauern zu irrwitzig hohen Abgaben zwang, um eine Stahlindustrie aufzubauen, die nie funktionierte. Maos Pläne gingen in China genauso wenig auf wie in allen anderen Ländern, in denen man eine staatlich regulierte, vom Handel mit dem Ausland unabhängige Planwirtschaft aufbauen wollte. Sie beginnt nämlich recht bald unter zwei Krankheiten zu leiden: Sie bleibt hinter den neuesten technischen Standards zurück, und sie ist für Korruption viel anfälliger als Unternehmen in Marktwirtschaften mit ihrem freien Wettbewerb. Staatsbetriebe können es sich leisten, Verbraucher mit schlechten Produkten zu versorgen, denn meist besitzen sie ein Monopol. Private Unternehmen dagegen müssen immer die Konkurrenz fürchten: Irgendwann – und wahrscheinlich eher früher als später – könnte eine andere Firma mit einem noch besseren Produkt auf den Markt kommen. Das zwingt sie zu ständiger Innovation.

+++ «Die Wirtschaft im bevölkerungsreichsten Land der Welt China hat erneut stark zugelegt. Die Regierung bezifferte das Wirtschaftswachstum im vergangenen Jahr auf 9,9 Prozent. Es ist damit fast so hoch wie der Zuwachs im Jahr zuvor. Die stärksten Impulse gingen von steigenden Exporten und Auslandsinvestitionen aus.» (Tagesschau-Meldung vom 25. Januar 2006) +++

Die wirtschaftlichen Reformen sollten China von den Übeln der Planwirtschaft befreien. Inzwischen weist das bevölkerungsreichste Land der Welt Wachstumsraten von mehr als neun Prozent auf. Seit 2001 gehört China, zu dem vor wenigen Jahren nur wenige Reisende Zutritt hatten, sogar der *Welthandelsorganisation* (WTO) an.

Auch Indien hatte sich nach seiner Unabhängigkeit zunächst wirtschaftlich abgeschottet, litt ebenfalls an einer maroden Planwirtschaft und begann in den achtziger Jahren mit einer etwas vorsichtigeren Politik der Öffnung und Reformen. Heute gehört das südindische Bangalore zu den wichtigsten Hightech-Zentren der Welt.

Mitte der achtziger Jahre zeichnete sich der wirtschaftliche Zusammenbruch der sozialistischen Länder des Ostblocks ab. Als die Berliner Mauer fiel, begaben auch sie sich auf den Weg von der Plan- zur *Marktwirtschaft*. Zunächst unbeachtet, entwickelte sich fast gleichzeitig eine Revolution des Kommunikationswesens: Lange schon hatten Forscher des «Massachusetts Institute of Technology» an einem internen Kommunikationssystem für das amerikanische Verteidigungsministerium gebastelt. Niemand konnte ahnen, dass aus dieser Art digitaler Gegensprechanlage für das Pentagon das Internet werden würde.

Mauern fielen, Grenzen öffneten sich, technische Neuerungen machten eine schnelle Kommunikation möglich – die Globalisierung ist kein Ergebnis politischer Entscheidungen, sondern eine Folge dieser nicht vorhersehbaren politischen und technischen Entwicklungen. Aber sie entfaltet eine ungeheure Dynamik.

Sehr vereinfacht könnte man sie so beschreiben: In Ländern wie China oder Indien, aber auch Bangladesch, Pakistan, Vietnam oder Mexiko gab es zunächst nicht besonders hoch qualifizierte, dafür billige Arbeitskräfte. Um Turnschuhe zusammenzukleben oder Trikots zu nähen, ist so gut wie keine Ausbildung notwendig. Die Kommunikation per E-Mail und niedrige Transportkosten erlaubten es *Multinationalen Unternehmen*, Firmenzentrale und Management in einem Land zu behalten und die Produktionsstätten in Billiglohnländer (sogar auf einem anderen Kontinent) zu verlagern. Doch dabei bleibt es nicht: Mit den ausländischen Unternehmen wandern moderne Technologien ins Land; Arbeitskräfte erwerben neue Qualifikationen; im besten Fall investieren die Führungen der sich entwickelnden Länder in Infrastruktur und Ausbildung.

Bedeutet das aber nicht, dass immer mehr Konkurrenten auf den Markt drängen? Können wir mit diesem Tempo der Entwicklungen überhaupt noch Schritt halten? Und wie können Regierungen die Vorzüge der Globalisierung nutzen und gleichzeitig ihre schädlichen Auswirkungen abfedern?

+++ «Die Kritik an den Folgen der Globalisierung muss nach Ansicht von Bundespräsident Rau ernst genommen werden. In seiner dritten ‹Berliner Rede› sagte Rau heute, Globalisierung sei kein Naturereignis, sondern könne politisch gestaltet werden. Er forderte dazu auf, die Entwicklungsländer stärker in die internationalen Märkte einzubeziehen.» (Tagesschau-Meldung vom 13. Mai 2002) +++

Weltweite Konkurrenz

Die Angst vor Konkurrenz ist nicht neu. In den siebziger Jahren fürchteten die USA und die meisten westeuropäischen Länder die aufsteigende Wirtschaftsmacht Japan. Tatsächlich brachten japanische Importe die amerikanische Autoindustrie in arge Bedrängnis: Als im amerikanischen Detroit noch Benzin fressende Straßenkreuzer gebaut wurden, brachten etwa Mitsubishi und Toyota Kleinwagen auf den amerikanischen Markt, die weniger Benzin verbrauchten und deshalb mehr Käufer fanden. Die amerikanische Autoindustrie musste sich anpassen; zahlreiche Menschen verloren zunächst ihre Arbeit, weil ihre Unternehmen der Konkurrenz nicht gewachsen waren. Das ist die «Doppelgesichtigkeit» der Globalisierung, in der die Konkurrenz noch weit größer ist als in den siebziger Jahren: Wir profitieren von der internationalen Arbeitsteilung, denn viele Produkte, die nun in Niedriglohnländern entstehen, werden billiger; gleichzeitig fürchten wir um unsere Jobs. Langfristig aber, meinen einige Ökonomen, profitieren auch die Industrieländer, die diese Umbrüche jetzt zu spüren bekommen. Japan ist heute einer der wichtigsten Handelspartner der USA und Europas.

Wohlhabendere Länder sind auch größere Märkte, oder etwas zynischer ausgedrückt: Armen Leuten kann man nichts verkaufen. Der größte Teil des Welthandels wird nach wie vor zwischen den reichen Industrieländern abgewickelt. Doch mit Wohlstand und Arbeitsplätzen verhält es sich nicht wie mit einem Kuchen, der immer kleiner wird. Handel und Entwicklung können, wie in den Zeiten der Industrialisierung, in der sich die Welt ebenfalls so intensiv verknüpfte wie nie zuvor, auch mehr Arbeitsplätze und größeres Wachstum schaffen. Allerdings nicht automatisch. Was aber muss geschehen, damit ein Staat von der Globalisierung profitieren kann?

Betrachteten wir die Globalisierung mit ihren rasanten Entwicklungen als stürmischen Ozean, wären Staaten die Hafenanlagen – und die können recht unterschiedlich beschaffen sein. Auch die USA bekommen die Konkurrenz aus den sich entwickelnden Ländern zu spüren. War die Stahlindustrie einst das Rückgrat der amerikanischen Wirtschaft, beziehen die USA heute ihren Stahl überwiegend (und wesentlich billiger) aus China. Zahlreiche Werke wurden geschlossen. Und das gilt auch für andere Industriezweige. Allerdings funktioniert die «Job-Maschine» in den USA relativ reibungslos. Allein zwischen den Jahren 2000 und 2005 entstanden 5 Millionen zusätzliche Stellen, die Mehrzahl (60 Prozent) im höher bezahlten Bereich Dienstleistung. Wer seinen Job verliert, muss meist nicht lange nach einem neuen suchen. Wem es jedoch nicht gelingt, mit dieser Entwicklung Schritt zu halten, ist stärker auf sich allein gestellt als etwa in Frankreich oder Deutschland: In den USA gibt der Staat nur 14 Prozent seines *Bruttoinlandsprodukts* für Sozialleistungen aus, viele Menschen besitzen keine Krankenversicherung, und wer in Not gerät, muss sich auf seine eigenen Rücklagen verlassen.

In Europa lockte Irland mit niedrigen Steuern ausländische Unternehmen (und Banken) an und konnte sich vom Armenhaus Europas zu einem wohlhabenden Land entwickeln. Aber Irlands Steuerpolitik empfinden andere EU-Regierungen als unfair. Großbritanniens Wirtschaft gilt als innovativ und anpassungsfreudig, und die Arbeitslosenquote dort gehört zu den niedrigsten in Europa; einige Kritiker jedoch bemängeln, dieser Erfolg gehe auf Kosten der sozialen Sicherheit. Frankreich ist stolz auf sein Wohlfahrtssystem, dafür kritisieren einige Ökonomen, seine Wirtschaft sei nicht produktiv genug.

Andere Länder wie die gescheiterten Staaten (siehe Einleitung zu Kapitel 2) verfügen nicht einmal über die Möglichkeiten, Hafenanlagen zu errichten. Dort sind die staatlichen Institutionen förmlich zusammengebrochen; niemand aber investiert gerne in Ländern, die keine ausreichende Rechtssicherheit bieten, in denen Korruption herrscht und Bürgerkriege toben.

Doch wie baut man gute Hafenanlagen? Wie kann sich ein Land besser auf die stürmische See der Globalisierung vorbereiten? In den neunziger Jahren glaubten einige Ökonomen vor allem des *Internationalen Währungsfonds* (IWF), es gebe eine Art Patentrezept dafür. Nicht nur die Demokratie, sondern mit ihr auch die Marktwirtschaft schien sich nach dem Zusammenbruch der sozialistischen Staaten als das erfolgreichere Modell durchgesetzt zu haben. Man müsse möglichst rasch alle Handelsschranken niederreißen und die Finanzmärkte der Länder öffnen, meinte man, dann käme alles andere – Wachstum, Wohlstand und mit dem Wohlstand eine Mittelschicht, die Demokratie einfordert – fast von selbst. Doch wenn man schwache Hafenanlagen dem stürmischen Ozean aussetzt, werden sie nicht stabiler, sie brechen zusammen. In vielen Entwicklungsländern fehlen wesentliche Voraussetzungen, um dieser Dynamik standzuhalten – ein verlässliches Bankensystem, Unternehmen, die über die notwendige Technologie verfügen, um auf dem Weltmarkt konkurrieren zu können, und qualifizierte Arbeitskräfte. Inzwischen versuchen der IWF und die Weltbank, ihre Programme den jeweiligen Gegebenheiten anzupassen.

Um an den Vorzügen einer globalisierten Wirtschaft teilhaben zu können, müssen die Entwicklungsländer erst verlässlichere Strukturen aufbauen. Eine Hafenanlage muss auf sicheren Fundamenten stehen, bevor die Schleusen geöffnet werden können. Für die Industriestaaten aber, die die Konkurrenz aus den sich entwickelnden Ländern zu spüren bekommen, gilt eher das Gegenteil: Zu viele Schutzmechanismen können sich negativ auswirken. Eine ausufernde Bürokratie behindert die Gründung neuer Firmen. Dabei entstehen aus scheinbar abseitigen Ideen manchmal riesige Unternehmen. Die Suchmaschine Google etwa wurde von zwei Studenten gegründet, denen es gelang, Investoren zu finden, die bereit waren, sie zu unterstützen. Während aber ein Unternehmensgründer in Deutschland zahlreiche Auflagen erfüllen, allerlei Gebühren zahlen und sich lange um Kredite bemühen muss, kann man in Finnland oder Neuseeland eine neue Firma schon innerhalb von 24 Stunden bis zwei Tagen online registrieren. Mit der *Agenda 2010* (siehe Kapitel 1) versuchte die Bundesregierung unter Kanzler Schröder, mehr Eigeninitiative zu fördern, und die große Koalition unter Bundeskanzlerin Merkel hat sich ebenfalls den «Bürokratieabbau» zum Ziel gesetzt.

+++ «Betriebe in Deutschland müssen viele Auflagen erfüllen – zu viele nach Meinung der Unternehmer. Denn Gesetze und Sicherheitsvorschriften bedeuten oft einen größeren Verwaltungsaufwand. Die Bundesregierung hatte deshalb einen ‹Masterplan Bürokratieabbau› angekündigt.» (Tagesschau-Meldung vom 12. August 2003) +++

Zaubermittel gibt es nicht, um mit den Herausforderungen der Globalisierung umzugehen. Und zumal in demokratischen Staaten kann und muss offen diskutiert werden, welche Reformen nötig sind und welche schaden. Auch in Deutschland wird seit vielen Jahren darüber gestritten, ob die Globalisierung zum Abbau des Sozialstaates führt oder

ob dessen Errungenschaften jetzt erst recht erhalten werden müssen, um die Verlierer zu schützen. Immer wieder diskutieren Politiker, Unternehmer und Gewerkschaften etwa über eine Lockerung des Kündigungsschutzes. Arbeitnehmer müssen die Sicherheit haben, nicht einfach auf die Straße gesetzt werden zu können. Andererseits meinen einige Experten, dass nur dann neue Arbeitsplätze entstehen, wenn Firmen sich flexibler auf Konjunkturschwankungen einstellen und Mitarbeiter leichter entlassen können, sobald die Auftragslage sich verschlechtert. Auch über eine Reduzierung der *Lohnnebenkosten* wird debattiert.

In Deutschland führen meist Gewerkschaften die Lohnverhandlungen für alle Arbeitskräfte einer bestimmten

Branche. In so genannten Flächentarifverträgen werden dann Löhne, Nebenkosten oder Sonderzuschläge beispielsweise für die gesamte Metall verarbeitende Industrie ausgehandelt. Mehr und mehr aber gehen Unternehmen dazu über, «innerbetriebliche» Verträge zu schließen. Einige Firmen einigten sich mit den Betriebsräten auf eine Mehrarbeit ohne Lohnzuschlag, also eine faktische Senkung der Löhne, um konkurrenzfähig zu bleiben.

+++ «Der Streit um die Koalitionsvereinbarung zum Kündigungsschutz hält an. Die Sprecherin der SPD-Linken, Nahles, warf Kanzlerin Merkel in der ‹Berliner Zeitung› vor, sich nicht eindeutig zu den Abmachungen bekannt zu haben. Laut Koalitionsvertrag soll unter anderem die Probezeit bei Neueinstellungen auf 24 Monate ausgedehnt werden. Der Geschäftsführer des Arbeitgeberverbandes, Göhner, sprach sich hingegen für eine weitere Lockerung aus. Er fordert eine Probezeit von bis zu 48 Monaten.» (Tagesschau-Meldung vom 30. März 2006 +++

Das richtige Modell?

«Ökonomen sind Menschen, die etwas in der Praxis beobachten und sich dann fragen, ob es auch in der Theorie funktionieren könnte», spöttelte einst der ehemalige US-Präsident Ronald Reagan. Wirtschaftswissenschaftler hantieren gerne mit Zahlen, Daten, Fakten. Wie aber kommt es, dass sie oft ganz unterschiedliche Empfehlungen geben? Manche Experten meinen, der Staat müsse in Zeiten der Flaute mehr investieren, um die Konjunktur anzukurbeln, und dafür größere Schulden aufnehmen. Andere halten eine große Staatsverschuldung für ein Übel, weil die kommenden Generationen allein mit der Rückzahlung der Zinsen schwer belastet würden. Einige empfehlen Steuerkürzungen für Unternehmen, damit diesen mehr Kapital für Investitionen zur Verfügung stehe. Ganz falsch, widersprechen andere: Zunächst müsse man zusehen, dass die Löhne erhöht werden, damit die Menschen mehr Geld ausgeben können.

Die Ökonomie ist keine exakte Wissenschaft wie die Physik, Chemie oder Astronomie. Ein Physiker würde eine Versuchsanordnung aufbauen, um ein bestimmtes Problem zu lösen oder auch nur zu verstehen, und seinen Versuch so lange wiederholen, bis alle Fehler beseitigt sind. In der Wirtschaft ist das nicht möglich. Denn trotz aller Daten, Fakten und Statistiken ist eben nicht klar, ob bestimmte Empfehlungen zur Senkung von Arbeitslosigkeit sinnvoll sind oder bestimmte Maßnahmen tatsächlich wirken, wenn sie nach vielen Debatten in die Tat umgesetzt wurden. Die Rahmenbedingungen ändern sich beständig, Stimmungen schwanken.

Grob gesprochen können Staaten, die über einen flexiblen Arbeitsmarkt verfügen und die viel in *Humankapital* (also in die Ausbildung ihrer Arbeitskräfte) investieren, die Dynamik der Globalisierung besser nutzen. Aber andere, weniger harte Fakten spielen ebenfalls eine große Rolle: Wie kann in einer Gesellschaft, die an die Versorgung und Regulierungen durch «Vater Staat» gewöhnt war, Eigeninitiative entstehen? Ist sie dem Konkurrenzdruck gewachsen, der mit der Globalisierung entstanden ist? Kann sie sich auf die Schnelligkeit einstellen, mit der die Welt sich wandelt? Und wie kommt es, dass eine Veränderung der Stimmungslage, beispielsweise nach Neuwahlen, schon Auswirkungen auf die Konjunktur haben kann? Inzwischen widmet sich eine Reihe von Ökonomen dem Zusammenhang zwischen Kultur und Wirtschaft.

Der Mensch ist kein berechenbarer Faktor. Er sehnt sich nach Freiheit, wünscht sich aber auch Sicherheit; er stößt beständig zu neuen Grenzen vor und hat doch Angst vor Veränderungen. Eine der größten Aufgaben der Ökonomie dürfte darin bestehen, den irrationalen Faktor Mensch in ihre Theorien einzubeziehen.

3. Wirtschaft Stichworte

Börse

Täglich flimmern die Zahlen für DAX, Dow Jones und Nasdaq über den Bildschirm. Ist der DAX gestiegen? Zeigt der Dow Jones Abwärtstendenzen?

+++ «An der Frankfurter Börse hat der DAX heute die 6000-Punkte-Marke übersprungen. Kursgewinne an der Börse in Tokio haben nach Ansicht von Händlern für die gute Stimmung in Frankfurt gesorgt. Sie vermuten, dass sich der Trend nach oben fortsetzen wird. Nach dem Zusammenbruch der New Economy war der DAX auf etwa 2000 Zähler im Frühjahr 2003 gefallen.» (Tagesschau-Meldung vom 3. April 2006) +++

DAX, Dow Jones und Nasdaq sind gleichsam Fieberthermometer der Börse. Sie geben Aufschluss über die «Performance», sprich das Wohlergehen ausgesuchter umsatzstarker Unternehmen auf den deutschen, amerikanischen und japanischen Aktienmärkten und damit über die Entwicklung der Wirtschaft insgesamt. DAX bedeutet «Deutscher Aktienindex», der Dow Jones ist nach den amerikanischen Wirtschaftsjournalisten Charles Henry Dow (1856–1902) und Edward D. Jones (1856–1920) benannt, und der Nasdaq heißt mit vollem Namen «National Association of Security Dealers Automated Quotation System»; er gibt Aufschluss über den Handel an der 1987 eingeführten ersten elektronischen Börse. Hier sind die meisten Firmen – über 3200 aus allen möglichen Bereichen von Bio- und Hightech- über Medien- bis zu Textilfirmen – gelistet.

Nun sind Börsen und Aktien weit älter als Nasdaq, DAX oder Dow Jones. Wahrscheinlich hat der Begriff «Börse» seinen Ursprung im Amsterdam des 14. Jahrhunderts, wo sich Kaufleute regelmäßig im Gasthof der Familie van de Beurse trafen. Nicht nur die Treffen wurden zur Tradition, auch der Ausdruck «zur Börse gehen» für das Anbahnen von Geschäften bürgerte sich ein. Außerdem erfanden die geschäftstüchtigen Holländer etwas, das man heute einen neuen «Business Plan» nennen würde: Kaufleute schlossen sich 1602 zur

«Ostindischen Kompagnie» zusammen, um die riskanten Handelsreisen nach Übersee zu finanzieren. Die Anteile an einer solchen Aktion wurde als «Aktie» gehandelt. Und die Kaufleute, die versuchten, die Risiken eines solchen Unternehmens «auszukundschaften» – oder lateinisch «speculari» –, waren Spekulanten.

Nach demselben Prinzip funktionierten auch die im 19. Jahrhundert entstandenen Aktiengesellschaften: Um größere Unternehmen zu gründen, war mehr Kapital erforderlich, als eine einzige Person aufbringen konnte; das Risiko wurde auf mehrere Kapitaleigner verteilt, und die Profite wurden in Form einer Dividende an die Aktionäre ausgezahlt beziehungsweise «ausgeschüttet»; und an der Börse konnte man mit solchen Aktien handeln.

Auch heute noch müssen Aktionäre versuchen, die Zukunft auszukundschaften, was nicht immer gelingt. Entwickelt sich ein Unternehmen wie erhofft? Dann steigt der Aktienwert. Oder gibt es plötzlich Einbrüche, wird es von Analysten schlechter eingeschätzt? Dann verlieren die Aktien an Wert. Spekulationsblasen entstehen, wenn viele meinen, in ein «bombensicheres Geschäft» zu investieren – der Wert der Aktien kann in solche Höhen steigen, dass der zu erwartende Gewinn in keinem Verhältnis mehr zu dem Preis steht, für den man sie gekauft hat; irgendwann ist niemand mehr bereit, noch mehr dafür zu zahlen; die ersten Anleger versuchen, sie billiger loszuwerden; Panikverkäufe sind die Folge, der Kurs der Aktie fällt weiter – und die «Blase» platzt unter enormen Verlusten für die Anleger.

Spekuliert wird heute nicht nur mit Aktien, sondern auch mit Währungen, die seit den siebziger Jahren des letzten Jahrhunderts nicht mehr an feste Wechselkurse gebunden sind. Deren Preis bildet sich aus Angebot und Nachfrage, ebenso wie bei den Warenmärkten.

Privatisierung und die Liberalisierung des Kapitalverkehrs verliehen Börse und Finanzmärkten größere Bedeutung denn je. Viele unserer Ersparnisse – wie Lebensversicherungen oder private Rentenfonds – sind in Aktien angelegt, um größere Zinsen zu erwirtschaften. Per Internet ist es auch für Kleinanleger leichter geworden, Aktien zu kaufen. Und Händler können innerhalb von Sekunden Milliarden von Dollar kaufen oder verkaufen. Jeden Tag werden insgesamt 1,5 Billionen Dollar um die Welt geschickt. Der Wert eines Unternehmens wird oft nicht mehr allein am Profit gemessen, sondern an der Höhe der Dividende, die es an die Aktionäre (oder englisch «shareholders») ausschüttet. Und weil die Börse längst nicht mehr ein Ort zur Geschäftsanbahnung ist wie im Amsterdam des 14. Jahrhunderts, wird jeden Tag die Fieberkurve von DAX, Dow Jones und Nasdaq gemeldet.

+++ «Die Deutsche Bahn nimmt mit einem Rekordergebnis verstärkt Kurs auf den geplanten Börsengang. Das Unternehmen hat nach Angaben von Vorstandschef Mehdorn im vergangenen Jahr einen Gewinn von fast 450 Millionen Euro eingefahren.» (Tagesschau-Meldung vom 31. März 2006) +++

Bruttoinlandsprodukt

Man kennt das Schild, das zu Beginn eines Jahres an zahlreichen Ladentüren ausgehängt wird: «Wegen Inventur geschlossen». Zeit für eine Bestandsaufnahme: Sämtliche Waren werden gezählt, ihr Wert errechnet, die Schulden, also noch unbezahlte Rechnungen, abgezogen.

Das Bruttoinlandsprodukt (BIP) ist eine Art Bestandsaufnahme der wirtschaftlichen Entwicklung oder des Wohlstands eines Landes. Es misst die Wertsumme der jährlichen Produktion von Gütern und Dienstleistungen in einem Land; einfach ausgedrückt: alles, was dort an materiellen und nichtmateriellen Gütern produziert wird. Und wie kann man diese Summe berechnen, ohne eine jährliche Gesamtinventur zu veranstalten? Entweder über die Entstehung, wobei das gesamte Aufkommen an Waren und Dienstleis-

+++ «Die deutsche Wirtschaft ist im vergangenen Jahr leicht gewachsen. Nach Angaben des Statistischen Bundesamtes stieg das Bruttoinlandsprodukt 2005 um 0,9 Prozent. Wachstumsmotor war erneut der Export. Experten gehen davon aus, dass sich die Konjunktur im laufenden Jahr weiter erholt.» (Tagesschau-Meldung vom 12. Januar 2006) +++

tungen berücksichtigt wird; oder die Verteilung, der Summe der gezahlten Einkommen (Löhne, Gehälter und Gewinne von Privatpersonen und Unternehmen); oder die Verwendung, also Verbrauch und Investition. «Brutto» bedeutet, dass die Einkommen dazugerechnet werden, die Bürger (und Unternehmen) eines Landes von Investitionen im Ausland hinzugewinnen. Umgekehrt wird alles Einkommen abgezogen, das in diesem Land verdient, aber ins Ausland geschickt wird. Wird das BIP durch die Bevölkerungszahl eines Landes geteilt, erhält man einen Indikator für dessen wirtschaftliche Leistungsfähigkeit (BIP/Kopf), oder anders: einen Hinweis, wie reich (oder arm) ein Land ist.

EU-Dienstleistungsrichtlinie

Dass ein solches Wortungetüm in der Alltagssprache kaum benutzt wird, dürfte nicht verwundern. Nicht zuletzt deshalb war bald ein griffigeres Bild gefunden: polnischer Klempner. Aber was hat ein polnischer Handwerker mit einer EU-Verordnung zu tun?

In hoch industrialisierten Staaten werden nicht länger hauptsächlich Waren hergestellt, sondern Dienstleistungen angeboten. Solche «an Personen gebundene, Nutzen stiftende Leistungen» erbringen Unternehmensberater, Friseure, Webdesigner, Kellner oder Marktforscher, Banken und Versicherungen. Das Transport- und Nachrichtenwesen gehört ebenso dazu wie die Bereiche Bildung, Erziehung, Polizei, Krankenpflege, Verwaltung. Alle, die einen bestimmten «Service» anbieten, sind «Dienstleister». In diesem Sektor entstehen die meisten Jobs, denn er hat eine Wachstumsrate von jährlich 1,5 Prozent, im Gegensatz zum «verarbeitenden Gewerbe», das seit Jahren schrumpft. Anders gesagt: Die

meisten Menschen in den Industrieländern arbeiten schon lange nicht mehr am Fließband, sondern im Büro.

Wirtschaft und Wohlstand Europas beruhen seit den frühen fünfziger Jahren auf einer Politik des freien Wettbewerbs und des Abbaus von Handelsschranken. Und da der Bereich Dienstleistungen eben längst schon den Bereich des verarbeitenden Gewerbes überflügelte, schien es nur logisch, die Handelsschranken auch dort zu beseitigen. Sie bestehen allerdings nicht aus Zöllen, sondern aus bürokratischen Verordnungen. So können in Portugal beispielsweise nur Baufirmen arbeiten, die einen portugiesischen Ingenieur angestellt haben, ausländische Computerexperten dürfen in Frankreich erst einen Rechner reparieren, wenn sie sich fünf Tage vorher bei den Behörden gemeldet haben, in Belgien wiederum muss ein Handwerker sein Werkzeug in einem

Wagen mit belgischem Kennzeichen transportieren. Das soll sich ändern. Vermutlich ab dem Jahr 2010 (bis dahin sollten sich die EU-Länder über einen Gesetzesentwurf geeinigt und die nationalen Parlamente zugestimmt haben) könnte eben auch der polnische Klempner seine Dienste ohne großen bürokratischen Aufwand in Deutschland anbieten, der lettische Kranvermieter französische Baustellen bedienen oder die tschechische Krankenschwester einen mobilen Pflegeservice in Großbritannien unterhalten.

+++ «Die Öffnung des EU-Binnenmarktes für Dienstleistungen scheint in greifbare Nähe gerückt. Die Kommission legte heute einen neuen Entwurf vor, in dem auf das umstrittene Herkunftslandprinzip verzichtet wird. In mehreren EU-Ländern hatte es Proteste gegen dieses Prinzip gegeben.» (Tagesschau-Meldung vom 4. April 2006) +++

Auf Kritik stieß vor allem, dass zunächst das «Prinzip des Herkunftslandes» gelten sollte. Danach dürfte jeder Unternehmer auch im Nachbarland zu den Bedingungen seiner Heimat Dienstleistungen anbieten. Und das, fürchteten viele, führe zu unfairer Konkurrenz. Denn vor allem in osteuropäischen Ländern würden geringere Löhne gezahlt. Außerdem seien die arbeitsrechtlichen und sozialen Standards niedriger. Der polnische Klempner, der zu den Preisen seines Heimatlandes arbeitet, würde so die deutschen Konkurrenten mit ihren höheren Löhnen hoffnungslos unterbieten.

Nach vielen Debatten einigte man sich in Brüssel auf einen Kompromiss. Es soll nun doch das Arbeits- und Tarifrecht des Landes gelten, in dem die Dienstleistung erbracht wird. Und von der Richtlinie ausgenommen sind Bereiche wie Transport und Wasserversorgung, Rundfunk- und Bankwesen und soziale Dienstleistungen wie Kinderbetreuung oder Altenpflege.

Exportweltmeister

Wann immer die *Welthandelsorganisation* (WTO) in den letzten Jahren ihre Statistik über die größten Exportnationen veröffentlichte, sorgte das in Deutschland für eine gute

Nachricht. Auch 2005 ist das Volumen deutscher Exporte wieder einmal gestiegen. Nach wie vor darf Deutschland sich Exportweltmeister nennen.

An erster Stelle der Exportprodukte steht das Auto, dann folgen Maschinen wie Produktionsstraßen oder medizinische Geräte und auf dem dritten Platz schließlich Produkte der chemischen Industrie. Was aber ist falsch an der Formel «wachsender Außenhandel bedeutet wachsende Konjunktur»? Und warum entstehen nicht mehr Arbeitsplätze?

Hundert Jahre lang trugen alle Waren, die Deutschland exportierte, das Label «Made in Germany». Die Briten hatten Ende des 19. Jahrhunderts auf dieser Kennzeichnung bestanden, um sich gegen die Konkurrenz aus Deutschland zu wehren, deren Produkte als minderwertig galten. Allerdings ging der Schuss nach hinten los: «Made in Germany» wurde zum Qualitätsbegriff, Deutschland stieg zur führenden Exportnation auf.

Doch auf immer weniger Waren, die von deutschen Firmen hergestellt werden, steht «Made in Germany». Zum Teil findet die Produktion im Ausland statt. Durch dieses so genannte Offshoring wollen die Unternehmen hohe Löhne und strenge deutsche Gesetze umgehen, um wettbewerbsfähig zu bleiben. Porsche stellt beispielsweise fast alle Elemente des Geländewagens «Cayenne» im slowakischen Bratislava her, in Leipzig werden praktisch nur noch Motor und Getriebe eingesetzt. Hugo Boss lässt seine Stoffe im türkischen Izmir zuschneiden; Adidas-Schuhe werden zwar in Deutschland designt, aber fast ausschließlich in Asien gefertigt. In der Statistik tauchen diese Artikel zwar auf, aber gearbeitet wird größtenteils im Ausland. Der Exporterfolg ist also zum Teil importiert, Jobs entstehen dadurch nicht.

Auch ist fraglich, ob die Spezialisierung auf bestimmte Waren wie Produktionsstraßen noch Zukunft hat. «Wir

+++ «Die deutsche Wirtschaft kann für das vergangene Jahr einen neuen Exportrekord verbuchen. Nach Angaben des Statistischen Bundesamtes wurden im Jahr 2005 Waren im Wert von 786,1 Milliarden Euro ausgeführt, im Vergleich zum Vorjahr ein Plus von 7,5 Prozent. Die Importe stiegen auf 625,6 Milliarden Euro, 8,7 Prozent mehr als 2004.» (Tagesschau-Meldung vom 9. Februar 2006) +++

+++ «CSU-Chef Stoiber will das chinesische Transrapid-Projekt zum Thema beim nächsten G8-Gipfel im Juli machen. Er wirft Peking den Missbrauch geistigen Eigentums vor. Vergangene Woche war bekannt geworden, dass China ein Konkurrenzmodell zur deutschen Magnetschwebebahn entwickelt. Nach Angaben von Bundeswirtschaftsminister Glos prüft die Regierung derzeit, ob die Chinesen unerlaubt deutsche Technologie kopieren.» (Tagesschau-Meldung vom 20. Februar 2006) +++

liefern Ländern die Infrastruktur, damit sie die Maschinen, die sie heute bei uns kaufen, morgen selber bauen können», zitierte die Tagesschau im Januar 2006 den Präsidenten des Bundesverbandes des Deutschen Groß- und Außenhandels, Anton Börner. So exportierte Siemens den Transrapid in die chinesische Millionenmetropole Schanghai. Im Februar 2006 stellte China eine eigene Magnetschwebebahn vor, die dem deutschen Original verdächtig ähnelte. Und Siemens beklagte sich, dass es den Hochgeschwindigkeitszug in Deutschland nicht weiterentwickeln könne, weil ihn dort «niemand wolle». Es mangele also obendrein an Anreizen für technische Innovationen, mit denen Siemens wettbewerbsfähig bleiben könne.

Ökonomen wie Börner fordern daher ein zweites Standbein der Exportwirtschaft: Dienstleistungen seien der Markt der Zukunft, und beim Handel mit Kundendiensten, Software-Lizenzen und Finanzberatung hätten die Vereinigten Staaten die Nase vorn. Rechne man den Waren- und Dienstleistungsexport der USA zusammen, dann seien die Amerikaner und nicht die Deutschen Exportweltmeister. Für den freien Handel mit Dienstleistungen wäre aber nicht der Abbau beispielsweise von Einfuhrzöllen wie bei materiellen Gütern nötig, sondern einheitliche und weniger bürokratische Regelungen. Daran arbeiten die Brüsseler Behörden mit einer *EU-Dienstleistungsrichtlinie*.

Hartz IV

Kaum ein Gesetz hat in den letzten Jahren für so viel Aufregung gesorgt wie das «Gesetz für moderne Dienstleistungen», kurz «Hartz IV» genannt. Als es im Januar 2005 in Kraft trat, protestierten Tausende in so genannten Montagsdemonstrationen dagegen. Aber warum sorgte das Gesetz für so viele Kontroversen? Und warum heißt es überhaupt «Hartz IV»?

«Hartz IV» ist Teil eines Reformpakets – der *Agenda 2010* (siehe Kapitel 1). Es sollte helfen, drängende Probleme zu lösen. Deutschlands Wirtschaft lahmt. Die Zahl der Arbeitslosen blieb über Jahre konstant bei etwa 4,5 bis 5 Millionen. Die Konkurrenz aus den Niedriglohnländern wuchs – und Arbeit ist in Deutschland wegen der hohen *Lohnnebenkosten* teuer. Eine Kommission unter Leitung des ehemaligen Personalvorstands der Volkswagen AG, Peter Hartz, sollte Vorschläge ausarbeiten, wie man die Arbeitslosigkeit verringern und den «Arbeitsmarkt effizienter» gestalten könnte. Im August 2002 legte sie ihren Bericht vor. Weniger Bürokratie und eine bessere Arbeitsvermittlung; Belohnung für alle, die sich ernsthaft um Jobs bemühten, und «Strafen» für jene, die sich nur auf die Leistungen des Staates verließen; Abbau von Schwarzarbeit und Anreize, neue Jobs zu schaffen, könnte man die Empfehlungen kurz umschreiben.

+++ «Die Auszahlung des neuen Arbeitslosengeldes II ist ohne größere Zwischenfälle angelaufen. Das befürchtete Chaos in den Arbeitsagenturen blieb heute aus. Die Bundesagentur für Arbeit teilte mit, von 2,7 Millionen Anträgen auf Arbeitslosengeld II seien 6,5 Prozent abgelehnt worden. In einigen Städten kam es zu Protesten von Hartz-IV-Gegnern.» (Tagesschau-Meldung vom 3. Januar 2005) +++

«Hartz I und II» traten im Januar 2003 in Kraft, und die Begriffe «Ich-AG» und «Mini-Jobs» wurden zu Schlagworten. Flexiblere Arbeitsverträge und eine Lockerung des Kündigungsschutzes sollten vor allem kleine Unternehmer und Neugründer dazu bewegen, Arbeitsplätze zu schaffen. «Hartz III», das im Januar 2003 verabschiedet wurde, erregte kaum Aufmerksamkeit in der Öffentlichkeit: Es sah ja «nur» den Umbau der behäbigen «Bundesanstalt für Arbeit» in eine «Agentur für Arbeit» vor, die Arbeitslose besser betreuen und zügiger vermitteln sollte. Dieses Gesetz legte zugleich den Grundstein für «Hartz IV»: Im Januar 2005 wurden Arbeitslosen- und Sozialhilfe zu einem «Arbeitslosengeld II» zusammengelegt. Beide Sozialleistungen werden direkt von der Agentur für Arbeit verwaltet. Vorhandenes Vermögen, auch des Ehepartners, wird jetzt angerechnet. Wer in einer «Bedarfsgemeinschaft» lebt (womit Familien, Ehepartner oder unverheiratet zusammenlebende Paare gemeint sind), seine Arbeit verliert und nicht auf eigene Rücklagen zurückgreifen kann, soll nach den Regelungen von «Hartz IV» von den anderen Mitgliedern dieser Gemeinschaft unterstützt werden. Auch der auf Warnschildern oft zu lesende Satz «Eltern haften für ihre Kinder» erhielt eine ganz neue Bedeutung: Seit April 2006 bekommen «junge Erwachsene unter 25 Jahren ohne Erwerbstätigkeit» nur noch in Ausnahmefällen Zuschüsse für eine eigene Wohnung. Leben sie bei ihren Eltern, stehen ihnen seit Juli 2006 nur noch 80 Prozent des Arbeitslosengeldes II zu.

Vor allem Langzeitarbeitslose und Jugendliche sollten möglichst schnell und mit reichlich Druck in den «Jobmarkt integriert» werden, damit sie wieder Steuern und Sozialversicherungsbeiträge zahlen. Und genau daran entzündete sich die Kritik. Viele Menschen sahen in «Hartz IV» einen «Abbau des Sozialstaates» und befürchteten, in die Armut abzurutschen oder sich mit Gelegenheitsjobs über Wasser halten zu müssen. Gewerkschaften bemängelten, dass Arbeitslosigkeit nicht selbst verschuldet sei und man deshalb niemanden dafür bestrafen dürfe. Einige Wirtschaftsexperten waren der Überzeugung, das «Hartzpaket» sei eigentlich nur ein «Kürzungspaket»: Der Staat spare zwar an Sozialausgaben, habe aber noch keine größeren Anstrengungen unternommen, Wirtschaftswachstum und damit die Entstehung neuer Arbeitsplätze zu fördern. Andere wiederum lobten, dass «Hartz IV» ein Schritt in die richtige Richtung sei, denn sie waren der Meinung, dass zu viele Arbeitslose angebotene Jobs ablehnten und sich lieber auf die Hilfe des Staates verließen, anstatt eigene Anstrengungen zu unternehmen. Gleichzeitig müsste der Arbeitsmarkt weiter liberalisiert und flexibler gestaltet werden. Noch streiten die Experten, ob «Hartz IV» die erwünschten Ergebnisse gebracht hat. Fest steht allerdings, dass dieser Teil des Reformpakets etwa 12 Milliarden Euro teurer ist als geplant.

Haushalt

Was nach Spülen, Staubsaugen und Wäschewaschen klingt, ist ein nicht minder mühsamer Prozess. Jedes Jahr muss eine Regierung einen Haushaltsplan vorlegen, in dem festgeschrieben wird, wie viel Geld sie wofür ausgeben möchte und woher sie es nehmen will. Dafür schätzen Experten das erwartete Steueraufkommen (worüber stets ausführlich berichtet wird). Ihre Vorhersagen sind nicht immer präzise. Denn steigt etwa die Arbeitslosigkeit, werden auch weniger Steuern gezahlt und es wird weniger konsumiert, was ebenfalls die Steuereinnahmen senkt: Mit jedem Kauf von Waren oder Dienstleistungen geht ja Umsatz- beziehungsweise Mehrwertsteuer an den Staat.

Der Haushaltsplan ist im Grunde eine Regierungserklärung in Zahlen (auf oft Tausenden von Seiten): Will die Regierung mehr in Forschung und Umwelt investieren? Den Bau von Eigenheimen fördern? Das Budget für Kinderbetreuung erhöhen? Der Bundeswehr Gelder streichen, die Pendlerpauschale oder die Filmförderung reduzieren? Nicht ohne Grund hat sich für den Haushalt auch der französische Begriff für «Staat», nämlich «Etat», eingebürgert. Und wegen der großen Bedeutung, die ihm zukommt, ist die «Haushaltsdebatte» im *Bundestag* (siehe Kapitel 1) einer der Höhepunkte der Parlamentssaison. Jetzt bietet sich den Abgeordneten eine Gelegenheit, das Gesamtkonzept einer Regierung auf den Prüfstand zu stellen.

Für das Jahr 2005 sah der bundesdeutsche Haushalt Ausgaben von 250 Milliarden Euro vor. Reichen die Steuereinnahmen, die Gewinne staatlicher Unternehmen oder die Erlöse aus der *Privatisierung* von Staatsbesitz nicht aus, muss der Staat neue Kredite aufnehmen – zusätzlich zu den 1400 Milliarden Euro, die Bund und Länder bereits angehäuft haben. Das *Grundgesetz* (siehe Kapitel 1) schreibt allerdings vor, dass der Finanzminister jährlich nicht mehr neue Schulden machen darf, als er im selben Jahr für Investitionen ausgibt. Auch der Stabilitätspakt des Maastrichter Vertrags (siehe Kapitel 2, *Europäische Union*) sieht vor, dass das Budgetdefizit nicht größer als drei Prozent des *Bruttoinlandsprodukts* sein darf. Den allerdings hat Deutschland drei Mal in Folge gebrochen.

Sind dennoch mehr Gelder nötig als im Haushalt vorgesehen, muss der Finanzminister neue Kredite aufnehmen (und angeben, wie und zu welchen Bedingungen sie zurückzuzahlen sind). Das nennt sich Nachtragshaushalt und ist ungefähr so, als würde man nach dem Spülen, Staubsaugen und Wäschewaschen feststellen, dass man das Bad noch nicht geputzt hat.

+++ «Die große Koalition hat ihren ersten gemeinsamen Haushalt auf den Weg gebracht. Das Kabinett verabschiedete den Etat-Entwurf 2006, der eine Neuverschuldung von 38,3 Milliarden Euro vorsieht. Außerdem billigte die Regierung die größte Steuererhöhung der Nachkriegszeit.» (Tagesschau-Meldung vom 23. Februar 2006) +++

Humankapital

Jedes Jahr wählt eine Jury aus Sprachwissenschaftlern das «Unwort des Jahres». 2004 gewann der Begriff «Humankapital» diesen unrühmlichen Titel, denn – so die Jury – er degradiere Menschen zu nur noch ökonomisch interessanten Größen. Was aber ist damit gemeint?

Längst ist in Industriestaaten die Ära vorüber, als Arbeiter wie in Charly Chaplins Film «Moderne Zeiten» am Fließband die immer gleichen stupiden Handgriffe auszuüben hatten. Jede Produktionsstraße eines modernen Unternehmens erfordert Computerkenntnisse. Und weil sich der technische Wandel so ungeheuer rasch vollzieht, sind hoch qualifizierte Arbeitskräfte gefragt, die sich schnell auf neue Aufgaben einstellen können. Je besser ausgebildet sie sind, je mehr Wissen und Erfahrung sie haben, desto größer ist das Humankapital, das dem Unternehmen zur Verfügung steht. Und diese Art von Kapital ist mindestens genauso wichtig wie Geld, Fabriken und Maschinen.

Internationaler Währungsfonds, Weltbank

Besonders eindrucksvoll wirkt das vornehme Hotel im Herbst. Dann ragt der weiße Holzbau mit seinen endlosen, von Säulen umstandenen Veranden elegant aus dem bunten Laub der riesigen Wälder im amerikanischen Bundesstaat New Hampshire empor. Nur eine kleine Messingtafel am Eingang verweist darauf, dass in diesem abgeschiedenen Urlaubsort 1944 wesentliche Entscheidungen für den Wiederaufbau nach dem Zweiten Weltkrieg getroffen wurden.

In Bretton Woods einigten sich Ökonomen und Politiker aus 44 Ländern bei einer Währungs- und Finanzkonferenz unter Federführung des stellvertretenden US-Finanzministers Henry Dexter White und des britischen Ökonomen John Maynard Keynes auf die Gründung des Internationalen Währungsfonds (IWF) und der Weltbank. Zukünftig wollte man Inflationen und Wirtschaftskrisen wie in den zwanziger und dreißiger Jahren des letzten Jahrhunderts verhindern und damit auch für mehr politische Stabilität sorgen. Das Rezept hieß Wirtschaftswachstum durch freien Handel; die Handelsbarrieren sollten abgebaut werden, und gleichzeitig wollte man die Kapitalflüsse kontrollieren. Man einigte sich auf feste Wechselkurse. Währungen wären frei umtauschbar, würden aber an den Dollar gekoppelt, der durch die amerikanischen Goldreserven gedeckt und deshalb stabil war. Der IWF sollte den Mitgliedsländern über kurzfristige Zahlungsbilanzprobleme hinweghelfen und das neue Währungssystem kontrollieren.

Anfang der siebziger Jahre musste dieses System aufgegeben werden, da so genannte Euro-Dollar-Märkte entstanden waren, auf denen Kapital (in Dollar) frei ausgeliehen werden konnte. Die amerikanische Regierung entschloss sich, die Bindung an den Goldwert aufzuheben. Seither bestimmt der Markt den Wert der Währungen, und der IWF hat «nur noch» die reichlich umstrittene Aufgabe, die Wirtschaftspolitik seiner 184 Mitgliedsstaaten zu überwachen, Ratschläge zu erteilen und Ländern mit Krediten auszuhelfen, die in Finanzkrisen geraten sind.

Oft wurde er dafür kritisiert, dass er als Einheitsmedizin den schnellen Übergang zu einer Marktwirtschaft und die Öffnung der Finanzmärkte geradezu erzwang. Nicht selten erwies sich das Rezept als schädlich. Denn die meist staatliche und damit beständig subventionierte und wenig produktive Industrie vieler Entwicklungsländer war den Herausforderungen der Konkurrenz auf dem Weltmarkt noch gar nicht gewachsen und das Bankensystem einiger Entwicklungsländer für das ungehinderte Zu- und plötzliche Abströmen von Kapital nicht gerüstet.

Ähnliche Vorwürfe wurden immer wieder gegen die Weltbank erhoben. «Eine Welt ohne Armut» steht in breiten Lettern im Eingangsbereich ihres Hauptsitzes in Washington. Ursprünglich sollte sie den Wiederaufbau in den vom Zweiten Weltkrieg verwüsteten Staaten finanzieren. Seit den fünfziger Jahren jedoch besteht ihre Aufgabe darin, Wachstum in den Entwicklungsländern durch Kredite und Beratungstätigkeit zu fördern. Kritiker werfen ihr vor, dass ihre Unternehmungen zu sehr von der jeweils modischen Theorie der Wirtschaftswissenschaften geprägt seien.

+++ «Der Internationale Währungsfonds und die Weltbank haben die reichen Länder aufgefordert, mehr Entwicklungshilfe zu leisten. Ziel sei weiterhin, dass die Industriestaaten 0,7 Prozent ihres Bruttoinlandsprodukts zur Verfügung stellen, so der Entwicklungsausschuss beider Finanzorganisationen.» (Tagesschau-Meldung vom 3. Oktober 2004) +++

In den sechziger und siebziger Jahren war sie ein großer Befürworter einer staatlich gelenkten Entwicklungshilfe, die inzwischen in Verruf geraten ist, weil die entsprechenden Gelder nicht selten für sinnlose Projekte wie Waffenkäufe verwandt oder von korrupten Eliten auf Privatkonten im Ausland geschafft wurden. In den achtziger Jahren betrieb sie eine Politik der *Privatisierung*. In den neunziger Jahren machte sie sich «Transparenz» und «Gutes Regieren» zur

Devise. Wer Anleihen tätige, müsse auch offen legen, wofür das Geld benötigt und ausgegeben werde.

IWF und Weltbank werden oft wegen ihrer «undemokratischen Struktur» kritisiert. Im IWF bemessen sich die Stimmrechte an der Finanzkraft der Mitgliedsstaaten und der Höhe ihrer Kapitaleinlagen. Die USA halten fast 18 Prozent des Kapitals, Japan und Deutschland knapp über sechs Prozent, Frankreich und Großbritannien etwas über fünf. Die Industrieländer haben in den IWF-Gremien die Mehrheit, weshalb die Agenda oft von deren Interessen bestimmt wird. Auch in der Weltbank entspricht das Stimmrecht der Mitglieder ihrem Anteil am Weltbank-Kapital, was, so Kritiker, oft dazu führe, dass über die Köpfe der Entwicklungsländer hinweg entschieden werde. Inzwischen versucht die Weltbank aber, in Zusammenarbeit mit Nichtregierungsorganisationen maßgeschneiderte Lösungen zur *Armutsbekämpfung* (siehe Kapitel 2) zu finden, die sich nicht so sehr nach großen Theorien richten, sondern an die spezifischen Bedürfnisse und Strukturen eines Landes angepasst sind.

Lohnnebenkosten

Als wichtigste Aufgabe der großen Koalition nannte Bundeskanzlerin Angela Merkel in ihrer Regierungserklärung vom Dezember 2005 die Senkung der Lohnnebenkosten und der Beiträge zur Arbeitslosenversicherung. Auch in der Debatte um die Reform des Gesundheitswesens wird der Vorschlag erörtert, die Arbeitgeberbeiträge zur Krankenversicherung auf dem gegenwärtigen Niveau festzuschreiben, um die Lohnnebenkosten nicht weiter ansteigen zu lassen.

Zu den Lohnneben- oder auch Lohnzusatzkosten gehören die Sozialversicherungsbeiträge, die zur Hälfte der Arbeitnehmer und zur anderen Hälfte der Arbeitgeber zahlt, aber auch weitere «indirekte Personalkosten», die aufgrund von Gesetzen, Tarifverträgen oder Betriebsvereinbarungen entstehen, etwa Urlaubs- oder Weihnachtsgeld, besondere Gratifikationen, Lohn- und Gehaltsfortzahlungen im Krankheitsfall oder Fahrtkostenzuschüsse. Zu hohe Lohnnebenkosten, meinen einige Wirtschaftsexperten, würden Unternehmen davon abhalten, weitere Arbeitskräfte einzustellen. Gewerkschaften hingegen fürchten, dass mit einer Reduzierung der Beiträge an Renten- und Krankenkassen auch deren Leistungen verringert werden könnten.

Zwei Fliegen mit einer Klappe will der nordrhein-westfälische Arbeitsminister Karl-Josef Laumann schlagen. Ihm schwebt ein Modell der «Kombilöhne» vor, bei dem Arbeitgeber durch einen staatlichen Lohnkostenzuschuss dazu angeregt werden sollen, zusätzliche Arbeitsplätze zu schaffen. Ein dauerhafter Einkommenszuschuss für gering Qualifizierte soll die Arbeit im Niedriglohnbereich attraktiv machen. Denn etwa 1,7 Millionen Langzeitarbeitslose in Deutschland sind so gering qualifiziert, dass sich weder für ein Unternehmen noch für sie selbst eine Anstellung lohnt: Sie würden weniger erarbeiten oder verdienen, als ihnen an Arbeitslosengeld II zusteht.

+++ «Beim Thema Kombilohn rechnet sich die Union Chancen für eine Einigung mit der SPD aus. Intern haben sich CDU und CSU auf Eckpunkte verständigt. Sie schlagen einen Zuschuss vor, der niedrige Löhne über Hartz-IV-Niveau hebt. So sollen besonders problematische Gruppen von Langzeitarbeitslosen wieder in den Arbeitsmarkt gebracht werden.» (Tagesschau-Meldung vom 13. April 2006) +++

Kombilöhne sind seit einiger Zeit in der Diskussion. Nicht sehr erfolgreich war das «Mainzer Modell», mit dem vor einigen Jahren die rot-grüne Koalition Kombilöhne erprobte. Nur wenige tausend Arbeitnehmer in den Testländern Rheinland-Pfalz und Brandenburg kamen durch die Zuschüsse zum Einkommen in eine neue Beschäftigung. Nordrhein-Westfalens Arbeitsminister Laumann will mit dem Kombilohn-Modell mehr als 10 000 Arbeitsplätze schaffen. Langzeitarbeitslose sollen verstärkt auf unbesetzten Zivildienststellen untergebracht werden. Kritiker des

Kombilohn-Modells befürchten allerdings, dass es zu einem Lohndumping kommen könnte, weil Arbeitgeber dann «normale» Jobs in «Kombi-Jobs» umwandeln, also geringere Löhne zahlen.

Marktwirtschaft

Wenn wir nicht allein für unseren eigenen Bedarf wirtschaften, indem wir Gemüse im Garten ziehen und eine Kuh halten (Subsistenzwirtschaft), und auch nicht der Staat die gesamte Planung übernimmt (Planwirtschaft), dann leben wir in einer Marktwirtschaft. Sie ist durch ein arbeitsteiliges Wirtschaftssystem gekennzeichnet und beruht auf dem Prinzip von Angebot und Nachfrage. Notwendig ist dafür ein Tauschmittel, nämlich Geld. Anders als in der Subsistenzwirtschaft wird nämlich nicht Ware gegen Ware (oder Dienstleistung, zum Beispiel drei Liter Milch gegen einen Haarschnitt) getauscht. Und anders als in der Planwirtschaft darf jeder Einzelne und jede Firma prinzipiell für sich selbst planen. Nicht das Zentralkomitee einer Partei legt also fest, wie viele Sommerkleider für ein bestimmtes Jahr genäht werden, sondern Produktion und Konsum werden über den Markt gesteuert. Ein Textilunternehmer muss also selbst einschätzen, wie viele und welche Sommerkleider zu welchem Preis er herstellen und anbieten will.

Der schottische Philosoph Adam Smith (1723–1790) gilt als einer der wichtigsten Theoretiker der freien Marktwirtschaft. In ihr, so meinte Smith, komme das Eigeninteresse jedes Einzelnen letztlich allen zugute; Unternehmen etwa nützten nicht nur ihren Besitzern, deren Eigentum sie mehren, sondern der gesamten Wirtschaft: Es entstünden Arbeitsplätze, und die Güter, die gebraucht werden, würden auch produziert – da sich Abnehmer dafür fänden, lohne es sich, sie herzustellen. Konkurrenz schütze vor zu hohen Preisen, halte die Unternehmen dazu an, Qualität und Leistung zu verbessern und ihre Produkte ständig weiterzuentwickeln. Kurz, die «unsichtbare Hand des Marktes» steuere die Wirtschaft effektiver, als der Staat das jemals könnte.

Eine ganz freie Marktwirtschaft ohne jegliche staatliche Eingriffe schwebte allerdings auch Smith nicht vor. Der Staat habe als Gesetzgeber die Regeln aufzustellen und für die notwendige Infrastruktur zu sorgen, in der ein Markt sich erst entfalten könne: innere und äußere Sicherheit, Verkehrswege und vor allem Bildung mittels eines «Volkserziehungswesens» (heute würde man von *Humankapital* sprechen). Selbst in den Urländern des Kapitalismus, Großbritannien und den USA, regeln zahlreiche Gesetze den Markt. Sie verbieten etwa Preisabsprachen zwischen konkurrierenden

Unternehmen und den Zusammenschluss von Firmen, die dadurch so mächtig werden, dass sie ein Monopol erhalten und den Markt beherrschen. Außerdem ist der Markt nicht immer in der Lage, alle mit den Gütern zu versorgen, die sie brauchen. Man spricht dann von einem so genannten Marktversagen, zum Beispiel bei bestimmten Krankheiten, an denen nur wenige Menschen leiden und für deren Erforschung (und Heilung) es auf dem freien Markt kaum Anreiz gibt. Wie stark der Staat in solchen Fällen eingreifen soll und wie weit er diejenigen fördern muss, die nicht aus eigener Kraft am Arbeits- und Wirtschaftsleben teilnehmen können, darüber diskutiert man bis heute.

+++ «Die SPD berät heute über die Zukunft der sozialen Marktwirtschaft. Auf einer Konferenz der Bundestagsfraktion in Berlin wird neben Bundeskanzler Schröder auch Parteichef Müntefering sprechen. Er hatte eine breite Debatte über Auswüchse des Kapitalismus angestoßen.» (Tagesschau-Meldung vom 13. Juni 2005) +++

In Deutschland hat sich die «soziale Marktwirtschaft» entwickelt. Als ihr «Erfinder» gilt der erste Wirtschaftsminister der Bundesrepublik, Ludwig Erhard. Er sorgte dafür, dass große Konzerne nicht, wie Ende des 19. Jahrhunderts, Kartelle bilden, Preisabsprachen treffen und damit Konkurrenz und den freien Wettbewerb ausschalten konnten. Gleichzeitig ging es Erhard darum, die Beschäftigten und sozial Schwachen durch ein soziales Netz abzusichern. Kindergeld, Lohnfortzahlungen im Krankheitsfall, Sozialhilfe, die Koppelung der Renten an die Durchschnittslöhne, kurz, die Grundlagen des Sozialstaats, wie wir ihn heute kennen, wurde während des «Wirtschaftswunders» in der Ära Erhard / Adenauer geschaffen. Verankert ist diese soziale Verpflichtung in Artikel 20 des *Grundgesetzes* (siehe Kapitel 1), in dem festgestellt wird, dass die Bundesrepublik ein «demokratischer und sozialer Bundesstaat» ist.

multinationale Unternehmen

Jedes Jahr im Februar, während sich die wichtigsten Vertreter von Politik, Ökonomie und Medien zum Wirtschaftsforum in Davos treffen, versammeln sich Nichtregierungsorganisationen zum Weltsozialforum, meist im brasilianischen Porto Alegre. Auch wenn dort selten Repräsentanten multinationaler Konzerne anwesend sind, so stehen diese doch im Mittelpunkt der Aufmerksamkeit. Denn zu den jährlich wiederholten Forderungen des Sozialforums gehört der Appell an die «Multis», Mindeststandards des Arbeitsrechts und des Umweltschutzes einzuhalten und so zu einer «Globalisierung mit menschlichem Gesicht» beizutragen.

Multinationale Konzerne – Unternehmen, die in mehreren Staaten Niederlassungen oder Tochtergesellschaften besitzen – sind tatsächlich wesentliche Kräfte der Globalisierung. Die Vereinten Nationen schätzen die Anzahl jenseits nationaler Grenzen operierender Unternehmen auf etwa 65 000. Ende der achtziger Jahre betrug die Höhe der von ihnen getätigten «direkten Auslandsinvestitionen» 20 Milliarden Dollar. Zehn Jahre später war es fast zehnmal so viel: 170 Milliarden Dollar.

An den multinationalen Konzernen entzündet sich reichlich Kritik. Nur um hohe Profite zu erzielen, verlagerten sie immer größere Teile ihrer Produktion in Niedriglohnländer und zerstörten damit Arbeitsplätze in den Industriestaaten. Auch seien die Arbeitsbedingungen vor allem in der Textil- und Sportartikelindustrie verheerend. Die Arbeitszeiten seien zu lang, die Schutzvorkehrungen in den Betrieben mangelhaft, die Löhne miserabel und die Schäden für die Umwelt gravierend. Viele Kritiker fürchten ein «race to the bottom»: Die Industrieländer könnten auf Dauer nicht mit den niedrigen Löhnen konkurrieren und müssten deshalb selbst

+++ «In der Diskussion um Arbeitsplatzverlagerungen ins Ausland hat Arbeitgeberpräsident Hundt das Vorgehen deutscher Unternehmen verteidigt. Mit Auslandsinvestitionen werde die internationale Wettbewerbsfähigkeit gesteigert, sagte Hundt dem Kölner ‹Express›. SPD-Generalsekretär Benneter erklärte dagegen in der Zeitung ‹Die Welt›, es gebe bei Unternehmern die Tendenz, nur die Vorteile in Deutschland zu nutzen, einen Beitrag zur Standortsicherung aber zu verweigern.» (Tagesschau-Meldung vom 12. April 2004) +++

ihre Löhne und die sozialen, arbeits- und umweltrechtlichen Standards senken.

Die Arbeitsbedingungen in den Entwicklungsländern sind in der Tat wesentlich schlechter als in den reichen Industriestaaten. Viele Ökonomen führen allerdings zugunsten der multinationalen Konzerne an, dass sie in der Regel bessere Arbeits- und Umweltstandards böten als die einheimischen Firmen, weil sie meist mit neueren und effizienteren Technologien arbeiteten. Auf diese Weise fände ein Transfer von Know-how und Technologie statt, der zu Wachstum und Wohlstand beitragen könne.

Die Frage, ob multinationale Konzerne sich auch bei den Regierungen der Entwicklungsländer für höhere arbeitsrechtliche Standards einsetzen und beispielsweise die Zulassung von Gewerkschaften fordern sollen, beschäftigt sogar die Vereinten Nationen. Über 700 Unternehmen aus 50 Ländern schlossen sich dem «Global Compact» an, einer Initiative des UN-Generalsekretärs Kofi Annan. Darin verpflichten sie sich, vor allem in den Entwicklungsländern auf die Einhaltung der Menschenrechte zu achten und für akzeptable Arbeitsbedingungen zu sorgen. Auch wichtige Nichtregierungsorganisationen wie «amnesty international» und Gewerkschaftsverbände sind Unterzeichner des «Global Compact».

Privatisierung

Während der Regierungszeit der britischen Premierministerin Margret Thatcher (1979–1990) und des US-Präsidenten Ronald Reagan (1981–1989) hätte man die Begriffe «Liberalisierung», «Deregulierung», «Privatisierung» als heilige Dreifaltigkeit ihrer Wirtschaftspolitik bezeichnen können.

«Liberalisierung» ist der Überbegriff. Dabei geht es vor allem darum, die Rolle des Staates in der *Marktwirtschaft* zurückzudrängen. Deregulierung und Privatisierung sind Mittel dazu. Ersteres bedeutet, so viele staatliche Regeln wie möglich abzubauen, die den freien Wettbewerb auf dem Markt behindern könnten. Wobei sich trefflich darüber streiten lässt, welche Regeln notwendig sind und welche nicht.

Bei der Privatisierung werden staatliche Unternehmen teilweise oder ganz verkauft, also in private Hand überführt. Der Staat kommt damit zwar nicht dauerhaft zu Geld, denn Grundstücke oder Unternehmen im staatlichen Besitz kann er ja nur einmal veräußern. Dafür entledigt er sich der Kosten, die mit nicht profitablen Betrieben anfallen. Und er vermeidet (wenigstens vorübergehend) unpopuläre Maßnahmen wie Steuererhöhungen oder Kürzungen der öffentlichen Ausgaben.

Als Instrument der Liberalisierung dient Privatisierung aber nicht so sehr der Geldbeschaffung, sondern soll die Effizienz der Unternehmen steigern, die nun den Gesetzen der *Marktwirtschaft* unterworfen sind. Verbraucher profitierten beispielsweise davon, dass die Deutsche Telekom nach der Privatisierung die Gebühren senken musste, um sich gegen Konkurrenten zu behaupten. Privatisierungen führen jedoch keineswegs immer zu größerer Effizienz. Problematisch sind sie dann, wenn die privatisierten Firmen Entscheidungen fällen, die für die Öffentlichkeit von großer Bedeutung sind, auf die sie jedoch keinen Einfluss mehr haben. Großbritannien zum Beispiel hat sein Schienennetz wieder verstaatlicht, weil die privaten Betreiber nicht für notwendige Sicherheitsmaßnahmen sorgen konnten.

+++ «Die Union hat in der Diskussion über den Verkauf der Autobahnen Position bezogen. Der stellvertretende Fraktionsvorsitzende Meister lehnte eine Autobahn-Privatisierung zur Sanierung des Bundeshaushalts ab. In Einmalerlösen liege nicht die Lösung, sagte er der ‹Berliner Zeitung›.» (Tagesschau-Meldung vom 17. Oktober 2005) +++

Welthandelsorganisation

1947 wurde das «General Agreement on Tariffs and Trade» (GATT) in Genf gegründet, um mit einer Reihe von Verhandlungsrunden Handelsschranken wie Zölle abzubauen und den Welthandel sowie die Weltwirtschaft zu fördern. Grundlage war die «Meistbegünstigungsklausel»: Zollvergünstigungen (also geringere Zölle auf bestimmte Produkte) sollten allen Handelspartnern eines Landes gleichermaßen gewährt werden.

Mit dem «General Agreement on Trade in Services» (GATS) wurden 1993 zum ersten Mal auch der Handel mit Dienstleistungen und mit dem «Agreement in Trade-related Aspects of Intellectual Property Rights» (TRIPS) der Schutz geistiger Eigentumsrechte in den Welthandel einbezogen. Besonders TRIPS führte zu heftigen Debatten. Denn zu den geistigen Eigentumsrechten gehören nicht nur die *Urheberrechte* (siehe Kapitel 4) von Schriftstellern, Musikern oder Filmproduzenten, sondern auch Patente etwa für Arzneimittel. Reiche Länder, deren Pharmaindustrien viel Geld in die Entwicklung von Medikamenten investieren, bestehen auf einem weltweiten Schutz ihrer Patente. Ärmere Länder aber sind darauf angewiesen, unter großzügiger Auslegung des Patentschutzes «Billigversionen» beispielsweise für Retrovir-Therapien zur Behandlung von *AIDS* (siehe Kapitel 5) herzustellen, um Seuchen erfolgreich bekämpfen zu können.

+++ «Die Welthandelsorganisation WTO hat sich geeinigt, Entwicklungsländern Zugang zu preisgünstigen Medikamenten zu geben. Vor allem zur Bekämpfung von AIDS, Malaria und Tuberkulose dürfen sie Nachahmer-Arzneien importieren, die weniger kosten als patentgeschützte.» (Tagesschau-Meldung vom 30. August 2003) +++

Seit 1995 ist die Welthandelsorganisation (World Trade Organization; WTO) Nachfolgerin des GATT. Sie ist die zentrale Institution, die die Bedingungen des Welthandels regelt und diejenigen Länder bestrafen kann, die diesen Regelungen zuwider handeln. Zurzeit gehören ihr 148 Mitglieder an. Anders als im *Internationalen Währungsfonds* oder der Weltbank wird in der WTO nicht nach der Höhe der Beitragszahlungen abgestimmt, was den reicheren Ländern mehr Einfluss verschaffen würde. Alle Streitigkeiten über den Abbau von Handelsbarrieren, Subventionen und sonstigen Maßnahmen, die einen fairen Wettbewerb verhindern könnten, müssen einvernehmlich beigelegt werden. Jedes Land verfügt über ein Veto-Recht. Im Zweifelsfall entscheidet ein Schiedsgericht. Allerdings sind Industrieländer in der Lage, ganze Bataillone von Juristen in die Verhandlungsrunden zu schicken. Experten aber beobachten, dass die Entwicklungsländer in den Verhandlungsrunden der Welthandelsorganisation an Gewicht gewinnen, weil sie sich beispielsweise zu Gruppierungen wie der BRIC (Brasilien, Russland, Indien und China) oder den G 21 zusammenschließen, um ihren Forderungen nach einem gerechteren Welthandel Nachdruck zu verleihen. Oft genug sind es nämlich die Industriestaaten, die sich gegen die Liberalisierung des Handels sperren, weil sie beispielsweise ihre Landwirtschaft weiterhin hoch subventionieren und sich so einen Wettbewerbsvorteil gegenüber den Entwicklungsländern verschaffen.

+++ «Die Mitglieder der Welthandelsorganisation WTO haben sich in Genf grundsätzlich darauf verständigt, Agrarsubventionen und Zölle abzubauen. Der genaue Umfang sowie ein Zeitplan dafür müssen allerdings erst in weiteren Verhandlungen geklärt werden. Im Gegenzug sollen Einfuhrbeschränkungen für Industriegüter reduziert werden.» (Tagesschau-Meldung vom 1. August 2004) +++

Weltwirtschaftsgipfel

1975 riefen die sechs reichsten Staaten der Erde – die USA, Frankreich, Großbritannien, Deutschland, Japan und Italien – die «Gruppe der Sechs» (G 6) ins Leben. Nach dem Zusammenbruch des weltweiten Wechselkurssystems, das der *Internationale Währungsfonds* überwacht hatte, und der ersten Ölkrise (siehe Kapitel 5, *Erdöl*) sollte ein Forum entstehen, in dem die führenden Wirtschaftsnationen der Welt internationale Finanz- und Wechselkurspolitik diskutieren und sich in der Wirtschaftspolitik aufeinander abstimmen konnten.

+++ «Schuldenerlass für Afrika und strengerer Klimaschutz – das sind die Hauptthemen beim G8-Gipfel im schottischen Gleneagles. Nach Ansicht von Globalisierungskritikern könnten die Industrieländer auf diesen Gebieten noch deutlich mehr tun. Deshalb wird der Gipfel schon vor seiner Eröffnung von Protesten begleitet.» (Tagesschau-Meldung vom 6. Juli 2005) +++

Im folgenden Jahr stieß Kanada hinzu; fortan nannte man sich «G7». 1994 nahm Russland (dessen Volkswirtschaft kleiner ist als die anderer Länder, die nicht zum Club gehören) erstmals an den Treffen der G7 teil. Doch obwohl man seit 1998 von der «Gruppe der Acht» (G8) spricht, ist Russland gar kein Vollmitglied in dieser Organisation, deren jährlich rotierenden Vorsitz es 2006 übernommen hat.

Die G8 widmet sich auf ihren jährlichen Weltwirtschaftsgipfeln Fragen der Wirtschafts- und Währungsentwicklung, aber auch wichtigen Sonderthemen wie Terrorismus, Drogen- und Waffenhandel, Kernenergie oder bewaffnete Konflikte. Großbritanniens Premier Tony Blair rückte während seiner Präsidentschaft 2004 die Probleme Afrikas, insbesondere die Frage der *Armutsbekämpfung* (siehe Kapitel 2), in den Mittelpunkt.

МЕЧТЫ,

4. Kultur & Religion

Wie Werte und Gewissheiten sich ändern

Kultur schafft Grenzen und verbindet

Die Geschichte begann mit einem dänischen Kinderbuchautor, der sich wunderte: Weit und breit schien es keinen Zeichner zu geben, der bereit war, seiner Biographie des Propheten Mohammed Illustrationen beizusteuern. Der Prophet dürfe nicht abgebildet werden, wandten manche ein. Man wolle keinen Ärger mit radikalen Fundamentalisten bekommen, gaben andere zu bedenken. Eher beiläufig erzählte der Kinderbuchautor einem Chefredakteur von seinen Schwierigkeiten.

Im Sommer 2005 schrieb die Zeitung «Jyllands-Posten» daraufhin einen Karikaturen-Wettbewerb aus. Im September veröffentlichte sie elf Zeichnungen, die sich vor allem mit dem Thema «Islam und Terrorismus» auseinander setzten und auch in der Redaktion heftig umstritten waren. Eine davon zeigte einen grimmig dreinblickenden Propheten Mohammed mit einer Bombe als Turban – eine Anspielung auf Terrorattentate islamistischer Fundamentalisten, die für sich in Anspruch nehmen, im Namen des Islam zu handeln.

Sechs Monate später hatten die Karikaturen, gedruckt in einer Zeitung, die bis dahin außerhalb Dänemarks so gut wie niemand kannte, einen Sturm der Entrüstung ausgelöst. Im Libanon und in den palästinensischen Gebieten wurden

+++ «Der Zorn in der islamischen Welt über die Mohammed-Karikaturen hält unvermindert an. Im Irak, in Indonesien, Thailand und Ägypten gingen Tausende aufgebrachte Muslime auf die Straße. Zum Teil kam es zu heftigen Ausschreitungen, unter anderem in der iranischen Hauptstadt Teheran.»
(Tagesschau-Meldung vom 7. Februar 2006) +++

dänische Konsulate und Kultureinrichtungen gestürmt. Auf den Philippinen, in Indonesien und im Iran, in Pakistan, der Türkei, Ägypten, Syrien oder Afghanistan verbrannten erzürnte Demonstranten dänische Fahnen. In Nigeria kam es zu Ausschreitungen der muslimischen Bevölkerung gegen Christen, bei denen sechzehn Menschen getötet wurden. In Berlin, London und Paris protestierten Muslime gegen die «Beleidigung des Islam» und forderten Respekt für ihre Religion. In den Spalten westlicher Zeitungen und in Talkshows wurde immer wieder das Schlagwort vom «Kampf der Kulturen» bemüht (siehe Kapitel 2). Sollte der amerikanische Politologe Samuel Huntington doch Recht behalten, als er in seinem 1996 in den USA erschienenen Buch die These vertrat, dass in Zukunft nicht mehr Staaten oder Ideologien miteinander in Konflikt geraten würden, sondern Kulturen?

Kultur stammt vom lateinischen Wort «cultura» für «Ackerbau» und ist, im Gegensatz zu dem, was die Natur hervorbringt, «das vom Menschen Geschaffene» – Kunst, Literatur, Musik, aber auch ein Wertesystem, das sich durch Traditionen und Gebräuche entwickelt hat. Kultur war nie in Stein gemeißelt, sondern immer von Austausch geprägt. Zu allen Zeiten aber war sie zugleich auch ein Mittel der Selbstvergewisserung – eine Antwort auf die Frage, wer «zu uns» und wer «nicht zu uns» gehört, wer «wir» und wer «die anderen» sind. Im antiken Griechenland mochten Athener Kriege gegen die Spartaner führen. Doch als es gegen die persischen Feinde gehen sollte, besann man sich auf die Gemeinsamkeiten. Denn nach antikem griechischen Verständnis waren alle Menschen außerhalb des eigenen Kulturkreises «Barbaren», selbst wenn sie, wie die Perser, mindestens Ebenbürtiges an Architektur, Literatur oder Kunst hervorbrachten.

«Dort» trugen die Männer Bärte, und die Menschen sprachen eine Sprache, die in griechischen Ohren wie unverständliches Kauderwelsch klang. Vor allem aber verehrten sie «andere Götter und Heiligtümer», ihre Götter trugen unbekannte Namen, und sie hatten eine andere Vorstellung davon, was erlaubt und was verboten sei. Selbst über Gut und Böse gingen die Meinungen auseinander. Und in Fragen der Religion waren die Menschen von jeher schnell mit der Annahme bei der Hand, nur der eigene Glaube böte die letzten Wahrheiten und den einzigen Weg zum Heil.

Die Europäer des Mittelalters definierten sich im Gegensatz zum mohammedanischen «Morgenland» als «christliches Abendland». Im Ottomanischen Reich wurde die Welt in das «Haus des Islam und des Friedens» und das «Haus des Krieges» außerhalb des eigenen Kulturkreises unterteilt. Chinesen, die die Lehren des Konfuzius zu einer Art Staatsreligion erhoben, wuchsen über Jahrtausende mit dem Selbstverständnis auf, dass ihr Land das «Reich der Mitte» sei – der Nabel der Welt und eine großartige Kultur, der alle anderen hoffnungslos unterlegen seien.

Aber nicht nur aus Glaubensgründen wurde zwischen «uns» und den «anderen» unterschieden. Bis ins 20. Jahrhundert hinein war es in Deutschland üblich, eine Trennlinie zwischen «Zivilisation» und «Kultur» zu ziehen. So konnte man sich vom Westen – Großbritannien, den USA und Frankreich – abgrenzen, zu dem man sich keineswegs selbst zählte. Für zahlreiche deutsche Philosophen, Historiker oder Schriftsteller war Zivilisation nur etwas Äußerliches – ein Gefäß, und ein ziemlich dünnwandiges dazu. Mochten Briten mit Einfallsreichtum und wirtschaftlichem Erfolg bestechen, Franzosen einen universalen Fortschrittsglauben hegen und die USA sich spätestens zu Beginn des 20. Jahrhunderts zur neuen Supermacht entwickelt haben: Das alles

+++ «Der Präsident der EU-Kommission, Barroso, hat dazu aufgerufen, die Unterschiedlichkeit der europäischen Kulturen zur Stärkung Europas zu nutzen. Dessen Identität beruhe auf Vielfalt, sagte er auf der Europäischen Kulturkonferenz in Berlin.» (Tagesschau-Meldung vom 26. November 2004) +++

beruhte nach Ansicht deutscher Nationalisten auf äußeren, materiellen Faktoren wie Technik, einer hohlen Maschinenwelt ohne jede Seele. Denn die drücke sich, so meinten sie, nur in der Kultur aus, wozu die Werte und Ideale, die «höhere sittliche, geistige und künstlerische Bildung» einer Gesellschaft gehörten. Die westlichen Länder mochten sich Zivilisationen nennen. An Kultur aber, darin war man sich einig, hatten sie recht wenig vorzuweisen.

Für die angelsächsischen Länder aber war «Zivilisation» (die sie selbst mit «culture» übersetzen, während «civilization» eher «Kulturkreis» bedeutet) kein untergeordneter Begriff. Es war das tragende Fundament, das sich in Idealen wie Freiheit, *Demokratie*, Individualismus, Gleichheit vor dem Gesetz und Achtung der Verfassung niederschlug. Erst auf diesem Fundament könnten sich verschiedene Kulturen, Traditionen, Gebräuche entfalten.

Heute würde wohl kaum noch jemand bezweifeln, dass Deutschland ebenfalls zum «Westen» gehört, und die Unterscheidung zwischen «Kultur» und «Zivilisation» ist hinfällig geworden. Doch Ideen wirken fort – und nicht nur in überheblichem Naserümpfen über die angebliche Kulturlosigkeit «der» Amerikaner. Bis vor kurzem stellte man die «ernste Kultur» (Oper, klassische Musik, Kunst und Literatur), die zu jener «höheren geistigen und sittlichen Bildung» beitrage, der «Unterhaltungskultur» gegenüber (wozu man Film, Comics, Fernsehen oder Popmusik zählte). Erst in jüngster Zeit beschäftigen sich die Kulturwissenschaftler auch mit «Alltagskultur», zu der alles gehört, was die unmittelbare Lebenswelt betrifft – Essgewohnheiten und Freizeitbeschäftigungen, Kleidungsstile oder Sport.

Auch im deutschen Staatsbürgerschaftsrecht schlug sich die eigensinnige Unterscheidung zwischen Kultur und Zivilisation nieder. Jedes Kind, das in Frankreich, Groß-

britannien oder den USA geboren wird, ist automatisch französischer, britischer oder amerikanischer Staatsbürger. Es gilt das «Jus solis», das Territorialprinzip, und dahinter steht die Auffassung, dass man Franzose, Brite oder Amerikaner werden könne, ganz gleich, welchen kulturellen Hintergrund die Eltern haben. In Deutschland galt bis 1999 das «Jus sanguinis», das Abstammungsprinzip. Danach hatte man nur dann ein Recht auf die deutsche Staatsbürgerschaft, wenn man deutsche Eltern oder Vorfahren hatte. Nach dieser Auffassung war es nahe liegend, die Einwanderung russischer Staatsbürger zu erleichtern, deren Vorfahren vor Generationen aus Deutschland ausgewandert waren, während die Hürden beispielsweise für türkische Staatsbürger viel höher lagen, selbst wenn sie in Deutschland geboren wurden oder schon lange dort lebten. Nur langsam setzte sich die Einsicht durch, dass Deutschland ebenfalls ein Einwanderungsland ist und dass man in offen geführten Debatten herausfinden muss, auf welche gemeinsamen Werte sich Menschen unterschiedlicher kultureller Hintergründe einigen können.

Wagner in Tokio, Techno in Bangalore

Kulturen schaffen Identität und grenzen ab – aber gleichzeitig sind ihre Grenzen fließend. Unter Deutschen kann man sich als Bayer, unter Europäern als Deutscher, unter Chinesen als Europäer verstehen. Zelebriert der *Papst* vor Tausenden Besuchern aus Europa, Afrika, Lateinamerika und Asien eine Messe auf dem Petersplatz in Rom oder treffen sich junge Katholiken beim Weltjugendtag in Köln, werden sich die meisten von ihnen nicht als Bürger eines bestimmten Landes empfinden (auch wenn bei diesen Gelegenheiten reichlich Fahnen geschwenkt werden), sondern als Katholiken. Dem Islam gehören mehr als eine Milliarde Menschen an. Aber sie sprechen neben Arabisch auch Türkisch, Persisch oder Urdu, Englisch, Deutsch oder Französisch, und sie haben ganz unterschiedliche Vorstellungen davon, welchen Stellenwert die Religion in ihrem täglichen Leben einnimmt. Außerdem ist Religion mit Sicherheit nicht der einzige kulturelle Einfluss, der sie prägt.

+++ «Zauberhaft inszeniert war die Präsentation des sechsten Harry-Potter-Bandes auf Schloss Edinburgh. Vor begeisterten Fans des berühmten Zauberschülers gab die Autorin Rowling selbst den Startschuss für den Verkauf von ‹Harry Potter and the Half-Blood Prince›. Die ersten fünf Bände der Romanreihe wurden in 62 Sprachen übersetzt.» (Tagesschau-Meldung vom 16. Juli 2005) +++

Kulturelle Einflüsse verbreiten sich in alle Richtungen, inspirieren, fordern zum Widerspruch heraus oder gehen manchmal kuriose Mischungen ein. Kunst, Architektur, Literatur oder Musik, die in Isolation entstehen und auf Inspiration von außen verzichten müssten, wären bald zu Eintönigkeit und Langeweile verdammt. Mehr denn je und schneller denn je wandern kulturelle Produkte jeglicher Form durch die Welt. Aber es ist schwer zu sagen, warum manches sich durchsetzen kann und anderes nur in bestimmten Kulturkreisen verbreitet ist. Fast in jedem Winkel der Erde kennt man die Geschichte von Lord Voldemort, Harry Potter und dessen Freunden Ron Weasley und Hermine Granger. In japanischen Opernhäusern werden die Werke von Richard Wagner aufgeführt, Clubs in Hongkong oder Bangalore spielen Techno-Musik, die in Berlin oder Chicago entstanden ist. Und nicht selten handelt es sich dabei um Cover-Versionen traditioneller chinesischer oder indischer Musik, die auf diese Weise wieder belebt wird.

Amerikanische Popkultur findet rund um den Globus reißenden Absatz, doch Baseball – die uramerikanischste Sportart – hat außerhalb der USA kaum Anhänger. Der *Fußball* hingegen hat seinen Siegeszug fast durch die gesamte Welt angetreten. Noch vor wenigen Jahren machten die Europäer zusammen mit Brasilien und Argentinien die Weltmeisterschaften unter sich aus. Jetzt sind Teams aus Afrika oder Asien zu ernsthaften Konkurrenten geworden. Und den silbernen Bären der Berlinale gewann 2006 ein iranischer Film über einen weiblichen Fußballfan: Weil Frauen bis vor kurzem der Zutritt zu Fußballstadien wegen der strengen Sittengesetze in der islamischen Republik verboten war, versucht die Hauptfigur, sich mit allen möglichen Tricks unter die Zuschauer zu schmuggeln.

Ob Schanghai, Lagos oder São Paulo, die Bilder der Megacitys in Asien, Afrika oder Lateinamerika ähneln sich. Über den Metropolen hängt eine graue Smogwolke, die Straßen sind von Mopeds, Autos und Lastern verstopft, im Zentrum funkeln die Wolkenkratzer, und an den Peripherien wuchern endlose Siedlungen schäbiger Hütten. Reisende in Europa beobachteten vor 150 Jahren ähnliche Bilder. Fabrikschlote stießen schwarzen Rauch in die Luft, in den vornehmeren Vierteln entstanden grandiose Villen, während sich in den Armenquartieren die Menschen auf dichtestem Raum drängten.

Heute durchlaufen die sich entwickelnden Länder einen ähnlichen Prozess der Modernisierung, wie er in Europa seit dem 18. Jahrhundert im Gang ist. Urbanisierung und Industrialisierung, Alphabetisierung und höhere soziale Mobilität, Veränderung der Familienstrukturen und Wandlung des Berufslebens heißen die Stichworte, mit denen er umschrieben werden kann: Immer mehr Menschen zieht es vom Land in die Städte; ein Auskommen sucht man nicht mehr – wie in «traditionellen Gesellschaften» – in der Landwirtschaft, sondern in der Fabrik; die sozialen Bindungen verändern sich, die Großfamilien lösen sich auf.

Neue Techniken und Erfindungen verbreiten sich schneller denn je. Internet-Cafés gibt es in Kairo wie in Teheran, in Neu-Delhi wie in Nairobi. (Aber nicht in den ärmsten Ländern oder in den ländlichen Gegenden der Entwicklungsländer, weshalb sich eine «digitale Kluft» auftut und viele Millionen Menschen von den modernen Kommunikationssystemen abgekoppelt sind.) Kaum kommt ein Land zu einem gewissen Wohlstand, schießen Starbucks- und McDonald's-Filialen aus dem Boden. Umgekehrt gibt es in jeder europäischen oder amerikanischen Metropole wesentlich mehr chinesische, japanische oder italienische Restaurants als McDonald's-Filialen. Auch die Mode scheint gleichförmiger zu werden. In den chinesischen Städten trägt man längst nicht mehr den Mao-Anzug aus grauem oder taubenblauem grobem Leinen, sondern Jeans und Basecaps, Turnschuhe und T-Shirts. Dieser Look ist im Nahen Osten ebenso beliebt wie in Lateinamerika und Afrika. Auch dort finden auf den «Mitumba»-Märkten, auf denen gespendete Kleidung aus den reichen Industrieländern angeboten wird, nur T-Shirts und Hosen in den gerade modischen Farben und Schnitten reißenden Absatz. Entsteht also eine einförmige Kultur, obendrein eine, die westlich geprägt ist?

Dass Elemente verschiedener Kulturen sich mischen, dass neue Technologien rasch Verbreitung finden und Lebenswelten im Zuge der Modernisierung zumindest äußer-

lich einander ähnlich werden, bedeutet noch lange nicht, dass eine einförmige Kultur entsteht. Unsere Identität beziehen wir gewiss nicht nur aus der Sportart, die wir bevorzugen, den Büchern, die wir lesen, oder durch die Art, wie wir uns kleiden. Wer Romane des brasilianischen Bestsellerautors Paulo Coelho verschlingt, Sushi mag oder gerne Hollywoodfilme anschaut, wird nicht Brasilianer, Japaner oder Amerikaner. Man kann als Jude gerne die lateinischen Messen hören, die Mozart für die katholische Kirche schrieb, als Buddhist die Schriften des chinesischen Philosophen Konfuzius und als Christ den Koran auf Arabisch studieren, wie es an jedem Institut für Islamwissenschaften geschieht.

Der Genuss von Kulturprodukten und die Nutzung modernster Technik allein hebt noch keine Unterschiede auf und schafft keine Identitäten. Sie werden durch die Werte geprägt, die sich in einer langen Geschichte der Religion und der Auseinandersetzung mit ihr, durch Traditionen und durch Gesetze entwickeln.

Der lange Weg zur Demokratie

Europäische Abenteurer machten sich im 15. Jahrhundert auf, die Welt jenseits der ihnen bekannten Grenzen zu erforschen. Bis dahin hatten die Europäer noch geglaubt, die Erde sei eine Scheibe, um die sich die Sonne drehe, und sie sei nach dem Schöpfungsplan Gottes in sieben Tagen entstanden. Nun tat sich vor ihnen eine unermessliche Vielfalt an Pflanzen und Tieren auf. Menschen lebten in Gegenden, die man bislang für unbewohnbar gehalten hatte. Und wenn man immerzu in eine Richtung reiste, kam man nicht ans Ende der Welt, sondern umrundete sie. «Vergesst, was ihr gehört habt, wir haben es gesehen, und das Gegenteil ist wahr», schrieb ein portugiesischer Seefahrer im 16. Jahrhundert seiner Familie zu Hause.

Mit den europäischen Abenteurern begann eine Kultur der Skepsis und des Zweifels. Die Bibel allein konnte die Welt nicht mehr erklären. Es reichte auch nicht, die antiken Philosophen zu studieren, die sich zwar zahlreichen Phänomenen der Natur gewidmet, aber ihre Schlussfolgerungen nicht selten aus reinem Nachdenken gezogen hatten. Man musste die Dinge aus eigener Anschauung erfahren und sie systematisch untersuchen. So brach das Zeitalter der Wissenschaften an. Nikolaus Kopernikus wies nach, dass sich die Sonne um die Erde drehte und nicht umgekehrt. Charles Darwin warf die Lehre von der «Unveränderbarkeit der Arten» über Bord. Die Tiere seien eben nicht schon vor Urzeiten in ihrer jetzigen Form von Gott geschaffen worden, sondern sie hätten sich durch «Evolution» entwickelt. Und das galt auch für den Menschen. Dessen Vorfahren seien nun einmal leider eine Affenart gewesen, aus der sich Mensch und Menschenaffe entwickelt hätten, und nicht Adam und Eva.

Stück für Stück wurde das Christentum seines Anspruchs beraubt, die einzig gültige Deutung der Welt zu besitzen. Man kam immer mehr zu der Überzeugung, dass es keine «absolute Wahrheit» gab, sondern nur viele verschiedene Wahrheiten, die immer wieder durch Forschung und Wissenschaft überprüft werden mussten und einander nicht selten widersprachen.

+++ «Mit einem Gottesdienst hat die evangelische Kirche in Erfurt an den Klostereintritt von Martin Luther vor 500 Jahren erinnert. Der Kirchenreformator war dort dem Augustiner-Orden beigetreten. Der Legende nach hatte er gelobt, Mönch zu werden, nachdem er von einem schweren Unwetter überrascht worden war. Die hannoversche Landesbischöfin Käßmann sagte, damit habe eine Geschichte begonnen, die Europa und die ganze Welt verändert habe.» (Tagesschau-Meldung vom 26. Juni 2005) +++

Was sich in wenigen Zeilen beschreiben lässt, zog sich in einem blutigen Prozess über Jahrhunderte hin. Der Reformator Martin Luther forderte Anfang des 16. Jahrhunderts, die Praxis des Ablasshandels abzuschaffen, bei dem die katholische Kirche die Gläubigen gegen eine «Gebühr» von ihren Sünden freisprach. Mit scharfen Worten geißelte Luther die Päpste: Sie hätten sich als korrupt erwiesen und seien längst keine moralischen Vorbilder mehr, deshalb habe der *Papst* das Recht darauf verwirkt, das Oberhaupt der Kirche zu sein. Auch sollte jeder Gläubige wissen, was in der Bibel steht. Bis dahin konnten nur Gebildete sie lesen, da sie in lateinischer Sprache verbreitet war. Luther übersetzte sie ins Deutsche und prägte unsere Sprache dadurch wesentlich.

Zahlreiche Herrscher (und zwangsweise auch ihre Untertanen) schlossen sich den Lehren Luthers an, andere waren bereit, gegen die «Ketzer» und für *Papst* und katholische Kirche in den Krieg zu ziehen – wobei alle Beteiligten auch recht weltliche Ziele wie die Eroberung fremder Gebiete nicht aus dem Auge verloren.

Im Verlauf der Religionskriege – dem Dreißigjährigen Krieg, der Deutschland von 1618 bis 1648 verwüstete; den Bürgerkriegen in England, die 1649 zur Hinrichtung König

Karls I. führten; während der Verfolgung der Hugenotten in Frankreich Ende des 17. Jahrhunderts oder der Inquisition und der Hexenverfolgungen überall in Europa – wurden ganze Landstriche im Namen Gottes entvölkert und Tausende Menschen für ihre Überzeugungen gefoltert und getötet. Neue Grundlagen waren nötig: Die Herrscher sollten nicht mehr für sich in Anspruch nehmen können, unangreifbar zu sein, weil sie eine göttliche Ordnung verträten.

Nicht von ungefähr besannen sich die Naturwissenschaftler und Philosophen der Renaissance und der Aufklärung auf die Errungenschaften vor allem der römischen Antike. Von den Römern lernten sie, welche Bedeutung das Recht für eine zivilisierte Existenz hat. Und dass dieses Recht von den Menschen geschaffen wird, nicht von Gott gegeben ist.

Die Erkenntnisse der Forschung, der Wunsch nach einer gesicherten politischen Ordnung und die tiefe Sehnsucht nach einem Ende der Religionskriege führten zu einer Formel, die vor allem schottische und englische Aufklärer im 17. Jahrhundert ersannen: Man müsse Staat und Religion voneinander trennen. Für das Seelenheil jedes Einzelnen könne Gott zuständig bleiben, aber das Miteinander der Menschen sollten allein die weltlichen Gesetze regeln. Es sei Aufgabe des Staates, diese Ordnung notfalls mit Gewalt aufrechtzuerhalten, aber er habe nicht die Macht, über Segen oder Verdammnis zu entscheiden. Und jede Gesellschaft brauche als «Bindemittel» Respekt und Toleranz, damit unterschiedliche Auffassungen friedlich mit- und nebeneinander existieren können.

Die grandiose, in einem langen Prozess entwickelte Idee der Aufklärung und die Grundlage der *Demokratie* war und ist es, jedem Einzelnen freizustellen, wie er es mit der Religion halten, ob er ein im religiösen Sinn segensreiches oder verdammenswertes Leben führen will. Der Staat soll sich nicht einmischen, sofern nicht Leib, Leben oder Eigentum eines anderen Menschen gefährdet sind. Respekt gilt nicht mehr der Religion als solcher, sondern der Person, die einem bestimmten Glauben anhängt – oder jeglichen Glauben ablehnt. Jeder besitzt das Recht, nach seinen Überzeugungen und frei von Diskriminierung und Benachteiligung zu leben, und niemandem darf aufgrund seiner Überzeugungen Schaden an Besitz, Leib oder Leben zugefügt werden.

Trennung von Staat und Kirche als Fundament der *Demokratie* bedeutet keinen Verzicht auf Religion und schon gar nicht «Wertelosigkeit», sondern die Freiheit, die Angelegenheiten der Menschen zwischen den Menschen zu regeln, ohne Gott als Schiedsrichter anzurufen.

+++ «In Frankreich soll in öffentlichen Schulen das Tragen auffälliger religiöser Symbole wie muslimischer Kopftücher, großer Kreuze und jüdischer Kippas künftig verboten sein. Das kündigte Staatspräsident Chirac in Paris an. Ein entsprechendes Gesetz soll im Parlament beraten werden. In einer Grundsatzrede über das Verhältnis von Staat zu Religion erklärte Chirac, weltanschauliche Neutralität sei ein Grundpfeiler der französischen Republik.» (Tagesschau-Meldung vom 17. Dezember 2003) +++

Die Allgemeine Erklärung der Menschenrechte

«Alle Menschen sind frei und gleich an Würde und Rechten geboren. Jeder hat Anspruch auf die in dieser Erklärung verkündeten Rechte und Freiheiten ohne einen Unterschied etwa nach Rasse, Hautfarbe, Geschlecht, Sprache, Religion, politischer und sonstiger Überzeugung, nationaler und sozialer Herkunft, Vermögen, Geburt oder sonstigem Stand.» So lauten die ersten beiden Artikel der am 10. Dezember 1948 von den *Vereinten Nationen* (siehe Kapitel 2) verkündeten «Allgemeinen Erklärung der Menschenrechte». Bis dato erkannte das Völkerrecht lediglich die Rechte souveräner Staaten an. In der Erklärung der Menschenrechte aber setzte sich eine Grundidee der Aufklärung durch: Das Recht des Einzelnen wird höher gestellt als die Rechte und Pflichten eines Kollektivs – solange er die Rechte eines anderen nicht verletzt. Und wo diese Rechte verletzt werden, muss nicht aus dem Willen Gottes abgelesen werden, das regeln

+++ «UN-Menschenrechtskommissarin Robinson sieht die internationalen Menschenrechte bedroht. Nach den Anschlägen vom 11. September und der Eskalation des Nahostkonflikts liefen die Menschenrechte Gefahr, untergraben zu werden. Vor der UN-Menschenrechtskommission in Genf beklagte sie eine zunehmende Islamfeindlichkeit und kritisierte anti-arabische sowie antisemitische Tendenzen.» (Tagesschau-Meldung vom 18. März 2002) +++

Strafgesetzbuch, Verfassung sowie offen und friedlich geführte Debatten.

Eine Welt, die sehr viel enger vernetzt ist als je zuvor, bringt einen wesentlich größeren Austausch zwischen den Kulturen mit sich – aber auch größere Konflikte. Eine Welt, die enger zusammenrückt, wird nicht unbedingt überschaubarer, oft wird sie sogar verwirrender. Auseinandersetzungen werden zwischen Kulturkreisen, die durch unterschiedliche Wertvorstellungen geprägt sind, ebenso geführt wie innerhalb von Gesellschaften. Immer mehr Menschen gehören einer ganzen Reihe von Gruppierungen an. Sie müssen sich frei und ohne Zwang als Bürger eines Landes, Angehörige einer bestimmten Religionsgemeinschaft, ethnischen Gruppe oder sexuellen Orientierung verstehen können.

In den USA kämpfen christliche Fundamentalisten gegen das Recht auf Abtreibung. Martin Scorseses Film «Die letzte Versuchung Christi» empfanden viele Christen als blasphemisch. Und beim Streit um die Karikaturen in der «Jyllands-Posten» stand die Frage im Zentrum, ob es ein «Recht auf Ironie» gibt, selbst wenn sich andere Menschen dadurch in ihren religiösen Gefühlen verletzt fühlen. Solche Auseinandersetzungen sind unvermeidbar, denn dabei geht es um die Sehnsucht, sich in einer dauernd verändernden Welt (auch mit Hilfe der Religion) Gewissheiten zu verschaffen. Und solange sie mit friedlichen Mitteln geführt werden, tragen sie zu einem besseren wechselseitigen Verständnis bei.

Zwar würde niemand behaupten, dass es um die Einhaltung der Menschenrechte überall zum Besten bestellt ist. Aber mit ihnen wurden zum ersten Mal unveräußerliche Rechte festgelegt, auf die sich alle Menschen berufen können, gleich welchem Kulturkreis sie angehören.

Analphabetismus

Erst die Einführung einer allgemeinen Schulpflicht sorgte wohl dafür, dass der Ausdruck «Analphabet» auch als Schimpfwort benutzt wurde. Bis dahin war es selbst für einige gebildete Mitteleuropäer nicht selbstverständlich, lesen zu können, geschweige denn für das «einfache Volk». Sogar die alten Römer maßen, aller Kultiviertheit zum Trotz, anderen Fähigkeiten mehr Bedeutung zu. Sie bezeichneten jemanden als ungebildet, der nicht schwimmen konnte.

Laut UNESCO (der Organisation für Bildung, Wissenschaft und Kultur der Vereinten Nationen) gelten Personen über 15 Jahre, die nicht lesen können, als Analphabeten. Neben Krankheit und Krieg dürfte der Analphabetismus eines der größten Hindernisse für die wirtschaftliche Entwicklung eines Landes sein. Er ist am weitesten in den Entwicklungsländern verbreitet, wo 95 Prozent der Analphabeten leben, und dort wiederum am meisten unter Frauen. In Gesellschaften, die Frauen keinen Platz im öffentlichen Leben einräumen, oder in sehr armen Ländern wird es häufig als Zeit- und Geldverschwendung betrachtet, Mädchen zur Schule zu schicken, da sie ohnehin nicht zum Lebensunterhalt der Familie beitragen würden.

+++ «Alarmierende Zahlen zum weltweiten Bildungsstand hat heute die UN-Bildungsorganisation UNESCO vorgelegt. Danach gehen mehr als 100 Millionen Kinder nicht zur Schule. Außerdem seien Mädchen und Frauen in den meisten Entwicklungsländern bei der Schul- und Berufsausbildung immer noch benachteiligt. Etwa zwei Drittel von den insgesamt rund 860 Millionen Analphabeten seien Frauen.» (Tagesschau-Meldung vom 11. Dezember 2003) +++

Aber auch in den hoch entwickelten Industrieländern ist Analphabetismus keineswegs nur eine Randerscheinung. Schätzungen zufolge werden in Deutschland rund 15 Prozent der Bewerber um einen Ausbildungsplatz abgewiesen, weil sie «sekundäre Analphabeten» sind: Sie haben in der Schule nie richtig lesen und schreiben gelernt, und selbst ihre

Grundkenntnisse (meist aus Mangel an Übung) wieder verloren. Weil Analphabetismus in den entwickelten Ländern als schwerer Makel gilt, bemühen sich die meisten Betroffenen zu verbergen, dass sie Hinweisschilder nicht entziffern, Briefe nicht beantworten oder Formulare nicht ausfüllen können. Immer wieder wird deshalb in öffentlichen Kampagnen, etwa mit Werbespots, versucht, für Verständnis zu werben und die Betroffenen dazu zu bewegen, ihre Lese- und Schreibschwäche zuzugeben und an Kursen beispielsweise in Volkshochschulen teilzunehmen.

Demokratie

Der griechische Philosoph Aristoteles, von dem der Begriff «Demokratie» stammt, verstand darunter die «Herrschaft des Volkes». Wobei im antiken Athen, das als Wiege der Demokratie gilt, nur die Herrschaft der Freien gemeint war – Frauen, Sklaven und Nichtbürger Athens waren ausgeschlossen, wenn sich das «Volk» auf dem Marktplatz des Stadtstaates traf, um über Gesetze abzustimmen. Für den amerikanischen Präsidenten Abraham Lincoln war Demokratie «die Regierung des Volkes durch das Volk und für das Volk». Und der britische Premier Winston Churchill bezeichnete sie als «die schlechteste aller Regierungsformen – abgesehen von all den anderen, die von Zeit zu Zeit ausprobiert worden sind».

Nicht alle Staaten, die das Wort «demokratisch» im Namen führen, sind Demokratien. Sondern nur jene, deren politisches System einige «Mindeststandards» erfüllt. Es müssen regelmäßig freie, geheime, gleiche und allgemeine Wahlen stattfinden, die einen friedlichen Regierungswechsel ermöglichen. Außerdem muss eine Gewaltenteilung in Legislative (Gesetzgebung), Exekutive (Vollziehung) und Judikative (Rechtsprechung) garantiert sein, denn «Demokratie» bedeutet nicht nur Volksherrschaft, sondern auch «Herrschaft des Rechts». Sie geht von dem Gedanken aus, dass jedem Einzelnen unveräußerliche und unantastbare Rechte zustehen, wie sie in den ersten Artikeln des *Grundgesetzes* (siehe Kapitel 1) und in jeder demokratischen Verfassung festgelegt sind. Minderheiten müssen sich ungehindert Gehör verschaffen können.

Was heute ganz selbstverständlich klingt, ist in einem langen geistesgeschichtlichen Prozess entstanden, in dem Baustein auf Baustein geschichtet wurde. Aus dem antiken

Athen stammt die Idee, Herrschaft nicht einfach zu dulden, sondern öffentlich über sie zu debattieren – womit ein weiteres Element der Demokratie genannt wäre. Das antike Rom steuerte einen festgelegten, überprüfbaren und einklagbaren Rechtskodex bei, der in Teilen bis heute gilt. Die Erfahrung der Religionskriege in Europa (und die Erinnerung an die Errungenschaften der Antike) inspirierte die Philosophen der Aufklärung zu einem weiteren revolutionären Gedanken: der Trennung von Religion und Staat. An die Stelle des Glaubens sollte die Vernunft treten. Und da jeder Mensch ein vernunftbegabtes Wesen sei, müsse dessen Willen auch im Staatswesen repräsentiert sein.

Genau diese «repräsentative Demokratie» hat sich als die übliche Form der Demokratie durchgesetzt: Das Volk entsendet für eine begrenzte Zeit Repräsentanten ins Parlament, die seine Interessen vertreten sollen – so genannte Volksvertreter. In einigen Staaten wie der Schweiz oder im amerikanischen Bundesstaat Kalifornien gibt es darüber hinaus auch so genannte plebiszitäre Elemente: Per Volksentscheid oder Referendum stimmen die Bürger direkt über bestimmte Gesetze ab; so gestatteten die Kalifornier die Forschung an embryonalen Stammzellen, und in der Schweiz entschieden die Bürger und nicht ihre Volksvertreter, dass das Land dem Schengener Abkommen (siehe Kapitel 2, *Europäische Union*) beitreten soll.

+++ «Mehrere zehntausend Menschen haben in Hongkong für mehr Demokratie demonstriert. Die Teilnehmer riefen die chinesische Regierung auf, in der früheren britischen Kronkolonie freie Wahlen zuzulasssen. Die Kundgebung richtete sich vor allem gegen die geplante begrenzte Wahlrechtsreform.» (Tagesschau-Meldung vom 4. Dezember 2005) +++

Die Diktatur hat nur ein Gesicht, nämlich die Unterdrückung durch eine bestimmte Elite, die ihre Ideologie und ihre Vorstellungen von oben herab mit Gewalt durchsetzt. Die Demokratie hingegen hat viele Gesichter. Sie kann als konstitutionelle Monarchie organisiert sein wie in Belgien, Spanien oder Großbritannien oder als präsidiale Demokratie wie in den USA, wo der Präsident direkt (und nicht durch das Parlament) gewählt wird und über mehr Macht verfügt als etwa der deutsche *Bundeskanzler* (siehe Kapitel 1). Aber immer geht sie von der aktiven Teilnahme ihrer Bürger aus; deshalb sind Presse- und Versammlungsfreiheit so wichtige Elemente. Und sie ist das einzige politische Gemeinwesen, das die Fähigkeit zur friedlichen Selbstkorrektur besitzt.

Fußball

Den Holländern sagt man die Fertigkeit des inspirierten Angriffs nach; das italienische Spiel sei durch eine disziplinierte Verteidigung geprägt; die Brasilianer, so meint der ehemalige deutsche Nationalspieler Günter Netzer, seien verliebt in ihre eigenen Fertigkeiten, würden sich anders bewegen als die Nordeuropäer und zeigten eine überschäumende Ballfreude. Der Torinstinkt wiederum, die Schusskraft und die Bereitschaft zu arbeiten, die etwa den Mittelstürmer Michael Ballack auszeichne, seien «typisch deutsch».

Wenn Fußball nicht nur am Stammtisch und unter Sofatrainern Anlass zu Überlegungen über «nationale Eigenheiten» gibt, wenn Millionen beim «Confederations Cup» oder den Europa- und Weltmeisterschaften mitfiebern, wird man mit Fug und Recht behaupten können, dass diese Sportart ein Kulturereignis ist.

Der Literaturwissenschaftler Hans Ulrich Gumbrecht erklärt die Faszination Fußball mit den Unterschieden zwischen verschiedenen Ballspielen. Wenn nämlich der Ball vor allem mit der Hand gespielt wird, müsste die im Ballbesitz befindliche Mannschaft versuchen, einen bestimmten Spielzug auszuführen, während es Ziel der anderen Mannschaft ist, genau das zu verhindern. Beide Seiten würden sich folglich auf eingeübte Spielzüge verlassen, weshalb American Football, Basketball oder Handball vor allem strategische Kämpfe seien, in denen verschiedene Spielsysteme aufeinander prallen. (Dass sie auch außerhalb des Spielfeldes genutzt werden können, bewies der amerikanische General Norman Schwartzkopf während des Zweiten *Golfkriegs* von 1991 [siehe Kapitel 2]. Der Bodeneinsatz seiner Truppen folgte einer Strategie des American Football.) Beim Fußball, so Gumbrecht, kämen solche Spielsysteme nicht so sehr zum Tragen: Die gegnerische Mannschaft kann sich den Ball viel leichter zurückerobern, der Übergang zwischen Angriff und Verteidigung wird fließend, und daher bleibt im wörtlichen Sinn mehr Spielraum für Intuition und schnelle Reaktionen.

Es könnte aber auch sein, dass es viel einfachere Gründe für den weltweiten Siegeszug des Fußballs gibt und dass selbst der Ausspruch des ehemaligen Bundestrainers der deutschen Nationalmannschaft Sepp Herberger – «Der Fußball ist runder als der Basketball» – nicht erschöpfend erklärt, warum diese Sportart weitaus populärer ist als Basketball, American Football oder Baseball. Um Fußball spielen zu können, braucht man nämlich nur ein flaches Feld, einfache Tormarkierungen (für die leere Coladosen ebenso herhalten können wie Stöcke, Schultaschen oder Ziegelsteine) und einen Ball, der, wie viele brasilianische oder afrikanische Kinder wissen, auch aus zusammengeknoteten Stofffetzen bestehen kann.

Hollywood

Gegen dieses Spektakel hat selbst die Übertragung eines Endspiels der Fußballweltmeisterschaft einen schweren Stand: Etwa 900 Millionen Zuschauer weltweit verfolgen vor den Bildschirmen, wenn die Stars über den roten Teppich flanieren, harren geduldig aus, bis die «Oscars» für die besten Kostüme, das beste Make-up oder den besten Tonschnitt vergeben sind, und warten gespannt darauf, dass der Laudator das Siegel des Umschlags aufbricht, um in den wichtigeren Kategorien «Beste Hauptdarstellerin», «Bester Hauptdarsteller» und «Bester Film» zu verkünden: «Und der Oscar geht an ...» Diese neutrale Formel hat übrigens erst in den neunziger Jahren die alte, seit der ersten Verleihung des «Academy Award of Merit» im Jahr 1929 übliche «Und der Gewinner ist ...» ersetzt – niemand sollte sich mehr als Verlierer diskriminiert fühlen.

+++ «Hollywood-Legende Clint Eastwood ist in Los Angeles für sein Boxer-Drama ‹Million Dollar Baby› mit mehreren Oscars ausgezeichnet worden, unter anderem für seine Regie-Arbeit. Eastwood übertrumpfte damit Martin Scorsese, der mit seinem Film ‹Aviator› als Top-Favorit galt.» (Tagesschau-Meldung vom 28. Februar 2005) +++

Woher die begehrte Trophäe der «Academy of Motion Picture Arts and Sciences» ihren Namen hat, ist unklar. Angeblich behauptete die Schauspielerin Bette Davis, die den Preis in den Jahren 1935 und 1938 (und später für ihr Lebenswerk) erhielt, die Statue ähnele ihrem ersten Ehemann Oscar.

«Hollywood» ist längst zur Metapher geworden – für eine

«Traumfabrik», die jährlich etwa 900 Filme produziert; für das Massenmedium Film, das seit seiner Erfindung Ende des 19. Jahrhunderts zu den erfolgreichsten der Kulturgeschichte gehört; für eine Industrie, die Konkurrenten in anderen Teilen der Welt spielend zu schlagen scheint (und gegen deren Übermacht sich Länder wie Frankreich mit Subventionen für die eigene Filmindustrie zu wehren versuchen); und für Erfolg. Wer es in dieser Branche nach Hollywood schafft, wer aus der Masse der Sternchen herausragt und gar einen Stern auf dem «Walk of Fame» erhält, darf sich zu den ganz Großen zählen.

Dabei war Hollywood, diese Vorstadt der Millionen-Metropole Los Angeles, zunächst eine Art Zufluchtsort für Plagiatoren. Der amerikanische Erfinder Thomas Alva Edison hatte sich mit seiner «Motion Picture Patents Company» Techniken patentieren lassen, die das Abspielen bewegter Bilder ermöglichten – und versuchte, in den USA jeden zu verklagen, der sich dieses neue Medium zunutze machen wollte. Um seinem Zugriff zu entgehen, zogen einige Produzenten 1911 an die Westküste der USA, die zwei wesentliche Vorteile bot: Die Reise von der Ostküste, wo Edison lebte, bis dorthin dauerte lange genug, um die Studiobetreiber vorzuwarnen – wann immer der Erfinder seine Anwälte schickte, wurde eine Produktion wenigstens vorübergehend eingestellt oder nach Mexiko verlegt. Und außerdem bot das sonnige Kalifornien besseres Licht (und längere Tage) als die Ostküste, denn damals gab es noch kein für die Filmproduktion ausreichendes Kunstlicht.

Die USA waren nicht das einzige Land, das die Möglichkeiten des neuen Mediums entdeckte. Der erste Streifen in Spielfilmlänge wurde 1913 in Indien gedreht. Auch in Deutschland und Frankreich entstanden wichtige Filmindustrien. Dort aber warf der Erste Weltkrieg die Entwicklung zurück. In den zwanziger Jahren waren die großen Hollywoodstudios schon für 82 Prozent der weltweiten Filmproduktion verantwortlich. Sie zogen Stars aus aller Welt an wie die Schwedin Greta Garbo, den Italiener Rudolph Valentino oder den Engländer Charly Chaplin.

Hollywood hatte einen Vorsprung gewonnen, der nur schwer aufzuholen war – und den es in seiner nun fast hundertjährigen, wechselhaften Geschichte zu verteidigen wusste. Die Musicals, Gangsterfilme und leichten Komödien, die die «Traumfabrik» in den dreißiger Jahren produzierte, lenkten die Menschen von der Wirtschaftskrise ab. Viele der besten Regisseure und Schauspieler wie Billy Wilder oder Marlene Dietrich, die vor den Nationalsozialisten aus Deutschland flohen, gaben Hollywood neue künstlerische Impulse und neuen Glanz. Doch mit dem Kalten Krieg brach auch in Hollywood eine düstere Phase an: US-Senator Joseph McCarthy zerrte alle vor den Ausschuss für «Unamerikanische Aktivitäten», die «kommunistischer Umtriebe» bezichtigt wurden. Bis dieser Spuk Mitte der fünfziger Jahre vorbei war, wurden viele Schauspieler, Drehbuchautoren und Regisseure von den großen Studios gefeuert, einige nur noch heimlich beschäftigt, andere, wie Charly Chaplin, emigrierten. Hollywood schien ausgebrannt.

+++ «Der Filmregisseur Billy Wilder ist tot. Er starb im Alter von 95 Jahren in seinem Haus in Kalifornien an den Folgen einer Lungenentzündung. Der mehrfache Oscar-Preisträger schrieb mit Klassikern wie ‹Manche mögen's heiß›, ‹Das Appartement› und ‹Eins, zwei, drei› Filmgeschichte.» (Tagesschau-Meldung vom 29. März 2002) +++

Während in den sechziger Jahren europäische Regisseure wie François Truffaut, Federico Fellini, Jean-Luc Godard oder Ingmar Bergman das Kino revolutionierten, drehte man in Kalifornien hauptsächlich harmlose Unterhaltungsfilme für die ganze Familie wie «Mary Poppins» oder «My Fair Lady». Erst unter einer neuen Generation von Regisseuren, zu denen Woody Allen, Steven Spielberg oder Martin Scorsese zählten, gewann Hollywood wieder künstlerisches Niveau.

Was mag es sein, das Hollywood gegenüber seinen Konkurrenten so erfolgreich macht? Indien, der «stille Konkur-

+++ «Zur Europapremiere des neuen ‹King Kong› ist die gesamte Starriege des Films in Berlin erschienen. Unter ihnen auch Regisseur Peter Jackson, der zuvor mit ‹Der Herr der Ringe› Filmgeschichte schrieb. Der Film ist mit Kosten von mehr als 200 Millionen Dollar der teuerste Film aller Zeiten.» (Tagesschau-Meldung vom 7. Dezember 2005) +++

rent», blickt auf eine ebenso lange, ununterbrochene Filmgeschichte wie die USA zurück. In «Bollywood» werden mehr Filme pro Jahr produziert als in Hollywood. Europa hat sicherlich einige der interessantesten Regisseure hervorgebracht. Die USA verfügen allerdings über einen weit größeren Markt. Ein neuer Film wird dort in durchschnittlich 1300 Kinos gezeigt, in Deutschland nur in 450. Amerikanische Filme müssen in vielen Ländern nicht synchronisiert werden – etwa 350 Millionen Menschen sprechen Englisch als Muttersprache, etwa 250 Millionen als Zweitsprache. So können die hohen Produktionskosten wieder eingespielt werden.

Aber vermutlich ist es neben dem Glanz und Glamour der Stars noch immer die schillernde Vielfalt Hollywoods, die seine Anziehungskraft ausmacht – und so jährlich 900 Millionen Zuschauer dazu bringt, zu unmöglichen Tageszeiten im Fernsehen mitzuverfolgen, wer sich in diesem Jahr zu den glücklichen Oscar-Preisträgern zählen darf.

Islam

+++ «Mehr als zwei Millionen Muslime haben sich in der saudi-arabischen Stadt Mekka zum Höhepunkt ihrer traditionellen Pilgerfahrt versammelt. Am Morgen machten sie sich auf den Weg zum Berg Arafat, um zu beten. Auf dem Berg soll der Prophet Mohammed seine letzte Predigt gehalten haben. Morgen beginnt das viertägige Opferfest.» (Tagesschau-Meldung vom 9. Januar 2005) +++

Nach dem Christentum mit weltweit etwa zwei Milliarden Anhängern ist der Islam die zweitgrößte Religionsgemeinschaft der Welt; mehr als 1,2 Milliarden Menschen bekennen sich zu ihm. «Islam» bedeutet übersetzt «Ergebung». Er ist eine Offenbarungsreligion: Der Überlieferung zufolge soll dem 570 nach Christus in Mekka geborenen Propheten Mohammed im Jahre 608 der Erzengel Gabriel erschienen sein, der ihm die ersten Verse (Suren) des Korans übermittelte, und im Verlauf der folgenden 23 Jahre sei ihm dann der gesamte Text eingegeben worden. Weil der Koran als Urkunde göttlicher Offenbarung, als Quelle des Glaubens und Norm des Handelns in der islamischen Gemeinde gilt, kommt ihm höchste Autorität zu. Für die Gläubigen ist er frei von Widersprüchen, sprachlich vollkommen und im Grunde nicht in eine andere Sprache übertragbar. Dennoch bedürfen viele der oft rätselhaften Verse der Auslegung. Den islamischen Rechtsgelehrten kommt die Aufgabe zu, einen Ausgleich zwischen offensichtlichen Widersprüchen innerhalb des gesamten Rechtskodex, der *Scharia*, zu finden und den Islam den jeweiligen Umständen so anzupassen, dass er eine für alle Zeiten und Orte gültige Religion bleibt.

Jedem Muslim sind fünf Hauptpflichten vorgeschrieben; sie sind die Säulen des Islam: das Glaubensbekenntnis (Schahada) zu dem einen Gott und seinem Propheten; das tägliche fünfmalige Gebet (Salat), das in Richtung Mekka verrichtet wird; das Fasten während des Monats Ramadan (Saum); die Spende von Almosen (Zakkat) für soziale, karitative oder missionarische Zwecke; und die Wallfahrt nach Mekka (Hadsch), die der Gläubige wenigstens einmal im Leben unternehmen sollte. Das Aussprechen der Schahada in ehrlicher Absicht reicht aus, um Muslim zu werden. Sie ist das Erste, was einem Neugeborenen ins Ohr geflüstert wird, und das letzte Gebet für einen Sterbenden.

+++ «Heute beginnt in vielen Teilen der Welt der islamische Fastenmonat Ramadan. Etwa 1,2 Milliarden Muslime sind in den kommenden 30 Tagen zur Enthaltsamkeit aufgerufen.» (Tagesschau-Meldung vom 15. Oktober 2004) +++

Der Islam wird durch zwei Hauptrichtungen repräsentiert, die auf seine politische Entwicklung zurückgehen. Nach dem Tod des Propheten im Jahre 632 wählte eine Mehrheit (Sunna) einen Kalifen als dessen rechtmäßigen Nachfolger. Eine Minderheit jedoch scharte sich um Ali, den Schwiegersohn Mohammeds. Sie nannten sich Schiiten nach «Schiat Ali – die Partei Alis». Es kam zu einem Kampf, in dem Ali und die von seinem Sohn Hussein geführten Truppen vernichtend geschlagen wurden. Die Schiiten erkannten jedoch das Kalifat nicht an, das seinen Sitz zunächst in Damaskus, danach in Bagdad und schließlich bis zu seiner Auflösung 1924 durch den Gründer der modernen Türkei, Kemal Atatürk, in Istanbul hatte.

Die Sunna, der etwa 90 Prozent der Muslime angehören, versteht sich als islamische Orthodoxie, obgleich auch ihr verschiedene moderate bis konservative Schulen der Koranauslegung angehören. Das theologische Zentrum der Sunniten ist die Al-Azar-Universität in Kairo.

Im Iran ist der schiitische Islam Staatsreligion. Im Libanon bilden die Schiiten (vor Christen, Drusen und Sunniten) ebenso eine Mehrheit wie im Irak. Wie bei den Sunniten gibt es auch unter den Schiiten mehrere Gruppen. Die größte, vor allem im Iran und dem Südirak verbreitete Gemeinschaft bezeichnet man als «Zwölfer-Schiiten». Sie erkennen zwölf Imame an, die als von Gott erwählte, unfehlbare Lehrer und Führer der Muslime gelten. Der «Mehdi», der zwölfte Imam, aber sei im Jahr 941 nach Christus verschwunden, und am «Ende des Zeitalters» werde er wiederkehren. Dann breche eine Ära allumfassender Gerechtigkeit an.

Schon weil es im Islam keine oberste religiöse Autorität gibt, die etwa mit dem *Papst* in der katholischen Kirche vergleichbar wäre, sondern viele unterschiedliche Strömungen und Glaubensrichtungen, ist es problematisch, von «dem» Islam zu sprechen. Auch religiöse Rechtsgutachten, so genannte Fatwas, können stark voneinander abweichen. Im Prinzip kann jeder islamische Rechtsgelehrte sie zu allen Fragen erstellen, die das tägliche Leben der Gläubigen betreffen, aber auch zu grundsätzlicheren Themen. Wie streng eine Fatwa befolgt wird, hängt vom Ansehen des Gelehrten ab, von dem sie stammt.

Die bekannteste Fatwa verkündete der iranische Revolutionsführer Ajatollah Khomeini im Februar 1989: Jeder Muslim sei aufgefordert, den indischstämmigen britischen Autor Salman Rushdie zu töten. Rushdie, selbst Muslim, habe in seinem Buch «Die Satanischen Verse» nämlich den Islam beleidigt. Khomeini setzte ein Kopfgeld in Millionenhöhe auf ihn aus. Fast zehn Jahre lang musste Rushdie sich versteckt halten und von Leibwächtern schützen lassen. Sein japanischer Übersetzer wurde ermordet, sein dänischer Verleger bei einem Anschlag schwer verletzt.

Oft fällt im Zusammenhang mit dem Islam auch das Stichwort «Dschihad». Islamisten benutzen den Begriff im Sinn eines gewaltsamen «Heiligen Krieges» gegen die westliche, säkulare *Demokratie*, die sie als größte Gefahr für den Islam empfinden. Sie beziehen sich dabei auf eine Stelle im Koran (Sure 9,5), in der es heißt: «Erschlaget die Götzendiener, wo ihr sie findet … Wenn sie jedoch bereuen und das Gebet (die

Schahada) verrichten und die Armensteuer zahlen, so lasst sie des Weges ziehen.»

Dschihad bedeutet wörtlich «Bemühen». Damit ist jedoch nicht nur die Verpflichtung jedes Muslims gemeint, den Islam möglichst mit dem Mittel der Überzeugung unter «Nichtgläubigen» zu verbreiten und das «Haus des Islam» (oder Dar-as-Salam, «Haus des Friedens», das islamische Herrschaftsgebiet) zu verteidigen, sondern vor allem ein «innerer Kampf» gegen eigene Schwächen, Versuchungen und Fehler.

Nobelpreis

Angeblich, so will es eine der zahlreichen Anekdoten über die Entstehung des Nobelpreises, soll Alfred Nobel so betrübt über seine buchstäblich durchschlagende Erfindung, das Dynamit, gewesen sein, dass er als eine Art Wiedergutmachung einen Preis stiftete. Der jährlich in Oslo verliehene Friedensnobelpreis jedenfalls soll an Menschen oder Institutionen verliehen werden, die – so heißt es im 1895 verfassten Testament des Stifters – «am meisten oder besten für die Verbrüderung der Völker und für die Abschaffung oder Verminderung der stehenden Heere sowie für die Bildung und Verbreitung von Friedenskongressen gewirkt haben».

Alfred Nobel (1842–1895) erfand aber nicht nur das Dynamit. 350 Patente laufen auf seinen Namen, in über zwanzig Ländern hatte er Firmen und Labors gegründet. Als Wissenschaftler wollte er Personen ausgezeichnet sehen, die auf dem Feld der Chemie, Physik und Medizin «der Menschheit größten Nutzen gebracht haben». Und weil er auch zahlreiche Dramen und Gedichte schrieb und ernsthaft über eine zweite Karriere als Schriftsteller nachdachte, wird jährlich außerdem ein Nobelpreis für Literatur verliehen. Wirtschaftswissenschaftler werden erst seit 1968 ausgezeichnet, und das Preisgeld stammt in diesem Fall nicht aus den Zinsen des Nobel'schen Vermögens, sondern wurde von der Schwedischen Nationalbank gestiftet.

Seit 1901 werden diese höchsten Auszeichnungen für Wissenschaft, Literatur und Verdienste um den Frieden verliehen. Aber wer entscheidet über ihre Vergabe? Und wer darf überhaupt Kandidaten nominieren? In den Feldern Physik, Chemie, Medizin und Wirtschaftswissenschaften reichen die Mitglieder des jeweiligen Nobelkomitees, der Akademie der Wissenschaften, Professoren der jeweiligen Fachrichtung an bestimmten skandinavischen Universitäten und Lehrkräfte an ausgewählten Universitäten Vorschläge ein. Literatur- und Linguistikprofessoren, Mitglieder der Schwedischen Akademie und ähnlicher Institutionen sowie die Präsidenten repräsentativer Schriftstellervereinigungen dürfen Kandidaten für den Literatur-Nobelpreis nominieren. Die Königlich Schwedische Akademie der Wissenschaften trifft die Entscheidung über die Preisträger für Chemie, Physik, Ökonomie und Literatur. Das «Karolinska Institut» wählt den Preisträger für Medizin. Die Preisverleihung findet durch den schwedischen König in Stockholm statt. Wie die Akademie letztlich zu ihrem Entschluss kommt, bleibt geheim. Das Nobelpreiskomitee ist verpflichtet, die Abstimmungsprotokolle fünfzig Jahre lang unter Verschluss zu halten.

+++ «Der Brite Harold Pinter bekommt den Nobelpreis für Literatur. Die Schwedische Akademie der Wissenschaften würdigte den 75-Jährigen als herausragendsten Vertreter des englischen Dramas in der zweiten Hälfte des zwanzigsten Jahrhunderts. Zu Pinters bekanntesten Bühnenstücken zählen ‹Der Hausmeister› und ‹Der stumme Diener›.» (Tagesschau-Meldung vom 14. Oktober 2005) +++

Für den Friedensnobelpreis kann jedes Mitglied einer Regierung, eines internationalen Gerichts, Professoren der Sozialwissenschaften, Philosophie, Geschichte, des Rechts, der Theologie und Leiter anerkannter Friedensforschungsinstitute Vorschläge einreichen. Aber die Auswahl überließ Alfred Nobel aus unbekannten Gründen einem fünfköpfigen

Ausschuss des norwegischen Parlaments. Deshalb wird dieser Preis auch jährlich am Todestag Nobels, dem 10. Dezember, vom norwegischen König in Oslo verliehen.

Papst

+++ «Mit einer Messe zum Gedenken an Papst Johannes Paul II. haben die offiziellen Trauerfeierlichkeiten in Rom begonnen. Der Leichnam des Verstorbenen ist im Vatikan aufgebahrt. Er war gestern Abend im Alter von 84 Jahren gestorben. Frühestens 15, spätestens aber 20 Tage nach seinem Tod kommen die Kardinäle zusammen, um einen Nachfolger zu wählen.» (Tagesschau-Meldung vom 3. April 2005) +++

Hunderttausende reihten sich in kilometerlange Schlangen ein und warteten geduldig viele Stunden, um schließlich von dem am 2. April 2005 verstorbenen und im Petersdom aufgebahrten Papst Johannes Paul II. Abschied zu nehmen. Als Oberhaupt der katholischen Kirche hatte der 1920 in Polen geborene Karol Wojtyła, der 1978 zum Papst gewählt worden war, viel Kritik für seine konservative Haltung zur Empfängnisverhütung oder der Ablehnung homosexueller Lebensgemeinschaften, aber auch Anerkennung für seinen Dialog mit dem Islam und dem Judentum erhalten. Wegen seiner Unterstützung der polnischen Gewerkschaft Solidarność und damit einer der wichtigsten regimekritischen Kräfte im kommunistischen Ostblock wurde er zugleich zu einer der wichtigsten Personen der jüngeren Zeitgeschichte. Ohne ihn, behauptete Michail Gorbatschow, der letzte Staatschef der Sowjetunion, wäre die Mauer wohl erst viel später gefallen. Und dass Johannes Paul II. sich vehement gegen den Irakkrieg aussprach, verschaffte ihm die Sympathien auch vieler Nichtkatholiken.

Offiziell trägt der Papst unter anderem die Titel Bischof von Rom und Stellvertreter Jesu Christi auf Erden. Nach katholischem Verständnis steht er in direkter Nachfolge des Apostels Petrus, doch das erkennen die anderen christlichen Gemeinschaften wie die protestantische Kirche oder die orthodoxen Kirchen ebenso wenig an wie die Unfehlbarkeit des Oberhaupts der katholischen Kirche. Unfehlbarkeit bedeutet nicht, dass der Papst sich als Mensch nicht irren könne. Doch zu bestimmten Glaubensfragen kann er eine Lehrmeinung «ex cathedra» (lat. für «vom Stuhl Petri») verkünden, die seit dem 1. Vatikanischen Konzil von 1869/70 als «Dogma» gilt, als unumstößliche, definitive und für die gesamte katholische Kirche verbindliche Wahrheit. Das geschah bisher erst einmal, als Papst Pius XII. 1950 die leibliche Aufnahme Marias in den Himmel zum Dogma erklärte.

Theoretisch könnte jeder unverheiratete männliche Katholik zum Papst gewählt werden. Das Kollegium von insgesamt 120 Kardinälen allerdings, das von der Außenwelt abgeriegelt in der Sixtinischen Kapelle so lange tagt, bis es sich in geheimer Wahl auf einen neuen Papst geeinigt hat (was durch weißen Rauch angezeigt wird, der durch das Verbrennen der Stimmzettel und einer beigefügten Chemikalie entsteht), wählte seit 1389 ausschließlich Kardinäle.

Die Wahl des deutschen Kardinals Joseph Ratzinger zum Papst am 19. April 2005 wurde mit ebenso großer Anteilnahme verfolgt wie die Trauerfeierlichkeiten für Johannes Paul II. In seinen theologischen Positionen setzt er die Linie seines Vorgängers fort. Er will weiterhin die Zusammenarbeit (Ökumene) mit den nicht-katholischen christlichen Gemeinschaften und den Dialog mit Islam und Judentum fördern; er lehnt Abtreibung und ein Priestertum für Frauen ebenso ab wie die Empfängnisverhütung. Allerdings erwägt er, den Gebrauch von Kondomen zum Schutz vor *AIDS* (siehe Kapitel 5) zu erlauben.

+++ «Mit dem traditionellen lateinischen Ausruf ‹Habemus Papam› – ‹Wir haben einen Papst› – ist am Abend die Wahl des neuen Papstes verkündet worden. Der 78 Jahre alte Ratzinger gab sich den Namen Benedikt XVI. Vom Petersdom erteilte er den Segen Urbi et Orbi, der Stadt und dem Erdkreis. Er ist der erste Deutsche seit 482 Jahren, der zum Oberhaupt der katholischen Kirche gewählt wurde.» (Tagesschau-Meldung vom 19. April 2005) +++

Der jetzige Papst, Benedikt XVI., mag als konservativ gelten. Doch er findet offensichtlich auch enormen Anklang unter Jugendlichen. Mehr als 400 000 Besucher fanden sich zum Weltjugendtag im Juli 2005 in Köln ein. Ein Zeichen, vermuten viele Beobachter, dass die Religion auch in den säkularisierten westlichen Gesellschaften nicht so sehr an

Bedeutung eingebüßt hat, wie viele Gesellschafts- und Sozialwissenschaftler lange angenommen hatten.

Scharia

Oft wird die Scharia als «islamisches Recht» bezeichnet. Doch sie ist eher eine «Rechtssammlung», die auf die Arbeit von Rechtsgelehrten des 7. bis 10. Jahrhunderts zurückgeht. Sie beruht auf dem Koran, den mündlichen Überlieferungen des Propheten Mohammed (Hadith), den Traditionen der Rechtsprechung, dem Gewohnheitsrecht (das heißt der in der Bevölkerung beziehungsweise in einzelnen Bevölkerungsgruppen üblichen Rechtsdeutung) und den Urteilen der Rechtsgelehrten.

«Scharia» bedeutet wörtlich «Weg zur Wasserstelle». Diese Metapher steht für den richtigen Weg zur Erquickung und damit – zieht man die Entstehung des Islam in der Arabischen Wüste in Betracht – zum Überleben. Scharia ist also auch eine religiöse Pflichtenlehre, die das Verhalten des Einzelnen gegenüber Gott und den Mitmenschen regelt

und moralisch bewertet sowie Normen und Gebote beinhaltet. Dazu gehören auch bestimmte Speisegesetze und das Verbot, Alkohol zu trinken.

Nach der Scharia werden die Handlungen der Menschen in fünf Kategorien eingeteilt: pflichtmäßige, empfehlenswerte, erlaubte, verwerfliche und verbotene Taten. Auch wenn sie fast alle Aspekte im Leben des Gläubigen regelt, ist sie doch keine unwandelbare Sammlung von Gesetzen. So genannte Ehrenmorde (zum Beispiel im Fall vermuteter oder tatsächlicher Untreue von Ehefrauen oder sogar unverheirateter Frauen, die sich angeblich nicht «sittsam» genug benehmen) betrachtet die Scharia nicht als Kapitaldelikt, sprich Mord. Selbst in der Türkei konnte bis zu einer Gesetzesänderung im Jahr 2004 bei solchen Delikten mit mildernden Umständen gerechnet werden. Marokkos König Mohammed VI. wiederum reformierte im Oktober 2003 das Familienrecht umfassend. Frauen und Männer sind seitdem vor dem Gesetz gleichgestellt, das Heiratsalter von Mädchen wurde auf achtzehn Jahre heraufgesetzt und offensichtliche Benachteiligungen der Frauen im Erb- und Scheidungsrecht beseitigt. Er berief sich dabei ausdrücklich auf seine Autorität als Nachkomme des Propheten Mohammed.

Urheberrecht

Mit der Drohung «Bett oder Knast» versucht die Frau in einem Werbespot ihren Freund davon abzuhalten, einen Film oder Musik aus dem Internet herunterzuladen. Die Neufassung des Urheberrechtsgesetzes von 1965 sieht nämlich Gefängnisstrafen bis zu fünf Jahren für jene vor, die den Kopierschutz von DVDs oder CDs umgehen oder Internetbörsen nutzen, um Filme und Musik zu kopieren. Tauchen darin

+++ «Die Bundesregierung hat das neue Urheberrecht auf den Weg gebracht. Nach dem Gesetzentwurf bleiben private Kopien von CDs und Filmen für Angehörige oder Freunde auch künftig erlaubt. Verboten ist aber, einen Kopierschutz zu umgehen. Damit sind inzwischen fast alle DVDs und vor allem populäre CDs ausgestattet.» (Tagesschau-Meldung vom 22. März 2006) +++

aktuelle Kassenschlager aus Hollywood oder gerade erst in den Handel gekommene CDs auf, dann sind sie garantiert nicht legal dort gelandet. Die großen Hollywoodstudios sind jetzt dazu übergegangen, für 20 bis 30 Dollar ganz legale Kopien der neuesten Filme zum Herunterladen anzubieten, um Raubkopien zu verhindern.

Das Urheberrecht ist ein eigentumsähnliches Recht des Schöpfers eines Werks der Literatur (und wissenschaftlicher Texte), Musik, Kunst, Fotografie, von Theaterinszenierungen, Bauten und seit 1985 auch Softwareprogrammen. Allerdings muss das Werk eine eigenständige Schöpfung sein. Wer, und sei es noch so geschickt, ein Gemälde von Vincent van Gogh kopiert, kann keine Urheberschaft in Anspruch nehmen.

Mit dem Urheberrecht soll das Persönlichkeitsrecht des Schöpfers gewahrt, das Werk vor Entstellung geschützt und das wirtschaftliche Interesse des Urhebers (auf Verkauf und Verwertung) wahrgenommen werden. Es erlischt nach dem Ablauf einer Schutzfrist von 70 Jahren nach dem Tod des Urhebers, im Fall von Fotos oder wissenschaftlichen Werken schon nach 25 Jahren.

«Ideenklau» und die Klage darüber haben eine lange Geschichte. Der römische Schriftsteller Martial nannte jene, die seine Werke aus den Buchhandlungen stahlen oder einfach abschrieben, «plagiatores», was eigentlich «Menschenräuber» oder «Sklavenhändler» bedeutet. Doch erst im 19. Jahrhundert wurde es strafbar, sich fremdes Gedankengut anzueignen; und dass dieser Straftatbestand «Plagiat» genannt wurde, ist dem Römer Martial zu verdanken.

Eine frühe Form des Urheberrechts entwickelte sich allerdings schon mit der Erfindung des Buchdrucks im 15. Jahrhundert, als Verleger begannen, ihren Autoren Honorare zu zahlen. Denn nun hatten sie – und die Schöpfer eines Werks – ein wirtschaftliches Interesse daran, billigere und meist nachlässigere Nachdrucke anderer Verlage zu verhindern. Oft baten sie die Autoritäten um Schutz, die ein Druckrecht, das Imprimatur, vergaben. Praktischerweise konnte die Obrigkeit auf diese Weise auch die Verbreitung unliebsamer Schriften verhindern. Allerdings war weder diese Art der Zensur noch der Schutz des Urheberrechtes besonders effektiv: Die großen Werke der Aufklärung wurden oft per Raubdruck unters Volk gebracht; in den kommunistischen Staaten gab es ein System des «Samisdat», des «Selbstverlags», mit dem offizielle Druckgenehmigungen und die Zensur umgangen und die Werke unliebsamer Schriftsteller veröffentlicht werden konnten.

Gerade in der Wissenschaft erweist sich das Urheberrecht zuweilen als problematisch. Denn Wissen (und *Humankapital*; siehe Kapitel 3) sowie technisches Know-how sind elementar für Entwicklung und Wohlstand. Ideenklau, Piraterie und Umgehung von Patent- und Urheberrechten können den Fortschritt zuweilen auch fördern. Großbritannien versuchte im 19. Jahrhundert mit allen Mitteln, seinen Vorsprung an technischem Wissen mit Patenten, Urheberrechten oder sogar einem Ausreiseverbot für Angehörige bestimmter Handwerkszweige zu schützen. Trotzdem wurden einige der ursprünglich britischen Technologien andernorts «neu erfunden». Dies gab den Startschuss für eine eigene Industrialisierung. Heute versuchen vor allem die USA, sich mit strengen Gesetzen vor Industriespionage zu schützen.

+++ «Es war ein drastischer Schritt, zu dem das schwedische Außenministerium griff: Wegen mutmaßlicher Industriespionage beim Telekomausrüster Ericsson hat Stockholm zwei russische Diplomaten des Landes verwiesen. Sie sollen geheime Daten über Funk- und Radarsysteme ausspioniert haben, die für Kampfflugzeuge eingesetzt werden. Moskau drohte mit Gegenmaßnahmen.» (Tagesschau-Meldung vom 11. November 2002) +++

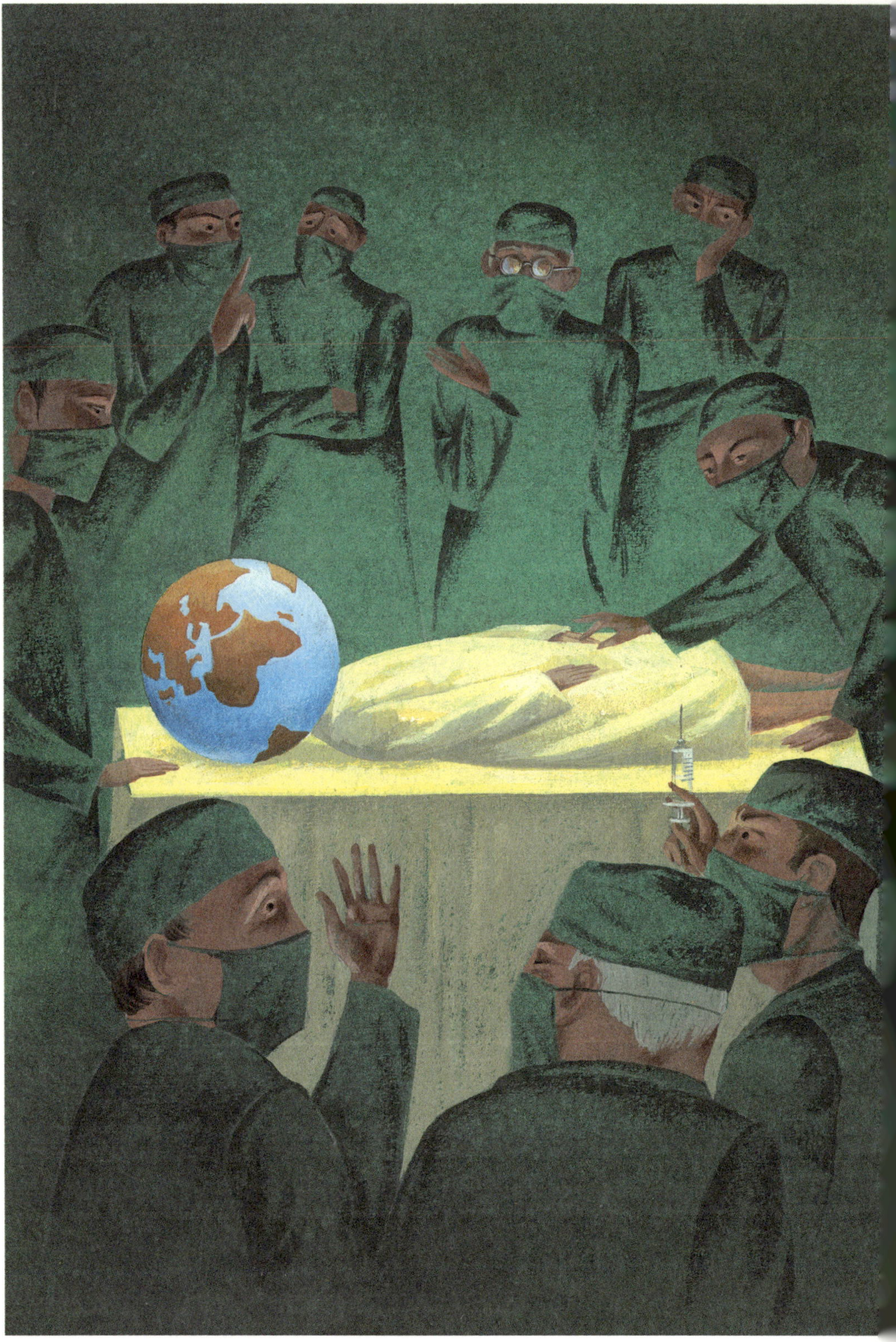

5. Umwelt, Wissenschaft & Technik

Entwürfe für Gegenwart und Zukunft

Die Macht der Natur

Die Katastrophe trug einen harmlosen Namen: «Katrina». Sie traf kein Entwicklungsland. Und sie trat auch nicht unvorhergesehen ein. Millionen von Fernsehzuschauern konnten anhand von Satellitenbildern mitverfolgen, wie sich der tropische Wirbelsturm Anfang September 2005 der Küste Louisianas näherte, wie Tausende Einwohner sich in endlosen Blechlawinen aus der Stadt retteten und die Verbliebenen ihre Häuser mit Sandsäcken gegen die erwarteten Fluten zu schützen versuchten.

Doch trotz aller Vorwarnungen brachte «Katrina» enormes Unheil über die Bewohner Louisianas und deren Hauptstadt New Orleans. Der Sturm entwurzelte Bäume, riss Dächer von den Häusern und zerfetzte Stromleitungen. Mit den Wasserfluten wälzten sich Tonnen von Schlamm in die Stadt. Bis heute ist nicht endgültig geklärt, wie viele Menschen ums Leben kamen. Hunderttausende wurden obdachlos. Sechs Monate später war nicht einmal jeder Zweite der knapp 500 000 Einwohner von New Orleans zurückgekehrt. Die Ölpreise stiegen rasant, denn im Golf von Mexiko waren zahlreiche Öl- und Erdgasraffinerien zerstört worden. US-Präsident George W. Bush wurde scharf kritisiert, weil Hilfsmaßnahmen zu spät eingeleitet wurden und Teile der National

+++ «Die verheerenden Zustände in den amerikanischen Katastrophengebieten übertreffen alle Befürchtungen. Nach dem Hurrikan ‹Katrina› versinkt der Süden im Chaos. Die Menschen haben keine Lebensmittel, auf den Straßen herrscht Anarchie, die Seuchengefahr wächst. Inzwischen rechnen die Behörden mit mehreren tausend Toten – vor allem in den Bundesstaaten Mississippi und Louisiana.» (Tagesschau-Meldung vom 1. September 2005) +++

Guard, die sonst in Katastrophengebieten eingesetzt wird, im Irak stationiert waren.

Der Hurrikan offenbarte nicht nur die Hilflosigkeit der Menschen angesichts von Naturkatastrophen – und das sogar in einem Staat, der, anders als die meisten Entwicklungsländer, über eine gute Infrastruktur verfügt und Vorsichtsmaßnahmen treffen kann. Nach «Katrina» diskutierten Klimaforscher, Politiker und Kommentatoren von neuem: Wie sehr trägt der Mensch selbst Schuld an solchen Verwüstungen?

Einen Großteil der Fläche, auf der New Orleans erbaut wurde, hatte der Mensch der Natur abgetrotzt. Mitte des 20. Jahrhunderts versiegelten Ingenieure das Flussbett des Mississippi, um ihn für die Schifffahrt passierbarer zu machen, aber auch, um die Stadt vor Überflutungen zu bewahren – immerhin liegt der größte Teil von New Orleans unter dem Meeresspiegel. Doch Umweltaktivisten warnten seit längerem, dass dabei ein natürlicher Schutzmechanismus verloren gehe. Denn mit der Korrektur des Mississippi wurde auch Marschland trockengelegt, das Wasser wie ein Schwamm aufnehmen konnte und als Pufferzone wirkte. Man ersetzte es durch ein System von Dämmen und Deichen. Nur hielten die der gewaltigen Macht von «Katrina» nicht stand. Als sie brachen, ergossen sich die Wassermassen des Mississippi und des Lake Pontchartrain ungehindert in die Straßen der Metropole.

Aber war die Trockenlegung des Marschlandes die einzige Umweltsünde? Oder ist nicht auch das Ausmaß solcher Wirbelstürme wie «Katrina» menschlichen Aktivitäten geschuldet?

Treibhauseffekt und Umweltschutz

Seit Urzeiten beobachtet der Mensch das Wetter. Umso erstaunlicher ist es, dass die Wissenschaft erst vor etwa hundertfünfzig Jahren begann, systematisch Daten über Sonneneinstrahlungen, Temperaturen oder Meeresströmungen, kurz, über die vielfältigen Faktoren zu sammeln, die Aufschluss über das Klima der Erde geben. Daraus ein verlässliches Bild zu gewinnen ist allerdings keine leichte Aufgabe, denn das Klima verändert sich ständig. In den letzten zwei Millionen Jahren, oder auch nur in den letzten 10 000 Jahren nach dem Ende der großen Eiszeit, schwankte es zwischen Perioden der Erwärmung und der Abkühlung, die sich jeweils über ein paar Jahrzehnte oder sogar Jahrhunderte hinziehen konnten. Aber noch immer stehen die Forscher vor einem Dilemma: Ihre Daten sind äußerst lückenhaft – und gleichzeitig bestimmen so viele Faktoren das Klima, dass selbst *Computer* mit größter Rechenkapazität sie nicht zufrieden stellend verarbeiten können.

Jahrelang stritten Klimaforscher über die Frage, ob die intensivsten Formen von Wirbelstürmen – Taifune und Hurrikans – an Häufigkeit und sogar an Stärke zunehmen. Hurrikans sind eine typische Erscheinung im Bereich des Karibischen Meeres, der Westindischen Inseln und des Golfs von Mexiko, und manche Meteorologen gehen davon aus, dass sie in Abständen von sechzig Jahren gehäuft auftreten – was angesichts der Tatsache, dass erst seit Mitte des 19. Jahrhunderts einigermaßen systematische Beobachtungen vorliegen, allerdings nicht besonders aussagekräftig ist.

+++ «Das Jahr 2005 war nach Angaben der NASA das wärmste auf der Erde seit Beginn der Klima-Aufzeichnungen. Das bisherige Rekordjahr 1998 sei noch übertroffen worden, teilte ein zur US-Weltraumbehörde gehörendes Institut mit. Die fünf höchsten Durchschnittswerte fallen damit in die kurze Zeit seit 1998. Verantwortlich für die Erderwärmung seien Treibhausgase.» (Tagesschau-Meldung vom 25. Januar 2006) +++

Doch einige Annahmen gelten inzwischen als gesichert: Die letzten zehn Jahre waren die wärmsten, seit Messungen stattfinden, und Schätzungen legen nahe, dass sie die wärmsten seit einem Jahrtausend sind. Die globale Durchschnitts-

+++ «Für die Klimawissenschaft ist die Antarktis eines der wichtigsten Forschungsgebiete. Wenn aufgrund der Erderwärmung die Polkappen schmelzen, wäre dies für die ganze Welt fatal. Doch im ewigen Eis wird jede Datenmessung zum Abenteuer. Argentinische Wissenschaftler werden deshalb bei ihrer Arbeit von Soldaten unterstützt: Kampftaucher auf friedlicher Mission im kältesten Meer der Welt.» (Tagesschau-Meldung vom 25. Februar 2006) +++

temperatur ist in den vergangenen 100 Jahren um 0,6 Grad Celsius gestiegen. Die Eismassen am Nordpol gingen während der letzten dreißig Jahre um acht Prozent zurück. In der Antarktis dagegen nehmen sie zu, weil der Anstieg der Temperatur dafür sorgt, dass dort mehr Schnee fällt.

Ozeanographen bewiesen in einer 2005 veröffentlichten Studie, dass die Erwärmung der Meere während der letzten 65 Jahre auf den Einfluss von Treibhausgasen und nicht auf Veränderungen der Sonneneinstrahlung zurückzuführen ist. Und es gibt einen Zusammenhang zwischen der Erwärmung der Meeresoberfläche und dem Auftreten und der Intensität tropischer Wirbelstürme wie «Katrina», die nur dann entstehen, wenn das Wasser eine bestimmte Temperatur überschreitet.

Es ist gar nicht so lange her, dass erkannt wurde, welch riesige Probleme Umweltverschmutzung mit sich bringt und wie wichtig Umweltschutz ist. Unter dem Titel «Die Grenzen des Wachstums» veröffentlichte der «Club of Rome», ein Zusammenschluss namhafter Wissenschaftler, Politiker und Wirtschaftsführer, 1972 eine Studie, in der prophezeit wurde, dass die fossilen Brennstoffe *Erdöl*, Erdgas und Kohle bald erschöpft seien und dass die Erde in Zukunft von der Last der Verschmutzung erdrückt werde. Im selben Jahr luden die *Vereinten Nationen* (siehe Kapitel 2) erstmals zu einem Gipfeltreffen nach Stockholm, wo ein Aktionsplan gegen Umweltverschmutzung verabschiedet wurde. Zwanzig Jahre später stellte eine Kommission unter Leitung der ehemaligen norwegischen Ministerpräsidentin Gro Harlem Brundtland auf dem Umweltgipfel von Rio de Janeiro fest, dass «Nachhaltigkeit» gefordert sei: Dem Bedürfnis der heute lebenden Menschen nach Wachstum und Wohlstand müsse Rechnung getragen werden, aber gleichzeitig seien wir verpflichtet, unseren Nachkommen eine möglichst intakte Umwelt zu übergeben. Das 1997 beschlossene Kyoto-Protokoll soll helfen, dieses Ziel zu erreichen, indem es eine Reduzierung der Treibhausgase vorsieht. Denn 6,2 Milliarden Menschen tragen mit ihren Autos, Kraftwerken, Fabriken, offenen Feuerstellen und Rodungen von Wäldern zum *Klimawandel* bei.

Auch wenn das genaue Ausmaß der zukünftigen Erwärmung nicht bekannt ist und wir nicht wissen, welche Auswirkung sie etwa auf den *Golfstrom* oder die Polkappen haben wird – unbestritten ist, dass Treibhausgase verringert werden müssen. Denn zu den westlichen Industrieländern sind Länder wie China oder Indien hinzugekommen, deren Energiebedarf aufgrund ihres rasanten wirtschaftlichen Wachstums immer weiter steigt – mit den bekannten Auswirkungen: Erschöpfung natürlicher Ressourcen und Umweltverschmutzung.

+++ «Die Weltklima-Konferenz in Montreal ist mit einer Einigung auf weitere Schritte gegen die Erderwärmung zu Ende gegangen. Die Industriestaaten verständigten sich darauf, das im Jahr 2012 auslaufende Kyoto-Protokoll fortzuschreiben. Es legt verbindliche Ziele zur Verminderung der Treibhausgase fest. Auch die USA erklärten sich zu Klima-Gesprächen bereit, konkrete Zusagen lehnt Washington aber weiter ab.» (Tagesschau-Meldung vom 10. Dezember 2005) +++

Auf der Suche nach alternativen Energien

Die alten Griechen erzählten sich die Sage von Prometheus, der den Göttern das Feuer stahl und dafür eine grausame Strafe erleiden musste: Er wurde an einen Felsen gekettet, wo ihm ein Adler die immer wieder nachwachsende Leber aushackte, bis er vom Helden und Halbgott Herkules befreit wurde.

Das Feuer zu beherrschen, so lehrte die griechische Sage, war ein Akt der Befreiung – von der Macht der Götter, aber auch von der Willkür der Natur. Für sein Überleben musste der Mensch nicht mehr um die Gnade der Götter und buchstäblich um «schön Wetter» bitten. Er konnte sein Schicksal selbst in die Hand nehmen. Die Industrialisierung wurde auch «prometheische Revolution» genannt, weil die effektivere Erzeugung und Nutzung von Energie (in Form der Dampfmaschine) das Zeitalter der Fabriken einleitete. Dadurch wurde der technische Fortschritt mit all seinen positiven und negativen Begleiterscheinungen möglich, und die Lebensweise der Menschen in der westlichen Welt veränderte sich grundlegend.

Mit der Herrschaft über die Natur war es allerdings nicht so weit her, wie die Enthusiasten des beginnenden Industriezeitalters glaubten. Denn alle Energievorräte, die der Mensch in seiner Geschichte nutzte, waren begrenzt. In den Frühzeiten der Industrialisierung wurden weite Teile der Wälder Großbritanniens abgeholzt, um das Feuer unter den Stahlöfen nicht ausgehen zu lassen. Bald wären die Vorräte erschöpft, warnten Zeitgenossen. (Dass die Abholzung der Wälder zur Verschlechterung der Luft und der Erwärmung der Atmosphäre beitrug, ahnte man noch nicht.) Dann wurde die Kohle als wichtigste Energiequelle entdeckt. Auch sie jedoch ist endlich.

+++ «Bundeskanzlerin Merkel berät zur Stunde in Berlin mit Vertretern aus Wirtschaft und Verbänden über ein langfristiges Energiekonzept bis 2020. Es soll die Versorgung und die Umweltverträglichkeit sichern sowie einen weiteren schnellen Anstieg der Preise verhindern.» (Tagesschau-Meldung vom 3. April 2006) +++

Im Laufe des 20. Jahrhunderts verdrängte das *Erdöl* die Kohle auf Platz zwei der Energieressourcen (inzwischen ist sie hinter Erdgas auf Platz drei zurückgefallen). Das Öl hält das Räderwerk der Industrie am Laufen und sichert damit die Lebensgrundlage eines großen Teils der heutigen Welt. Allerdings wurde der «Oil-Peak» vermutlich bereits im Jahr 2002 überschritten, das heißt: Die Hälfte aller Ölvorkommen ist verbraucht. Wann genau das letzte Tröpfchen Öl gepumpt sein wird, können selbst Experten nur schwer einschätzen. Klar ist aber, dass mit dem Energiehunger der Industrie- und immer mehr auch der Entwicklungsländer die Vorräte in absehbarer Zeit erschöpft sein werden.

Die Suche nach alternativen Energiequellen ist also dringend nötig. Sie müssen billig und effektiv genug sein, um Kohle und Öl auf Dauer ersetzen zu können. Sie dürfen die

Umwelt nicht schädigen und den Treibhauseffekt nicht verstärken. Außerdem sollte es sich möglichst um erneuerbare Energien handeln, die die Natur immer wieder erzeugt. Und nicht zuletzt sollten alternative Energiequellen einen weiteren Nachteil des Erdöls beseitigen: In seiner «Rede an die Nation» wies US-Präsident George W. Bush im Januar 2006 darauf hin, dass Abhängigkeit von Erdöl auch «Abhängigkeit von politisch instabilen Staaten» bedeute.

Dass Öl fördernde Staaten den Besitz dieser Ressource als Druckmittel einsetzen können, um damit politischen Einfluss auszuüben, war nicht unbekannt. Anfang der siebziger Jahre hatte die OPEC – die Organisation Erdöl exportierender Länder, der kein europäischer und kein nordamerikanischer Staat angehört – schon einmal die Förderung gedrosselt, die Ölpreise in die Höhe getrieben und eine schwere Wirtschaftskrise in den USA und Europa verursacht. Was Warnungen vor einer Erschöpfung dieser Energiequelle nicht zustande brachten, erreichte der Ölschock – wenigstens vorübergehend. Allmählich dämmerte die Erkenntnis, dass man mit Energie besser haushalten müsse und dass man sich auf Dauer nicht allein auf das Öl verlassen könne.

Die größten Hoffnungen weckte zunächst eine Energie, die die meisten nicht mit dem Erhalt, sondern der Vernichtung der Welt in Verbindung brachten: *Atomenergie*. Doch selten entspannen sich um eine neue Form der Energienutzung solche politischen Auseinandersetzungen wie um die Kernkraft. Befürworter schienen ihr zuzutrauen, dass sie sämtliche Energieengpässe der Zukunft dauerhaft – und billig genug – beseitigen könne. Aber mit dem Einsatz von Kernenergie geht nicht nur die Möglichkeit einher, nukleare Waffen herzustellen, sie birgt auch starke «Nebenwirkungen»: Die für Lebewesen äußerst schädliche Radioaktivität, die beim Betrieb von Kernkraftwerken entsteht, kann in die Umwelt entweichen, und die verstrahlten Rückstände müssen für Jahrhunderte an sicheren Orten gelagert werden.

Kernspaltung ist allerdings nicht die einzige Option, Erdöl und Erdgas zu ersetzen. Seit Jahrzehnten arbeiten Wissenschaftler an einem Verfahren, das sie im Prinzip von der Sonne abgeschaut haben: zwei Wasserstoffatome in einer Kernfusion zu einem Heliumatom zusammenzufügen und damit die energiereichste Reaktion zu erzeugen, die man sich vorstellen kann. Wasserstoff ist das Element, das im Universum am häufigsten vorkommt, und Helium ein unschädliches Edelgas. (Man kann es sogar einatmen, und der Effekt ist äußerst komisch: Die Stimmlage erhöht sich, und man klingt, wie jeder weiß, der beim Aufblasen von Luftballons schon einmal Helium verwendet hat, wie der Synchronsprecher von Donald Duck.) Leider ist die Kernfusion bislang nur bei der Wasserstoffbombe geglückt – kein ermutigendes Zeichen.

+++ «Noch ist Strom aus Windkraft oder Sonnenenergie vergleichsweise teuer, aber die Vorräte an herkömmlichen Energieträgern wie Öl oder Erdgas sind endlich – bei der Verbrennung entstehen schädliche Klimagase. Die Koalition setzt deshalb auf die Fortentwicklung erneuerbarer Energien. Mit den Stimmen von SPD und Grünen hat der Bundestag heute neue Richtlinien zur Förderung von Ökostrom beschlossen.» (Tagesschau-Meldung vom 2. April 2004) +++

Die Hoffnungen, die man einst auf die Kernfusion setzte, haben sich nicht erfüllt, und es ist nicht abzusehen, ob und wann es möglich sein wird, einen Fusionsreaktor zu bauen. Kein Wunder also, dass die Subventionen, die einmal üppig für das Projekt «Kernfusion» flossen und die dringend notwendig sind, um alternativen Energien zum Durchbruch zu verhelfen, in andere Projekte gesteckt wurden wie etwa die Windenergie. Inzwischen deckt sie immerhin 4,1 Prozent des Energiebedarfs in Deutschland, und sie gewinnt ständig an Bedeutung. Standen vor wenigen Jahren nur wenige «Propeller» in der Landschaft, so findet man heute in vielen Gegenden Europas ganze Windparks. Wesentlich größere Turbinen und verbesserte Rotorblätter von bis zu achtzig Metern Durchmesser sorgen mittlerweile dafür, dass Windräder auch noch die kleinste Brise verwerten können. Vielleicht

aber werden Windräder demnächst nicht mehr so sehr die Landschaft «verspargeln», wie viele Kritiker bemängeln, sondern hauptsächlich auf See installiert. Denn der Wind weht in größeren Höhen stärker, also müssten noch höhere Windräder und noch größere Turbinen gebaut werden. Über Land wären sie dann kaum mehr zu transportieren, per Schlepper auf dem Meer allerdings schon. Vor den Küsten Dänemarks, das führend auf diesem Gebiet ist, stehen bereits zahlreiche Windparks. Und einige Mineralölkonzerne beginnen, Windräder auf den ehemaligen Bohrinseln in der Nordsee zu installieren.

Die Aussichten für Sonnenenergie stehen ebenfalls gut. Sonneneinstrahlung kann dafür genutzt werden, Wärme zu erzeugen, die dann zum Heizen verwendet oder in Kraftwerken in Strom umgewandelt wird. Interessanter ist aber das

Verfahren der Fotovoltaik: Trifft Licht auf bestimmte Halbleiter, wird es direkt in Strom verwandelt. Als Halbleiter wird das gleiche Material gebraucht wie für Computerchips, nämlich Silizium. Auch hier macht die Forschung nicht Halt. Inzwischen wird an der Entwicklung von Solarzellen gearbeitet, die mehr Licht aufnehmen und größere Mengen an Strom produzieren können – was diese bislang recht teure Energiequelle auf Dauer verbilligen und damit nutzbarer machen könnte.

Bei all diesen Entwicklungen gehen Wissenschaft und Technik Hand in Hand – das Bestreben, neue Möglichkeiten auszuloten, und Versuche, sie umzusetzen.

Wissenschaft und Technik

Der Technik geht es in erster Linie um die Lösung praktischer Probleme und die Erfindung von Gegenständen, die einen Gebrauchswert haben. Die Wissenschaft dagegen bemüht sich um die Erklärung der Welt in möglichst einfachen, eleganten und vor allem beweisbaren und nachprüfbaren Formeln. Dabei überschneiden sich die beiden Bereiche ständig: Die Erkenntnisse der «reinen Wissenschaft» machten technische Entwicklungen erst möglich, die zuvor undenkbar waren – die Nutzung der Kernspaltung zum Bau von Atombomben dürfte das dramatischste Beispiel sein. Umgekehrt hätte man viele wissenschaftliche Entdeckungen ohne Hilfsmittel wie das Mikroskop oder den Laser nicht machen können. Oft allerdings wird das Potenzial einer neuen Technologie nicht gleich erkannt; der Erfinder der Dampfmaschine, James Watt, etwa ahnte gar nicht, welche Bedeutung sie für die Industrialisierung haben würde, und setzte sie zunächst nur zum Abpumpen von Grundwasser in Bergwerken ein.

Auch die verschiedenen Felder der Wissenschaft – von der Biologie über die Physik bis zur Chemie – befruchten sich gegenseitig. Einige Forscher versuchen etwa mit Hilfe der *Nanotechnologie* und der molekularen Chemie die Fotosynthese nachzuahmen, die in jeder Pflanzenzelle stattfindet. Und die Entwicklung des *Computers* hat sämtliche Wissensbereiche revolutioniert. Im März 2006 wurde im Forschungszentrum Jülich ein neuer Rechner, der JUBL (Jülicher Blue Gene/L), in Betrieb genommen, den 200 europäische Forschergruppen nutzen. Seine 16384 Prozessoren bewältigen 46 Billionen Rechenschritte pro Sekunde. JUBL wird insbesondere für Forschungen in den Bereichen Umweltschutz und Energieversorgung eingesetzt, denn mit ihm können noch mehr Daten verarbeitet und realistischere Modelle entworfen werden.

+++ «28 Tage brauchte der Supercomputer, um zurückzurechnen: vier Wochen für mehr als 13 Milliarden Jahre. Mit der so genannten Millenniums-Simulation ist es einer Gruppe von Wissenschaftlern erstmalig gelungen, die Entstehungsgeschichte unseres Universums zu rekonstruieren.» (Tagesschau-Meldung vom 11. Juni 2005) +++

Wie eng technische und wissenschaftliche, aber auch wirtschaftliche, militärische und politische Interessen und Motive oft verknüpft sind, zeigt sich besonders bei der Raumfahrt. Sie wurde lange als Prestigeunternehmen der Supermächte während des Kalten Krieges betrachtet. Damals ging es vor allem darum, wer zuerst einen Menschen ins All schießen (was der Sowjetunion 1961 mit dem Kosmonauten Juri Gagarin gelang) beziehungsweise auf dem Mond landen lassen könnte (diesen Erfolg errangen die USA 1969 mit der Apollo-11-Mission).

Heute dient die Raumfahrt einer ganzen Reihe von Forschungsprojekten. Bilder und Daten aus dem Orbit geben Aufschluss über Klimaschwankungen, sie dokumentieren Luftverschmutzung oder Urwaldrodungen. Die Raumsonde «Stardust» brachte im letzten Jahr nach einer Reise von sieben Jahren, in denen sie 4,8 Milliarden Kilometer zurücklegte, winzige Partikel aus dem Universum mit. Sie stammen von Kometen, auf denen sich die Bausteine des Sonnensys-

+++ «In der bemannten Raumfahrt hat ein neues Kapitel begonnen. Vom russischen Weltraumbahnhof Baikonur ist heute die erste Dauerbesatzung zur Internationalen Raumstation ISS gestartet. Die zwei Russen und ein Amerikaner sollen bis Ende Februar an Bord bleiben. Bisher gab es nur kurze Aufenthalte zum Auf- und Ausbau der Station.» (Tagesschau-Meldung vom 31. Oktober 2000) +++

tems über viereinhalb Millionen Jahre unverändert konserviert haben, und sollen Auskunft über die Entstehung und die «Bauanleitung» unseres Planetensystems geben. Astronauten der Raumstation ISS, an deren fortwährender Erweiterung sich 16 Nationen beteiligen, beschäftigen sich mit bestimmten Augenkrankheiten, die nur im schwerelosen Raum erforscht werden können.

Spätestens seit babylonische und ägyptische Astronomen systematisch die Sterne beobachteten, um aus ihnen die Wünsche der Götter abzulesen, Orientierung zu gewinnen oder sogar einen (recht präzisen) Kalender zu berechnen, träumen die Menschen davon, in die Weiten des Universums vorzudringen. Und seit sich die griechischen Philosophen Gedanken darüber machten, welche kleinsten Teile wohl der Urgrund allen Lebens sind und was die Welt im Innersten zusammenhält, treibt uns unbändige Neugierde, die Geheimnisse der Natur zu entschlüsseln. Inzwischen fliegen wir ins All, und dem Pionier der *Nanotechnologie* Donald Eigler gelang es 1989, Atome so anzuordnen, dass sie das Kürzel «IBM» bildeten. Was aber, wenn die Forschung Möglichkeiten eröffnet, deren Folgen nicht zu überschauen sind? Wenn wir etwa die Fähigkeit erwerben, die Bausteine des Lebens selbst zu manipulieren?

Klonschafe und Superpflanzen

Die britischen Forscher Ian Wilmut und Keith Campbell stellten 1996 dem staunenden Publikum das Ergebnis ihrer Manipulationen an einer Zelle vor. Sie hatten deren ursprünglichen Kern entfernt, der die genetische Information, die *DNS* beziehungsweise *DNA* enthält, und dafür die genetische

Information eines Elters (so nennen die Forscher den «Spender der genetischen Information») eingesetzt. Mit dem Schaf Dolly war zum ersten Mal das Klonen eines Säugetiers gelungen. Im Jahr 2002 wurde die Geburt einer geklonten Katze (mit dem schönen Namen Copycat) verkündet – die ihrem Elter übrigens nicht ähnlich sah.

Genmanipulationen an Pflanzen und Tieren sind mittlerweile fast alltäglich geworden. Aber ist der Mensch nicht dabei, überheblich und ohne die Folgen absehen zu können, die Bausteine des Lebens unwiderruflich zu verändern und in die Schöpfung einzugreifen? *Gentechnik* gilt als die Technologie des 21. Jahrhunderts; sie vermag Ungeheures, und genau aus diesem Grund ist sie vielen unheimlich. Sollte es in Zukunft möglich sein, Menschen zu klonen? Könnten sich die Wohlhabenderen eines Tages schöne, intelligente und gesunde Kinder künstlich herstellen lassen? Ist gar eine Welt wie in dem Hollywoodfilm «Gattaca» (1997) möglich, in der Genkarten hergestellt werden, die Auskunft über bestimmte Erbkrankheiten geben und in der Menschen mit «defekten Genen» nur noch Hilfsarbeiten verrichten dürfen?

«Wir betreten die Zukunft rückwärts», schrieb der französische Schriftsteller Paul Valéry bereits in der ersten Hälfte des 20. Jahrhunderts – wir sehen also nicht, was uns erwartet, sondern nur, was in der Vergangenheit geschehen ist. Und mit neuen Entwicklungen in Wissenschaft und Technik ging auch ein Unbehagen über die Veränderungen einher, die sie mit sich bringen können. Als in Deutschland 1836 der erste Zug mit knapp dreißig Stundenkilometern von Nürnberg nach Fürth tuckerte, machten sich die Menschen Sorgen, ob eine solch hohe Geschwindigkeit die Gesundheit nicht gefährde. Umgekehrt wurden Pestizide zur Bekämpfung von Schädlingen zunächst als großer Fortschritt für die Landwirtschaft gefeiert, bevor man erkannte, wie sehr diese giftigen Stoffe der Umwelt schaden. Der «irre Wissenschaftler», der Riesenspinnen züchtet oder sich im Selbstversuch zur menschlichen Fliege entwickelt, spielte in zahlreichen Spielfilmen eine unrühmliche Rolle. Mary Shelleys Dr. Frankenstein, der ein Monster aus Leichenteilen zusammenflickt, wurde zum Paradebeispiel für eine skrupellose Forschung. Den Menschen ist ein tiefes Unbehagen geblieben vor der Tat des Prometheus. Sie drückt sich oft in Untergangsszenarien wie der Furcht vor einer neuen Eiszeit, einem Kometeneinschlag oder sonstigen Katastrophen aus. Vielleicht würden sich die Götter ja eines Tages für diese freche Tat rächen, und der Mensch hätte für seinen frevelhaften Umgang mit der Natur seine gerechte Strafe zu erleiden.

+++ «In den vergangenen Jahren haben immer mehr Paare die Möglichkeit genutzt, sich über künstliche Befruchtung ihren Kinderwunsch zu erfüllen. Zehntausend Babys sind allein im vergangenen Jahr auf diese Weise gezeugt worden, etwa ein bis zwei Prozent aller Neugeborenen.» (Tagesschau-Meldung vom 14. September 2004) +++

Niemand würde den Nutzen einer Forschung bezweifeln wollen, die dem Schutz der Umwelt dient und hilft, Krankheiten zu heilen und Leben zu retten. Aber wo sind die Grenzen des Erlaubten? Als Anfang der achtziger Jahre das erste im Reagenzglas gezeugte «Retortenbaby» zur Welt kam, wurde darüber diskutiert, welche medizinischen und ethischen Risiken dieses Verfahren mit sich bringt. Heute ist eine «In-vitro-Befruchtung» zur Routine geworden und wird sogar von den Krankenkassen bezahlt. Aber mit den Entwicklungen der Gentechnik tauchen neue Fragen auf: Welche Auswirkungen hat die Züchtung genmodifizierter Pflanzen? Besteht nicht die Gefahr, dass solche Forschungen außer Kontrolle geraten und das ökologische Gleichgewicht gefährden? Die Probleme reichen weit über den eigentlichen Bereich der Wissenschaft hinaus und betreffen etwa das *Urheberrecht* (siehe Kapitel 4): Wann immer ein neues Gen und dessen Wirkungsweise entdeckt wird, kann es zum Patent angemeldet werden. Und Patente gelten auch für Pflanzen: In den artenreichen Regenwäldern finden sich unbekannte Gene, die schon jetzt zum geistigen Eigentum von Genfirmen werden. Wer immer dann Medikamente oder bestimmte Testverfahren entwickeln will, für die solche Pflanzen verwendet werden, muss Lizenzgebühren dafür zahlen. Besonders Entwicklungsländer, die noch nicht über ausgeklügelte Rechtssysteme verfügen, könnten dabei stark benachteiligt werden.

Wie die Zukunft aussehen wird, die wir «rückwärts betreten», hängt oft von den Wertvorstellungen ab, die uns prägen, den kollektiven Erfahrungen der Geschichte, die in unser Urteil einfließen, dem Nutzen, den wir uns von neuen Technologien erwarten, und den Ängsten, die wir hegen. In Deutschland ist beispielsweise die Forschung an embryonalen Stammzellen nicht erlaubt, und die Entwicklung der Gentechnik wird mit größerer Skepsis verfolgt als in anderen Ländern. Dabei spielen christliche Wertvorstellungen eine Rolle, denn nach der Auffassung der Kirchen gilt eine Eizelle vom Moment der Befruchtung an als Mensch – und sie zu Forschungszwecken zu benutzen als Frevel. Mehr als sechzig Jahre nach dem Ende des Dritten Reiches wirkt außerdem die Erinnerung an eine Ideologie nach, die eine «reine nordische Menschenrasse» (auch ohne Gentechnik) zu schaffen versuchte und in deren Namen Menschen, die als «rassisch und biologisch minderwertig» galten, millionenfach ermordet wurden. In den USA führten Proteste christlicher Fundamentalisten dazu, dass in vielen Bundesstaaten die Forschung an embryonalen Stammzellen eingestellt wurde. Im Judentum spricht man einer Eizelle erst ab dem vierzigsten Tag nach der Befruchtung den Status eines werdenden Menschen zu. Davor handele es sich einfach um einen «Zellhaufen», von dem ja gar nicht sicher sei, dass er sich zum Embryo entwickeln könne. Nicht zuletzt deshalb ist Israel führend in der Stammzellenforschung.

+++ «Der Nationale Ethikrat empfiehlt, das Klonen zu Forschungszwecken gegenwärtig nicht zu erlauben. Darauf haben sich seine 25 Mitglieder einmütig verständigt, auch wenn es in dem Gremium unterschiedliche Meinungen gibt. Bei dem Verfahren des so genannten therapeutischen Klonens werden, auf der Suche nach neuen Behandlungen für Krankheiten, Embryonen hergestellt und zerstört, um Stammzellen zu gewinnen.» (Tagesschau-Meldung vom 13. September 2004) +++

Die Welt verändert sich – aber genau wie beim *Klimawandel* nicht in großen, gut sichtbaren Schritten. Sondern in kleinen, die manchmal in der Öffentlichkeit kaum wahrgenommenen werden und trotzdem Auswirkungen auf das Leben jedes Einzelnen haben. Sie stellen uns vor eine Reihe ethischer, sozialer und politischer Herausforderungen. Forscher sind nicht nur verpflichtet, ihre Ergebnisse vor einem Fachpublikum offen zu legen, sondern nach bestem Wissen und Gewissen Auskunft über die Möglichkeiten und die Risiken ihrer Forschung zu geben. Und es ist die Aufgabe einer kritischen Öffentlichkeit, sich über solche Forschungen nach bestem Vermögen zu informieren, um dann kundige Entscheidungen zu treffen und politische Maßnahmen zu fordern – vom Umweltschutz angefangen bis zur Gentechnik.

AIDS

Die Pest wird oft als die Geißel der Menschheit bezeichnet. In Europa tötete diese Seuche im Mittelalter etwa ein Drittel der Bevölkerung. Doch die Immunschwächekrankheit AIDS hat bislang mehr Opfer gefordert als die Pest. Seit AIDS 1981 zum ersten Mal diagnostiziert wurde, starben nach Schätzungen der UN-Hilfsorganisation UNAIDS 25 Millionen Menschen daran; bis zu 45 Millionen sind weltweit mit HIV infiziert. Und wer glaubt, die schlimmsten Zeiten seien dank Aufklärung, der Entwicklung von Medikamenten und dem Sammeln von Spenden bei AIDS-Galas vorüber, irrt. 2005 registrierte die Weltgesundheitsorganisation WHO die bislang höchste Neuansteckungsrate: Bis zu 6,6 Millionen Menschen infizierten sich allein in diesem Jahr mit HIV, bis zu 3,6 Millionen Menschen starben, darunter mehr als eine halbe Million Kinder.

+++ «Die Vereinten Nationen haben angesichts von mehr als 40 Millionen HIV-Infizierten dazu aufgerufen, den Kampf gegen die Immunschwächekrankheit AIDS zu verstärken. Anlässlich des Welt-AIDS-Tages erklärten die UN, jeder Staat müsse Geld in die Vorbeugung stecken, um den Teufelskreis der Neu-Infektionen zu durchbrechen.» (Tagesschau-Meldung vom 1. Dezember 2005) +++

Das «Acquired Immune Deficiency Syndrome» (erworbenes Immunschwächesyndrom) ist streng genommen keine Krankheit, sondern eher ein Krankheitsbild: Es schwächt das Immunsystem, und andere Krankheitserreger können sich ungehindert ausbreiten. Ausgelöst wird AIDS durch den Human Immune Deficiency Virus (HIV-1 und das 1986 entdeckte, hauptsächlich in Westafrika verbreitete HIV-2). Das Virus befällt Zellen, die für das Immunsystem zuständig sind, baut ihnen seine eigene Erbinformation ein und zwingt sie dazu, immer neue Viren zu produzieren. Nach der Infektion mit HIV können Jahre vergehen, bis eine AIDS-Erkrankung diagnostiziert wird. Sie äußert sich unter anderem

+++ «Es geht um AIDS-Kranke in Brasilien und um das hochwirksame Medikament ‹Viracept›. Für dieses Mittel fordert die Regierung vom Schweizer Pharmakonzern Roche hohe Rabatte. Sonst, so droht der Gesundheitsminister, werde man das Patent einfach kopieren. Brasilien ist mit mehr als 200 000 registrierten Fällen das Land mit den meisten AIDS-Kranken Lateinamerikas.» (Tagesschau-Meldung vom 24. August 2001) +++

in einer bestimmten Form der Lungenentzündung oder im Auftreten von Tumoren wie dem Kaposi-Syndrom. Weil das Virus das Immunsystem zerstört, kann ein AIDS-Patient sogar an harmlosen Krankheiten wie Grippe sterben.

HIV wird außer im Blut auch in Körperflüssigkeiten wie Sperma, Scheidensekret und selbst in Muttermilch nachgewiesen. Es ist vor allem sexuell übertragbar, aber auch durch den Gebrauch schmutziger Spritzen oder – inzwischen äußerst selten – durch Bluttransfusionen. Eine Heilung gibt es noch nicht. Die in den neunziger Jahren entwickelte und immer weiter verbesserte «Anti-Retrovir-Therapie» beseitigt das Virus nicht, sondern hält es nur für eine gewisse Zeit in Schach.

Aufklärung und Vorbeugung sind die einzigen effektiven Mittel gegen AIDS. Dass die Krankheit sexuell übertragbar ist, erleichtert diese Aufgabe nicht gerade. Denn wenn Regierungen etwas gegen die Verbreitung des Virus unternehmen wollen, müssen sie offen über Sexualpraktiken sprechen (was in traditionell geprägten Gesellschaften schwierig ist) und sich um Homosexuelle, Drogenabhängige oder Prostituierte kümmern, die oft aus der Gesellschaft ausgeschlossen werden.

Brasilien führte vor, wie ein erfolgreiches Programm zur Bekämpfung von AIDS aussehen kann: Obwohl der Großteil der Bevölkerung katholisch ist und sich der damalige Papst Johannes Paul II. generell gegen Verhütungsmethoden aussprach, verteilte die Regierung großzügig und kostenlos Kondome, die – außer Enthaltsamkeit – den einzig wirksamen Schutz gegen eine Ansteckung bieten. Und sie hat bei Pharmakonzernen, die Medikamente gegen AIDS herstellen, Preissenkungen durchgesetzt, damit die Erkrankten behandelt werden können. So ließ sich eine drohende Katastrophe abwenden: In den neunziger Jahren ging die Weltbank davon aus, dass die Zahl der HIV-Infektionen in Brasilien innerhalb weniger Jahre auf 1,2 Millionen steigen würde. Heute sind es «nur» 600 000.

AIDS ist nicht nur eine humanitäre, sondern auch eine wirtschaftliche Katastrophe. Sechzig Prozent aller HIV-Infizierten, das entspricht 23 bis 29 Millionen Menschen, leben in Afrika südlich der Sahara. Dort sank die durchschnittliche Lebenserwartung auf unter fünfzig Jahre. In vielen afrikanischen Staaten gibt es kein Gesundheitssystem, das in der Lage wäre, AIDS-Patienten zu versorgen: Die Medikamente sind teuer, sie müssen regelmäßig zu bestimmten Tageszeiten eingenommen werden, um zu wirken, und dafür muss ein einigermaßen geregelter Tagesablauf der Patienten gewährleistet sein.

Die Weltbank schätzt, dass das *Bruttoinlandsprodukt* (siehe Kapitel 3) in diesen Staaten um bis zu zehn Prozent sinken kann, weil vor allem jene Altersgruppen betroffen sind, die eigentlich das Rückgrat der Wirtschaft bilden müssten. Über die Anzahl von «AIDS-Waisen» gibt es nur Schätzungen. Auf sich allein gestellt, werden viele dieser Kinder in den zahlreichen Konflikten Afrikas von Milizen als Kindersoldaten angeworben; eine Chance auf schulische oder berufliche Ausbildung besitzen sie nicht; das Problem AIDS setzt sich auf vielfältige Weise in die nächsten Generationen fort.

AIDS wird meist als die größte aller Plagen Afrikas betrachtet. Aber auch für andere Weltregionen gibt es keinen Grund zur Entwarnung: In Süd- und Südostasien steigt die Infektionsrate ebenso an wie in Russland, in geringerem Maße in den arabisch-islamischen Ländern und unter Jugendlichen in westlichen Ländern. Dort vor allem, weil AIDS nicht mehr als tödliche Bedrohung wahrgenommen wird – dass AIDS nicht heilbar ist, wird oft verdrängt, immer häufiger wird auf den Gebrauch von Kondomen verzichtet.

Atomenergie

Die Physiker Otto Hahn und Lise Meitner hatten zu Beginn der dreißiger Jahre des letzten Jahrhunderts nachgewiesen, dass sich auch das kleinste Element, das Atom, spalten lässt – obwohl «Atom» übersetzt «das Unteilbare» bedeutet. Wie oft bei solchen Entdeckungen waren die Konsequenzen zunächst nicht klar. Lord Rutherford, dem ebenfalls eine Kernspaltung gelungen war, behauptete Anfang 1933 in einem Interview mit der britischen «Times», dass «jeder, der eine Kraftquelle in der Umwandlung der Atome vermutet, Unsinn redet».

Wenig später wusste man, wie sehr sich Lord Rutherford geirrt hatte. Denn mit dem Uran wurde ein Element ausfindig gemacht, das eine Kettenreaktion erzeugen konnte: Wenn man schwere Uran-Atome spaltet, werden dabei Neutronen freigesetzt, die so hart mit weiteren Uran-Atomen zusammenstoßen, dass auch sie brechen und sich noch mehr Neutronen lösen – dabei wird Energie frei.

Mit den ersten Kernspaltungen taten sich zwei Möglichkeiten auf: die «friedliche Nutzung» zur Energiegewinnung. Und die Herstellung einer Bombe, die eine nie zuvor gekannte Zerstörungskraft entfalten könnte. 1942 gelang Forschern in Chicago die erste kontrollierte Kettenreaktion in einem Versuchsreaktor. Aber in Europa und im Pazifikraum herrschte Krieg. Deshalb geriet die militärische Nutzung der Atomenergie in den Vordergrund. Im amerikanischen Los Alamos machten sich Wissenschaftler daran, die erste Atombombe zu entwickeln. Sie wurde im Juli 1945 in der Wüste von New Mexico gezündet. Welche Zerstörungskraft diese *Massenvernichtungswaffe* (siehe Kapitel 2) hatte, wurde nach dem Abwurf zweier Atombomben auf die japanischen Städte Hiroshima und Nagasaki klar.

Erst nach dem Krieg wandte man sich wieder der zivilen Nutzung der Atomenergie zu. In den fünfziger Jahren wurden erste Kernreaktoren in der Sowjetunion, den USA, Großbritannien und Deutschland in Betrieb genommen. Kaum eine Technik war jedoch so umstritten wie die Kernkraft. Denn alle «Nebenprodukte» der Kernspaltung bleiben Millionen Jahre radioaktiv. Was also sollte mit diesem verstrahlten Müll geschehen? Dazu kam die Gefahr von Reaktorunfällen. 1979 war es im amerikanischen Kernreaktor Harrisburgh beinahe zum «größten anzunehmenden Unfall» (GAU) gekommen. Nur die Stabilität des Sicherheitsbehälters für die Brennstäbe verhinderte, dass radioaktives Material austreten konnte. Sieben Jahre später aber, im April 1986, trat der GAU im ukrainischen Tschernobyl tatsächlich ein. Eine Kette von Nachlässigkeiten und Mängel im Sicherheitssystem führten dazu, dass die Zufuhr von Kühlwasser für die Brennstäbe ausfiel, der Reaktor füllte sich mit heißem Dampf, der Druckbehälter schmolz, und in den folgenden Wochen breitete sich eine radioaktive Wolke über Südost- und Mitteleuropa bis nach Skandinavien aus.

Die rot-grüne Bundesregierung beschloss im Jahr 2000 in Übereinstimmung mit den deutschen Energiekonzernen den Ausstieg aus der Atomenergie bis zum Jahr 2020. Allerdings verweisen Kritiker des Ausstiegs darauf, dass die neuere Generation von Atomkraftwerken wesentlich sicherer sei und Kernkraft obendrein den Vorteil besitze, dass Uran in «politisch sicheren» Regionen wie Kanada vorkommt. Doch das Problem der Endlagerung des Atommülls ist nach wie vor ungelöst, auch wenn Wissenschaftler inzwischen an Verfahren arbeiten, um die Strahlenbelastung zu reduzieren.

Computer

Diese rundliche, piepsende und fast menschlich anmutende Maschine rettet den Helden des Weltraumepos «Star Wars» des Öfteren das Leben. Ist R2D2 die Zukunft, ein Roboter, der über eine eigene Intelligenz verfügt und beispielsweise Gefahrensituationen selbständig einschätzen kann?

Von einer «künstlichen Intelligenz» sind wir nach Meinung der Wissenschaftler noch weit entfernt – falls es überhaupt möglich ist, das Bewusstsein des Menschen von einer Maschine nachahmen zu lassen. Unbestritten ist jedoch, dass sich in der Geschichte der Technik und Wissenschaft nichts so rasant entwickelte wie das Datenverarbeitungssystem Computer.

Im Prinzip übersetzen Computer Mathematik in Technik. Sie nutzen die Möglichkeit, alle Zahlen durch eine Kombination von 0 und 1 auszudrücken und sie durch die Stellung von Ein- und Aus-Schaltern oder die Erhöhungen beziehungsweise Vertiefungen beispielsweise einer CD-Rom darzustellen. Dieses binäre Zahlensystem eignet sich hervorragend für automatisierte Rechenschritte, die durch flexible, an die jeweilige Aufgabe angepasste Programme gesteuert werden. War das Prinzip einmal erkannt, ging es darum, die Rechenschritte möglichst schnell auszuführen und die richtigen technischen Materialien zu finden, mit denen sich entsprechende Geräte bauen ließen. Transistoren und Halbleiter wie Selen und Silizium und schließlich integrierte Schaltkreise brachten den Durchbruch und die Möglichkeit, immer größere Datenmengen zu speichern und sie in immer kürzerer Zeit zu verarbeiten.

Der Berliner Bauingenieur Konrad Zuse nahm 1938 den «Z1» in Betrieb, einen riesigen mechanischen Computer, der ihm statische Berechnungen erleichtern sollte. In den USA konstruierte etwa zur gleichen Zeit der Mathematik-

+++ «Die Roboter-Industrie boomt weltweit. In der industriellen Produktion ersetzen Roboter Menschen. Nach derzeitigem Stand der Wissenschaft sei es nicht denkbar, dass Maschinen wie in dem US-Film ‹I, Robot› bald die Welt bevölkern. Dies meint Professor Wahlster vom Zentrum für Künstliche Intelligenz in Saarbrücken. Für realistisch hält Wahlster aber, dass in fünf bis zehn Jahren Roboter in vielen deutschen Haushalten Dienstleistungen erledigen.» (Tagesschau-Meldung vom 3. August 2004) +++

Professor Howard Aiken den «Superrechner Mark I», den man schon allein wegen seiner Größe als Dinosaurier unter den Computern bezeichnen kann: Bei einer Länge von 16 Metern und einer Höhe von 2,5 Metern wies er ein Gewicht von 35 Tonnen auf und bestand aus über 700 000 Einzelteilen. Dass es einmal Laptops geben würde, wäre zu jener Zeit kaum vorstellbar gewesen.

Zunächst wurden die Berechnungen für militärische Zwecke genutzt. Zuses «Z3», das Nachfolgemodell des «Z1», das bereits mit Relais arbeitete, wurde während des Zweiten Weltkriegs für aerodynamische Berechnungen beim Bau ferngesteuerter Bomben eingesetzt. Der «Superrechner Mark I» hatte die gleiche Aufgabe für das amerikanische Militär zu erledigen, und der ebenfalls in den frühen vierziger Jahren entstandene «Electronic Numerical Integrator and Computer» (ENIAC) kam unter anderem bei der Konstruktion der Wasserstoffbombe zum Einsatz. Der britische Mathematiker Alan Turing wiederum hatte eine «Universalmaschine» konzipiert, die den Code der deutschen Wehrmacht entschlüsseln sollte. Von Turings Arbeit profitierte John von Neumann, der die «mathematische Großarchitektur» des Computers schuf. Neumann, der 1932 aus Deutschland emigriert war, arbeitete am «Manhattan Project» mit, das die erste Atombombe entwickelte.

Kein Wunder, dass sich zunächst niemand vorstellen konnte, von welchem Nutzen Computer für die Allgemeinheit sein sollten. Für mehr als fünf bis sechs Geräte gäbe es in den USA keinen Bedarf, schätzte Aiken 1948, was bei einem Stückpreis von damals 10 Millionen Dollar für ENIAC nicht weiter erstaunt.

Knapp sechzig Jahre später werden weltweit jährlich etwa 200 Millionen neue PCs, Laptops und Server verkauft. Computerchips stecken in Waschmaschinen, Navigationssystemen oder Telefonen, die Rechner revolutionierten unser Arbeitsleben und die Filmindustrie, die jegliche virtuelle Wirklichkeit mit Hilfe von Computeranimation herstellen kann. Sie ermöglichten das Internet und damit das größte Datenaustausch- und Kommunikationssystem der Geschichte; keine Wissenschaft von der Medizin über die Physik bis zur Klimaforschung kommt mehr ohne Computer aus. Alles das, weil ein von Gordon Moore, dem Mitgründer der Firma Intel, in den siebziger Jahren aufgestelltes Gesetz sich bis heute als richtig erwiesen hat: Demnach verdopple sich die Kapazität eines Chips alle 18 Monate, während sich der Preis halbiere. Und das dürfte auch für die nächste Zeit noch gelten.

DNS / DNA

Dass alle Lebewesen aus Zellen bestehen und dass sich in deren Kern ein langer Faden befindet, wussten Wissenschaftler schon Ende des 19. Jahrhunderts. Dieser Faden war irgendwie dafür verantwortlich, dass eine Zelle «wusste», was sie zu tun hat. Offenbar sorgte er dafür, dass aus einer befruchteten menschlichen Eizelle niemals ein Schaf oder ein Hund wird und dass sich die einzelnen Zellen an der richtigen Stelle anordnen und zu Leber-, Lungen-, Herz- oder Hautzellen werden. Aber was hatte es mit diesem Faden auf sich?

In den vierziger Jahren des letzten Jahrhunderts entdeckte man, dass er die Erbinformation eines jeden Organismus trägt und aus einer bestimmten Anordnung vier verschiedener organischer Basen, einem Zuckermolekül und einem Phosphorrest bestand, der «Desoxyribonukleinsäure» DNS oder auch DNA («A» steht für das englische «Acid»). Und 1953 wiesen die britischen Forscher James Watson und Francis Crick nach, dass die DNS nicht einfach ein zusam-

+++ «Ein halbes Jahrhundert nach der Entdeckung der DNA-Struktur ist das menschliche Erbgut so gut wie vollständig entschlüsselt. In einer gemeinsamen Erklärung gaben die Regierungschefs der sechs am so genannten Human-Genom-Projekt beteiligten Länder bekannt, die entscheidende Sequenzierung des Erbguts sei abgeschlossen.» (Tagesschau-Meldung vom 14. April 2003) +++

mengeknäulter Faden ist, sondern aus zwei Molekülreihen besteht, die sich wie eine Wendeltreppe zur so genannten Doppelhelix verwinden. Mit dieser Entdeckung begann der Wettbewerb darum, die einzelnen Stufen der Treppe zu erforschen.

Zunächst einmal wurde das Genom (die Gesamtheit der Erbinformationen) eines kleinen Wesens entschlüsselt, das in Anbetracht seiner Verdienste längst schon mehr Anerkennung finden sollte, als totgeschlagen zu werden, weil es sich auf reifem Obst niederlässt: Drosophila melanogaster, die Fruchtfliege. Es stellte sich heraus, dass sechzig Prozent ihrer Gene mit den menschlichen identisch sind. Eine ernüchternde Erkenntnis für die Krone der Schöpfung.

1990 hatte sich eines der ehrgeizigsten, von mehreren Staaten geförderten (und in Konkurrenz mit der Firma des Genforschers Craig Venter arbeitenden) Forschungsprojekte, das «Human-Genom-Projekt», das Ziel gesetzt, das menschliche Genom zu entschlüsseln. Zehn Jahre später war es so weit. Der Code war geknackt: Es ließ sich genau sagen, in welcher Anordnung die vier Basen (oder genauer Basenpaare) Adenin, Guanin, Cytosin und Thymin (AGCT) auf der Doppelhelix liegen.

Als das menschliche Genom entschlüsselt war, prophezeite Craig Venter, dass sich die Welt in den nächsten zwei Jahren tief greifend verändern würde, denn Genforschung und *Gentechnik* eröffneten die Möglichkeit, bislang unheilbare Krankheiten wie Krebs zu kurieren. Tatsächlich sind wir noch weit davon entfernt. Den Aufbau des Genoms zu kennen bedeutet nämlich noch nicht, zu wissen, was jedes einzelne Gen bewirkt. Forscher haben das mit einem Stadtplan verglichen: Wir kennen zwar die Hausnummern einer Straße in der richtigen Reihenfolge. Aber wir haben noch nicht die geringste Ahnung, welch vielfältige Geschichten sich in den

Häusern selbst abspielen. Es ist noch ein langer Weg, bis erforscht ist, wie genetische Veranlagung und Umwelteinflüsse bei der Entwicklung von Krankheiten – oder deren Heilung – zusammenwirken.

Erdöl

Schon im alten Mesopotamien verwendete man ein Gemisch aus Erdöl, Sand und Schilf als Dichtungsmasse für Schiffsplanken. Die Babylonier deckten ihre Straßen vermutlich mit einem Erdölprodukt, dem heute allgegenwärtigen Asphalt. Offensichtlich war das Erdöl damals so wichtig, dass ihm im ersten großen Gesetzeswerk des babylonischen Königs Hammurabi einige Kapitel gewidmet wurden. Im zehnten Jahrhundert nach Christus wurde es von den Byzantinern bereits als Waffe genutzt: Das «griechische Feuer», eine Art Flammenwerfer, war unter ihren Feinden berüchtigt. Aber erst das 20. Jahrhundert wurde zum Zeitalter des Öls. Die USA verbrauchen jährlich etwa 20 Milliarden Barrel (die Fördereinheit Barrel entspricht 159 Litern), China 6 Milliarden, Deutschland etwa 2,7 Milliarden.

+++ «Die Internationale Energieagentur hat ihre Schätzung der weltweiten Rohöl-Nachfrage in diesem Jahr nach oben korrigiert. In ihrem neuesten Monatsbericht geht sie von etwa 81 Millionen Barrel pro Tag aus. Damit würde die Nachfrage im Vorjahresvergleich um knapp drei Prozent steigen – so stark wie seit langem nicht mehr. Größeren Bedarf gebe es besonders in China, Brasilien, Indien und Nordamerika.» (Tagesschau-Meldung vom 10. Juni 2004) +++

Sämtliche Industrien sind zu einem großen Teil vom Erdöl abhängig. Ohne Öl würden unsere Transportsysteme zusammenbrechen, und die Megacitys der Welt könnten nicht mit Nahrungsmitteln versorgt werden; Erdöl ist ein wichtiger Bestandteil von Düngemitteln für die moderne Landwirtschaft, Grundlage für Kunststoffe sowie für eine Reihe von Chemikalien und damit «Ziegel und Zement unserer Zivilisationen», wie der Historiker Daniel Yergin meint. So abhängig sind wir vom Öl, dass die Länder der Europäischen Union verpflichtet sind, Vorräte für mindestens neunzig Tage zu lagern. Doch der Einsatz von Erdöl birgt auch große Gefahren für die Umwelt, allein schon weil die Stoffe, die bei seiner Verbrennung freigesetzt werden, den Treibhauseffekt verstärken und so zum *Klimawandel* beitragen.

Erdöl zählt zu den fossilen Brennstoffen, weil es aus urzeitlichen Lebewesen entstanden ist: In der Kreide- und Jurazeit vor etwa 20 bis 60 Millionen Jahren sanken tote Meerestiere in die Faulschichten von flachen Meeren und küstennahen Gewässern. Sie verrotteten zunächst nicht, weil sie durch das salzhaltige Meerwasser konserviert wurden. So konnten sich über die Jahrtausende zahlreiche Sedimentschichten ablagern. Unter hohem Druck und hohen Temperaturen verwandelten Bakterien diese sauerstoffarmen Faulschichten zu Erdöl- und Erdgas-Lagerstätten.

Erste systematische Bohrungen fanden Mitte des 19. Jahrhunderts in den USA statt, nachdem es gelungen war, Paraffin und Kerosin aus Erdöl herzustellen. Heute kennen wir Kerosin als Antriebsmittel von Flugzeugen. Doch damals – vor der Erfindung des Automobils – hatte man Öl noch nicht als Energiequelle ausgemacht. Kerosin und Paraffin waren Brennstoff für Lampen, dementsprechend bejubelte man Öl als «Lichtbringer», der die Nächte erhellte und die Tage verlängerte.

Männer wie John D. Rockefeller, Ölbaron und Gründer der «Standard Oil», des ersten *Multinationalen Unternehmens* (siehe Kapitel 3), machte das «schwarze Gold» zu Milliardären; Länder wie Saudi-Arabien, Kuwait oder die Vereinigten Arabischen Emirate (neben Iran und Irak die größten Förderer) kamen zu beinahe unermesslichem Reichtum. Aber mit der Umstellung von Schiffen, Eisenbahnen und sonstigen Maschinen auf den Energieträger Öl und mit der Entwicklung einer chemischen Industrie, die auf dieses Rohmaterial angewiesen war, gewann es auch an strategischem Wert. Der britische Staatsmann Winston Churchill hatte

bereits vor dem Ersten Weltkrieg erkannt, dass der Zugang zum Öl im 20. Jahrhundert von entscheidender Bedeutung sein würde. Während des Zweiten Weltkriegs war es ein strategisches Ziel Adolf Hitlers, die Ölfelder des Kaukasus zu erobern, um seine Kriegsmaschinerie in Gang halten zu können. Der iranische Premier Mohammed Mossadegh wurde 1953 in einem vom amerikanischen Geheimdienst CIA organisierten Putsch gestürzt, nachdem er die «Anglo-Iranian Oil Company» verstaatlicht hatte und damit die Versorgung der USA (und Europas) in Gefahr geriet. Die arabischen Ölförderländer drosselten in den siebziger Jahren die Förderung, um Einfluss auf den Nahostkonflikt zu nehmen, und verursachten eine weltweite Rezession. Der Zweite *Golfkrieg* (siehe Kapitel 2) gegen Saddam Hussein wurde auch geführt, um den irakischen Diktator daran zu hindern, sich Kuwait und dessen Ölquellen einzuverleiben, womit der Irak zum wich-

+++ «Die politische Krise im Iran und in anderen Ländern hat zu einem neuen Rekordhoch des Ölpreises geführt. Ein Barrel, also ein Fass mit 159 Litern, kostete heute zeitweise bis zu 72,20 Dollar. Neben der unsicheren Förderlage in einigen Ländern wird dafür zugleich die weltweit steigende Nachfrage verantwortlich gemacht.» (Tagesschau-Meldung vom 18. April 2006) +++

tigsten Exporteur geworden wäre. Weil der Ölverbrauch sich entwickelnder Länder wie China und Indien steigt, sprechen manche Analysten bereits von einem «neuen Kalten Krieg» um das Öl – der so lange andauern könnte, bis alternative und erneuerbare Energien den Rohstoff ersetzt haben.

Gentechnik

Gentechnik kennen wir seit Tausenden von Jahren. Wann immer Pflanzen oder Tierarten gekreuzt werden, verändert sich deren Erbgut. Wie sehr, lässt sich allein schon an der Existenz Hunderter verschiedener Hunderassen beobachten. Ein Yorkshire Terrier hat jedenfalls nicht mehr allzu viel mit seinem genetischen Vorläufer, dem Wolf, gemein.

In der modernen Wissenschaft geht es aber nicht mehr um Kreuzungen, sondern um Methoden der molekularen Biologie, bei denen genetisches Material aus der *DNS* isoliert oder verändert wird. Solche Verfahren werden etwa angewendet, um Erbkrankheiten festzustellen oder Arzneimittel gegen Seuchen wie *AIDS* zu entwickeln, für die es bislang keine Heilung gibt. Durch gentechnische Veränderungen von Bakterien ist die Massenproduktion mehrerer Medikamente stark vereinfacht oder erst ermöglicht worden, etwa des für Zuckerkranke wichtigen Hormons Insulin oder von Interferonen, die in der Krebstherapie eingesetzt werden.

Durch Genmanipulationen (oder -modifikationen, wie Wissenschaftler das Verfahren lieber nennen) können nämlich nicht nur (wie bei Kreuzungen) die Erbinformationen artverwandter Pflanzen und Tiere miteinander kombiniert werden. Die Zellen «verstehen» auch den genetischen Code ganz anderer Lebewesen. 1999 gelang es zum Beispiel, einer Flunder – einem Fisch, der große Kälte verträgt – Gene zu entnehmen und sie in Pflanzen einzusetzen, um sie kälteunempfindlicher zu machen. Zahlreiche Labors arbeiten an der Genmodifizierung von Äpfeln, die Angriffen von Viren und Bakterien länger standhalten, oder an Weizen, dessen Körner einen größeren Stärkegehalt aufweisen. Neue Pflanzen könnten Energie mit Hilfe einer intensiveren Fotosynthese erzeugen, mehr Stickstoff aufnehmen und mehr Sauerstoff abgeben, und es ließen sich andere «Superpflanzen» züchten, die mehr Protein oder Vitamine produzieren. Ein Mangel an Proteinen ist vor allem in Entwicklungsländern ein großes Problem. Genmodifizierte Pflanzen könnten also helfen, den Hunger in der Welt zu bekämpfen. Mais, Kartoffeln, Soja und Salat werden schon jetzt gentechnisch so verändert, dass sie dem Befall von Schädlingen besser widerstehen und der Einsatz von umweltschädlichen Pflanzenschutzmitteln überflüssig wird. Nur sind die Risiken solcher Modifikationen noch nicht bekannt.

Werden gentechnisch veränderte Pflanzen frei ausgebracht, könnten deren genetische Eigenschaften durch Pollenflug auch auf andere Pflanzen – und sogar auf Unkraut – übertragen werden, wodurch ein «Superunkraut» entstehen könnte. Und was passiert, wenn das Erbgut manipulierter Pflanzen weitervererbt wird und in die Nahrungskette anderer Lebewesen gerät? Auch hier sind die möglichen Auswirkungen noch nicht klar. Viele Menschen leiden zum Beispiel unter Allergien. Wenn Teile des Erbguts einer Allergien verursachenden Pflanze auf andere übertragen wird, könnten auch diese plötzlich tödliche Allergieschocks auslösen. Aufgrund solcher Gefahren müssen genmanipulierte Lebensmittel in vielen Ländern genau gekennzeichnet werden.

+++ «Für gentechnisch veränderte Lebensmittel gilt seit heute EU-weit eine neue Kennzeichnungspflicht. Auf Verpackungen und Speisekarten muss nun ein Hinweis stehen, wenn bei der Herstellung von Lebensmitteln gentechnisch veränderte Substanzen verwendet wurden. Das gilt auch, wenn sich die Substanzen im Endprodukt nicht mehr nachweisen lassen.» (Tagesschau-Meldung vom 18. April 2004) +++

Golfstrom

Ein Blick auf den Globus genügt, um festzustellen: Eigentlich dürften im nördlichen Teil gar kein Weizen, keine Laubbäume oder gar Obst, Gemüse oder Weinreben wachsen, sondern höchstens Moos und Nadelbäume wie in der sibirischen Tundra oder in Kanada. Denn Irland und Großbritannien liegen auf den gleichen Breitengraden wie die Beringsee zwischen Alaska und Ostsibirien und Berlin nördlicher als die sibirische Stadt Komsomolsk.

Dass in Europa dennoch gemäßigtes Klima herrscht, das Ackerbau und Viehzucht erst ermöglicht, ist der gewaltigsten Warmwasserheizung der Erde zu verdanken: dem Golfstrom. Er transportiert mehr Wasser als sämtliche Flüsse der Welt zusammengenommen und eine Leistung von 1 Petawatt – so viel wie eine Million Kernkraftwerke.

Der Spanier Ponce de León entdeckte 1512, dass sich ein etwa 50 Kilometer breiter Strom vom Golf von Mexiko an der nordamerikanischen Küste entlang über den Atlantik schiebt, sich dort mit dem kälteren Labradorstrom vereinigt und dann als Nordatlantikstrom an den Küsten Irlands, Großbritanniens und Skandinaviens bis nach Spitzbergen zieht. Benjamin Franklin, amerikanischer Staatsmann und Naturwissenschaftler, fertigte 1786 eine erste Karte dieses gigantischen Förderbandes an, die als Navigationshilfe diente.

Erst langsam erfasste man die Bedeutung des Golfstroms für das Klima. Er legt sich nämlich schützend vor den europäischen Kontinent: Die aus der Arktis kommenden eisigen Westwinde (die man in Nordamerika als Eisstürme kennt) heizen sich über den warmen Wassermassen auf und saugen sich mit Wasser voll, das sich als warmer Regen über Europa ergießt. Auf dem Weg über den Atlantik kühlt sich der Golfstrom langsam ab, und durch die Verdunstung nimmt der

Salzgehalt des Wassers zu: Es wird schwerer als das umgebende Atlantikwasser, sinkt ab und ergießt sich in der Nähe der Südspitze Grönlands als unterseeischer Wasserfall ins Atlantikbecken, wo es in der Tiefe zurück zum Golf von Mexiko fließt. Das erzeugt einen Sog, der neues Wasser von dort in den Atlantik zieht.

Wissenschaftler fürchten, dass eine globale Erwärmung von etwa fünf Prozent dramatische Auswirkungen auf den Golfstrom und das Klima in Europa haben könnte. Schmilzt das Eis des Nordpols nämlich schneller als bisher und fließt mehr Süßwasser in das System Golfstrom, verringert sich dessen Salzgehalt. Und weil Süßwasser nicht nur leichter ist, sondern auch leichter gefriert als Salzwasser, würde sich im Winter verstärkt Packeis bilden, das wie eine Isolationsschicht wirkt – der Golfstrom könnte seine Wärme nicht mehr an die Winde aus der Arktis abgeben, die nun ungebremst als Eisstürme über Europa toben könnten. Und da weniger Wasser verdunsten würde, nähme auch der Salzgehalt des Golfstroms nicht mehr zu. Statt abzusinken, würde er sich einfach in den Weiten des Nordmeeres verlieren. Ohne unterseeischen Wasserfall bliebe aber auch die Sogwirkung aus – das Süßwasser des Nordpols hätte buchstäblich den Motor des Golfstroms abgewürgt. Zwar nicht in wenigen Tagen, wie in dem Film «The Day After Tomorrow», doch immerhin in wenigen Jahren könnte in Europa ein ähnliches Klima herrschen wie in Südalaska oder Mittelsibirien.

+++ «Die Prognose ist alarmierend: Die Temperaturen am Nordpol werden in den kommenden Jahrzehnten etwa zwei- bis dreimal so schnell steigen wie in der restlichen Welt. Das ist das Ergebnis einer heute vorgestellten Studie von 300 Wissenschaftlern aus acht Staaten. Sie sagen voraus, dass das arktische Eis deutlich schneller schmelzen wird als bislang angenommen – mit dramatischen Folgen für die Umwelt.» (Tagesschau-Meldung vom 8. November 2004) +++

In der Vergangenheit schwächte sich der Golfstrom schon mehrmals ab; vor etwa 8000 Jahren kam er sogar einmal ganz zum Erliegen. Die Gründe sind den Wissenschaftlern noch unklar. Überhaupt ist es alles andere als einfach, die Funktionsweise eines so komplizierten Systems zu verstehen. Noch weiß man nicht, wie die verschiedenen Faktoren ineinander greifen. Manche Wissenschaftler meinen, die Abkühlung, zu der ein Versiegen des Golfstroms führen würde, könne durch die globale Erwärmung wieder ausgeglichen werden – dann würde womöglich in Alaska und Sibirien ein Klima herrschen wie heute in Nord- und Mitteleuropa, während weiter südlich Wälder zu Wüsten verdorren. Doch wie auch immer die Zukunft aussehen wird, eines jedenfalls lässt sich mit Sicherheit sagen: In den letzten fünfzig Jahren hat sich der Golfstrom um etwa dreißig Prozent abgeschwächt, er verliert an Energie.

Klimawandel

Dass überhaupt Leben auf unserem Planeten entstehen konnte, ist einem Prinzip zu verdanken, das jetzt hauptsächlich für Horrormeldungen sorgt: dem Treibhauseffekt. Eine Schutzhülle aus Wasserstoff, Kohlendioxid (CO_2), Ozon, Stickoxid, Methan und anderen Gasen sorgt dafür, dass die wärmende Sonnenenergie – wie in einem Treibhaus – zwar in die Erdatmosphäre eindringen, aber nicht mehr so leicht in den Weltraum entweichen kann. Seit man vor knapp 140 Jahren mit ersten Messungen begann, konnte man eine Zunahme des «Treibhausgases» CO_2 in der Atmosphäre von 270 ppm (parts per Million, die Anzahl der CO_2-Moleküle pro eine Million Luftmoleküle) auf 365 ppm feststellen.

Die größte Menge von CO_2 produziert die Natur selbst, nämlich 770 Milliarden Tonnen pro Jahr. Es entsteht etwa durch den Stoffwechsel von Lebewesen – beim Atmen. Der Mensch trägt mit der Verbrennung fossiler Energien wie Kohle oder Erdöl nur zu drei Prozent der CO_2-Belastung bei. Allerdings kann die Natur das Kohlendioxid, das sie erzeugt, selber wieder «entsorgen» – für Pflanzen ist es ein «Grundnahrungsmittel», das wieder in Sauerstoff umgewandelt wird. Der Mensch bringt diese Balance nicht nur durch die zusätzlichen Mengen des Gases ins Wanken, die er in die Atmosphäre bläst; indem er große Waldgebiete abholzt, beschneidet er zugleich die Möglichkeiten der Natur, es abzubauen. Das «Glas» des Treibhauses wird dicker, weniger Sonnenenergie kann entweichen, die Erde erwärmt sich.

In den letzten hundert Jahren ist die globale Durchschnittstemperatur um etwa ein halbes Grad gestiegen. Die Kappe des Nordpols schmilzt, der Meeresspiegel steigt. In Ostsibirien beobachten Klimaforscher ein Auftauen des Permafrostbodens. Dadurch wird weiteres Kohlendioxid und zusätzlich noch Methan freigesetzt, das ebenfalls zur globalen Erwärmung beiträgt.

Wie weit darf sich die Erdatmosphäre erwärmen, und wie groß darf der Ausstoß an CO_2 sein, bis bedrohliche Folgen eintreten? Der Internationale Klimabeirat (IPCC) der *Vereinten Nationen* (siehe Kapitel 2) errechnete, dass eine Verdoppelung der Kohlendioxid-Emissionen die Temperatur um bis zu 4,5 Grad steigen lassen könnte. In diesem Fall wäre es zwar möglich, die kargen Gebiete Sibiriens oder Alaskas zu bewohnen. Aber weite Teile der Erde würden buchstäblich austrocknen.

Bislang haben sich 141 Staaten dem 1997 beschlossenen Kyoto-Protokoll angeschlossen, das eine Verringerung des Ausstoßes von Treibhausgasen um insgesamt 5,2 Prozent gegenüber dem Stand von 1990 vorsieht. Um einen Anreiz zu schaffen, wurde ein so genannter Emissionshandel innerhalb der Industriestaaten und zwischen Industrie- und Entwicklungsländern eingeführt. Die Niederlande können sich beispielsweise Reduktionen anrechnen lassen, wenn sie einen Windpark in Litauen bauen oder ein Wasserkraftwerk in Costa Rica finanzieren. Berücksichtigt werden auch Maßnahmen zur Wiederaufforstung der Wälder.

+++ «In der Klimaschutz-Politik sind weitere Weichen für den Handel mit so genannten Emissionsrechten gestellt worden. Zwei Gesetzesvorhaben nahmen heute entscheidende Hürden. Der Bundestag verabschiedete einen Plan mit Einsparzielen für Treibhausgase in verschiedenen Bereichen.» (Tagesschau-Meldung vom 28. Mai 2004) +++

Schrittweise sollen auch die Länder einbezogen werden, für die bislang keine Beschränkungen vorgesehen sind, besonders Giganten wie China oder Indien, die mit ihrer rasanten Industrialisierung enorm zur Erhöhung des CO_2-Ausstoßes beitragen. Die USA, die die größte Menge an Kohlendioxid produzieren, haben das Kyoto-Protokoll zwar unterschrieben, es jedoch immer noch nicht in Kraft gesetzt. Einige US-Bundesstaaten allerdings verabschiedeten eigenständige Programme für eine Reduktion der Treibhausgase.

Trotz ambitionierter Ziele wird die globale Erwärmung durch das Kyoto-Protokoll nur um einige hundertstel Grad verringert. Während des *Weltwirtschaftsgipfels* (siehe Kapitel 3) in Gleneagles einigten sich die großen Wirtschaftsmächte im Juni 2005 auf neue Strategien: Sie wollen verstärkt auf alternative und erneuerbare Energien setzen, mehr in die Entwicklung neuer Umwelttechnologien und vor allem in die *Armutsbekämpfung* (siehe Kapitel 2) investieren. Denn die sich entwickelnden Staaten tragen zwar zunächst zur Umweltverschmutzung bei. Mit steigendem Wohlstand aber können auch sie sich effizientere, umweltfreundlichere Technologien leisten.

Nanotechnologie

Die Erfindung des Rastertunnelmikroskops Anfang der achtziger Jahre machte es möglich: Der Mensch konnte einen Blick auf Moleküle und Atome – die kleinsten Bauteile des Universums – werfen, sie erforschen und sogar bewegen. Das eröffnete das Tor zu einer neuen Technologie, der als Vorsilbe das griechische Wort für «Zwerg» verliehen wurde: «Nano».

Hatte sich die Wissenschaft über Jahrhunderte in verschiedene Zweige aufgespalten, wird die Nanotechnologie wieder zu einer Art «Universalwissenschaft», an der Chemiker ebenso wie Biologen, Physiker und Informatiker arbeiten. Denn ihre Möglichkeiten sind für jedes dieser Felder von Interesse. Nanopartikel befinden sich heute in Sonnencremes mit höherem Lichtschutzfaktor, in Autolacken, die dadurch wasser- und schmutzabweisender werden, sie können für Solarzellen verwendet werden oder für eine neue Generation von Computer-Chips.

Schon im Dezember 1959 hatte der Physiker Richard Feynman die Entstehung dieses Forschungsbereichs vorausgesagt: «Ganz unten gibt es noch viel Platz», prognostizierte er damals. Warum sollte es nicht möglich sein, immer kleinere Werkzeuge zu konstruieren, um mit deren Hilfe wieder kleinere Werkzeuge zu bauen – bis man schließlich Atome dort platzieren könnte, wo man sie haben will, um Stoffe mit ganz neuen Eigenschaften herzustellen.

Ins Bewusstsein der Öffentlichkeit drang die Nanotechnologie erst durch den Physiker Eric Drexler, der Feynmans Anregungen in den achtziger Jahren aufnahm und die Idee eines «Nanoassemblers» skizzierte, einer winzigen Maschine, auch «Nanobot» genannt, die so programmiert ist, dass sie eigenständig Atome umbauen kann. Staub, Metalle oder alte Elektrogeräte, die auf der Sondermülldeponie landen, sind ja im Grunde nichts weiter als «falsch angeordnete» Atome und Moleküle, die man nur wieder neu zusammensetzen müsste, um etwas Brauchbares daraus zu machen. Eine solche Maschine müsste das Rohmaterial nicht nur in Atome zerlegen und sie wieder neu zusammenbauen – sie müsste auch Milliarden Kopien von sich selbst erzeugen, um ihre Aufgabe bewältigen zu können. Was aber, wenn diese Maschinen außer Kontrolle geraten? Könnten sie nicht alles und jedes (oder jeden) in eine «graue Atomschmiere» verwandeln? Theoretisch ja. Doch «Nanobots» bleiben nach

+++ «Der Durchmesser eines menschlichen Haares ist fünzigtausendmal größer als ein Nanometer – und mit solch unvorstellbar kleinen Teilchen arbeitet die Nanotechnologie, die heute schon in vielen Branchen eingesetzt wird. Was diese zukunftsträchtige Technologie alles möglich macht, zeigt die Messe Nanotech 2006 in Tokio.» (Tagesschau-Meldung vom 21. Februar 2006) +++

Ansicht vieler Wissenschaftler vorerst eine Idee aus dem Reich der Spekulation.

Trotzdem gilt die Nanotechnologie als «Wissenschaft der Zukunft», in die allein im Jahr 2004 nach Angaben der Beraterfirma «Lux Research» etwa 8,6 Milliarden Dollar investiert wurden. Allerdings konzentriert sich die Forschung inzwischen nicht mehr auf «Nanobots», die Atome und Moleküle neu anordnen könnten. Der Begriff «Nanotechnologie» wird heute weiter gefasst. Man versteht darunter die Produktion von Gegenständen und Strukturen, die kleiner als ein milliardstel Meter sind und meist durch herkömmliche oder ausgefeilte chemische und physikalische Verfahren hergestellt werden.

Tsunami

+++ «Die Erdstöße waren die schwersten seit vier Jahrzehnten. Sie lösten Wellen aus, die mehr als tausend Kilometer über das Meer hinwegfegten. Die Zahl der Opfer ist nach wie vor nicht klar.» (Tagesschau-Meldung vom 26. Dezember 2004) +++

Erst Wochen nachdem die Flutwelle die Küstenstriche Sri Lankas, Indiens und der indonesischen Insel Banda Aceh in eine Trümmerwüste verwandelt hatte, wurde das ganze Ausmaß der Zerstörung sichtbar. Mehr als 220 000 Menschen hatte die Welle in den Tod gerissen.

Ein «Tsunami», japanisch für «Große Welle im Hafen», entsteht durch die Verschiebung tektonischer Platten, ein Erdbeben im Ozean. Das Zentrum des Bebens vom Dezember 2004, das eine Stärke von 9 (von 12 möglichen Stufen) auf der so genannten Richterskala hatte, lag unweit der Insel Sumatra. Anhand von Satellitenbildern ließ sich nachweisen, dass die Welle von hier aus zweimal die Erde umrundete. Selbst an der 20 000 Kilometer entfernten Küste Perus war sie noch immer einen halben Meter hoch. Die thailändische Insel Phuket hatte sich schon zehn Minuten nach dem Beben um 27 Zentimeter verschoben. Und sogar Deutschland hob sich um eineinhalb Zentimeter. Ganz Europa «wanderte» um zwei Zentimeter nach Norden.

Gegen Landbeben können sich die Menschen wenigstens bedingt durch entsprechende Architektur schützen. Gegen einen Tsunami aber sind sie machtlos. Hier helfen nur rasche Information und Flucht. Deshalb unterzeichnete die Bundesregierung im März 2005 ein Abkommen mit Indonesien zur Installation eines Frühwarnsystems, das vom Geoforschungsinstitut Potsdam entwickelt wurde. Messbojen sollen Erschütterungen aufzeichnen. Das Problem ist nur, dass ein Frühwarnsystem auch kundige Wartung braucht und dass die betroffenen Länder eine effiziente Evakuierung organisieren müssen. Dafür steht allerdings sehr wenig Zeit zur Verfügung, denn solch eine Welle rauscht mit einer Geschwindigkeit von 700 Stundenkilometern heran. Oft bleiben also nur Minuten, um die Bevölkerung zu warnen.

Wasser

Die Bewohner reicher Länder sind es gewöhnt, dass beständig auf seine Reinheit überprüftes Trinkwasser aus ihren Hähnen fließt. Durchschnittlich 150 bis 200 Liter Trinkwasser verbraucht jeder Mensch beispielsweise in Deutschland täglich – vor allem für Waschen, Toilettenspülung und Reinigung, denn unser Wassersystem verfügt nicht über getrennte Nutz- und Trinkwasserleitungen. Aber etwa 1,5 Milliarden Menschen (65 Prozent von ihnen leben in Asien, 20 Prozent in Afrika) haben keinen Zugang zu sauberem Wasser, schätzt der «Human Development Report» der Vereinten Nationen. Doppelt so viele leben in Gegenden ohne ausreichende Abwassersysteme und Hygienestandards, meist in den schnell wachsenden Großstädten der Entwicklungsländer. Und weil

+++ «In Mexiko-Stadt geht heute das vierte Weltwasserforum zu Ende. Eine Woche lang haben etwa 13 000 Menschen über eine bessere Wasserversorgung der Weltbevölkerung beraten. Nach einer Erklärung des Kinderhilfswerks Unicef stirbt weltweit alle 15 Sekunden ein Kind wegen Wassermangels oder fehlender sanitärer Einrichtungen.» (Tagesschau-Meldung vom 22. März 2006) +++

das so ist, starben allein in den neunziger Jahren des letzten Jahrhunderts mehr Menschen an Krankheiten wie Durchfall oder Cholera als in allen kriegerischen Auseinandersetzungen seit dem Zweiten Weltkrieg zusammengenommen.

Nun entsteht der Mangel an Trinkwasser in Asien oder Afrika nicht einfach dadurch, dass Wasser dort so knapp ist, sondern vor allem durch unzureichendes Wassermanagement. Weil es zum Beispiel in Afrika an der notwendigen Infrastruktur fehlt, werden dort nur vier Prozent des vorhandenen Wassers genutzt. Deshalb sehen die «Millenniums-Ziele» der *Vereinten Nationen* (siehe Kapitel 2) vor, den Zugang zu sauberem Wasser in den nächsten Jahren durch einfache, aber effektive Maßnahmen zu erhöhen: Man will neue Brunnen bohren, Regenwasser sammeln und Wasserleitungssysteme errichten. Großprojekte wie Meerwasser-Entsalzungsanlagen können sich nur reichere Länder wie Kuwait leisten. Sie spielen deshalb bei der Versorgung der ärmsten Regionen mit Trinkwasser kaum eine Rolle.

Register

Sachregister

Personenregister

Sylke Tempel, geboren 1963, ist Journalistin und Historikerin. Lange Zeit berichtete sie als Nahostkorrespondentin (unter anderem für *Die Woche*) aus Israel. Heute lebt sie als freie Publizistin in Berlin und lehrt an der dortigen Dependance der Stanford University. 2001 erschien ihr Buch «Das alte Rom», 2005 «Globalisierung, was ist das?».

Aljoscha Blau, geboren 1972 in Leningrad (heute St. Petersburg), studierte Illustration und Graphik an der Fachhochschule für Gestaltung in Hamburg. Er hat zahlreiche Kinder- und Jugendbücher illustriert, für die er unter anderem mit dem Deutschen Jugendliteraturpreis 2003 und dem renommierten Bologna Ragazzi Award 2006 ausgezeichnet wurde. Heute lebt er mit seiner Familie in Berlin.